美国环境法与能源法译丛

毒物侵权法精要

（第4版）

［美］吉恩·马基雅弗利·艾根
(Jean Macchiaroli Eggen) 著

李冰强 译

南开大学出版社

天津

图书在版编目(CIP)数据

毒物侵权法精要：第4版／(美)吉恩·马基雅弗利·艾根著；李冰强译.—天津：南开大学出版社,2016.6
(美国环境法与能源法译丛)
书名原文：Toxic Torts in a Nutshell (4th edition)
ISBN 978-7-310-05189-2

Ⅰ.①毒… Ⅱ.①吉… ②李… Ⅲ.①有毒物质－侵权行为－研究－美国 Ⅳ.①D971.237

中国版本图书馆CIP数据核字(2016)第202614号

版权所有　侵权必究

南开大学出版社出版发行
出版人：刘立松
地址：天津市南开区卫津路94号　邮政编码：300071
营销部电话：(022)23508339　23500755
营销部传真：(022)23508542　邮购部电话：(022)23502200

*

北京楠海印刷厂印刷
全国各地新华书店经销

*

2016年6月第1版　2016年6月第1次印刷
185×130毫米　32开本　12印张　2插页　255千字
定价：38.00元

如遇图书印装质量问题,请与本社营销部联系调换,电话：(022)23507125

毒物侵权法精要（第 4 版）

Toxic Torts in a Nutshell (4th edition) by Jean Macchiaroli Eggen

©2013 LEG, Inc., d/b/a West Academic Publishing.

All Rights Reserved

This translation Toxic Torts in a Nutshell (4th edition) by Jean Macchiaroli Eggen is published and by arrangement with LEG, Inc., d/b/a West Academic Publishing.

本书中文简体字版由西部学术出版公司授权南开大学出版社翻译出版。版权所有，侵权必究。

天津市出版局著作权合同登记号：图字 02-2014-256

译丛序言

我国环境法制建设离不开对国外经验的借鉴,在这方面,外国环境法译介起着不可替代的作用。美国作为现代环境法制建设的先行国家,其在解决诸多环境问题方面的做法受到国内理论和实践部门的广泛关注。然而,不无遗憾的是,目前国内有关美国环境法的译作并不多见,南开大学出版社组织翻译出版的本套《美国环境法与能源法译丛》,在一定程度上弥补了这一不足。

本译丛选自美国的《法律精要系列丛书》(Nutshell Series)。该系列丛书以简洁、明快的风格著称,每本书都由经验丰富的法学教授执笔,对相关法律的基本原理、法律规定以及重点案例做了精确、权威性的分析解读,深受读者的欢迎和喜爱。本译丛推出的七本书既包括对美国环境法与能源法的总括性分析,也包括对危险废物管理、有毒物质侵权等专门领域的重点解读,不仅涉及水法、动物法等传统环境法律部门,也包含了对气候变化与可持续发展这一新兴环境法领域的介绍,有助于国内读者更为全面深入地领会美国环境与能源法体系。

对环境法著作的翻译是一项极具挑战性的工作,其中不仅涉及相关法学术语,还涉及大量有关科学、技术、经济、管理等各方面的专业术语,需要译者付出艰辛的努力。本译丛由工作在环境法与能源法学术研究与法律实务一线的学者、专家担任译者。秉持译者文责自负的原则,在具体翻译过程中各书译者享有充分的自主性。

对于本译丛的几个体例问题说明如下。

第一,为充分体现译者负责的主旨,本译丛各书仅设译者,未设审校者。

第二,为了便于读者查找原文和深入学习,本译丛对书中涉及的部分人名、案例名称未做翻译,对于无法准确译为中文的地名也保留了英文原名。

第三,对于美国使用的诸如英尺、英亩、夸特、加仑等计量单位,本译丛遵从原著用法,未做换算。

献给杰夫和唐

第四版序言

目前,毒物侵权法在美国民事司法制度中占据着十分突出的位置。就在本书第四版即将出版发行之际,形形色色的涉及各方面的诉讼不断被人们所提起,从墨西哥湾溢油事故所带来的环境与经济损害,到在伊拉克和阿富汗战争中一些部队服役人员因暴露在承包商燃烧废弃物而受到个人损害,再到一些病人暴露在医疗CT扫描仪的辐射之下等等。第一个就处理温室气体排放和气候变化之间的关系的决定也开始走进法院,寻找司法解决的路径。我们现在正处在与一些新技术有关的毒物侵权诉讼大量涌现的时代,比如纳米技术,以及其他一些新物质,就像最近为人们所知的中国干式墙集团诉讼。这些层出不穷的毒物侵权事例不可能在短时期内销声匿迹。

仅在六月份,墨西哥湾溢油事故就已经在各个领域引发了前所未有的法律诉讼。商业捕鱼产业因污染致生计受损提起诉讼寻求经济损害赔偿。环保团体基于联邦环境法提起公民诉讼来阻止对海岸环境的损害。政府组织也试图寻求通过立法实施规制,从而也进入诉讼的舞台。清理溢油事故的工人因暴露在石油之下而染上相关的疾病,也向法院起诉,一些土地所有者也承受着因溢油污染而给他们的私人财产所带来的损害。溢油事故所带来的大面积的影响意味着许多诉讼都是集团诉讼。目前涉事公司已经承诺支付200亿美元的资金用来偿付受害的当事人。但是，没有人知道最终受害者的范围到底有多大，或者最终的损害成本到底有多少。墨西哥湾溢油事故只是最近发生的大规模毒物侵权的一个例证，它将会使立法者和诉讼当事人一直忙碌到本世纪中叶。像墨西哥湾溢油这样影响广泛的事件，就是一起典型的毒物侵权事件。

自本书第三版出版后的五年间，在毒物侵权诉讼中所产生的问题的数量与复杂性与日俱增。而且，在该法律领域的司法创新的数量——无论是自成一格，还是将既存的理论适用于新情况都相当的引人注目。但是，摆在法律职业人面前的任务仍然令人有些气馁。就像墨西哥湾溢油事件所展现的那样，有些残酷无情。本书的主要目的是审视正在进行的司法努力，来形成一个切实可行的毒物损害的法理，并且识别和评估那些最为突出的司法创新。毒物侵权法是整个法律体系中最具活力但又最为人们所争议的一个领域。我希望本书既能够在毒物侵权的范围上做广泛的探讨，而且又具有一定的分析深度。

我要向我的研究助理埃里克·劳里表达衷心的感谢！他不知疲倦地帮助我更新本书中的一些数据材料，尤其是在我为纳米技术与法律问题所困扰的时候。还要感谢我的同事罗伯特·贾斯廷·利普金，他让我了解到学术事业的真正意义。

吉恩·马基雅弗利·艾根

2010年6月于威尔明顿·特拉华州

目 录

第1章 毒物侵权研究简介 … 1
1.1 什么是毒物侵权 … 1
- 1.1.1 有毒物质简介 … 1
- 1.1.2 潜伏期 … 4
- 1.1.3 科学的不确定性及因果问题 … 5
- 1.1.4 依靠专家的科学证词 … 7
- 1.1.5 风险的角色 … 8
- 1.1.6 大范围 … 11

1.2 公法与私法趋同 … 12

第2章 产品责任理论 … 14
2.1 产品责任法与毒物侵权 … 14
- 2.1.1 有毒产品责任法的出现 … 14
- 2.1.2 侵权法重述 … 17
- 2.1.3 《侵权法重述：Ⅱ》第402A条 … 19
- 2.1.4 《侵权法重述：Ⅲ——产品责任》 … 20

2.2 缺陷产品责任理论 … 20
- 2.2.1 设计缺陷 … 21
- 2.2.2 指示缺陷 … 26
- 2.2.3 制造缺陷 … 28
- 2.2.4 《重述：Ⅲ》：处方药 … 29

2.3 其他责任理论…………………………… 31
　　　2.3.1 过失…………………………………… 31
　　　2.3.2 默示担保……………………………… 34
　　　2.3.3 虚假陈述索赔………………………… 37
　　2.4 强制性信息披露………………………… 40
　　2.5 产品责任抗辩…………………………… 41
　　　2.5.1 开发风险抗辩………………………… 41
　　　2.5.2 不可避免的不安全产品……………… 44
　　　2.5.3 富有经验的用户之抗辩……………… 46
　　　2.5.4 博学的中间人理论…………………… 50
　　　2.5.5 原告可归责的行为…………………… 53
　　　2.5.6 血液保护法令………………………… 54
　　2.6 展望未来：纳米技术 …………………… 56
　　2.7 侵权法的改革措施……………………… 58
　　　2.7.1 联邦侵权法改革的努力……………… 58
　　　2.7.2 州侵权法的改革……………………… 60
　　　2.7.3 连带责任改革………………………… 60

第3章　责任理论：以土地为基础的诉讼……… 62
　3.1 严格责任…………………………………… 62
　3.2 非法侵入…………………………………… 66
　3.3 妨害………………………………………… 70
　　3.3.1 妨害个人利益…………………………… 71
　　3.3.2 妨害公共利益…………………………… 73
　3.4 对抗房地产经纪人的诉讼………………… 78
　3.5 其他理论…………………………………… 81
　　3.5.1 故意侵权行为…………………………… 81
　　3.5.2 过失推定………………………………… 83

3.6 展望未来:气候变化诉讼 ······················· 85

第4章 《综合性环境反应、赔偿与责任法案》上的责任 ·················· 89
4.1 简介 ································ 89
4.2 执行计划 ··························· 90
4.3 责任 ································ 92
4.4 潜在责任方 ························ 96
 4.4.1 当前的所有者和经营者 ········ 96
 4.4.2 前所有者或经营者 ············ 99
 4.4.3 处置的安排人 ················ 101
 4.4.4 运输者 ····················· 104
4.5 抗辩 ······························· 105
 4.5.1 第三方抗辩 ··················· 106
 4.5.2 无辜的土地所有者抗辩 ········· 107
4.6 私人当事人诉讼和分担索赔 ·········· 110
4.7 和解 ······························· 112
4.8 保留条款 ························· 115
4.9 公民诉讼 ························· 115

第5章 雇主责任 ························ 118
5.1 工伤赔偿 ························· 118
 5.1.1 历史观点 ····················· 118
 5.1.2 职业病法规 ··················· 120
 5.1.3 救济的专属性 ················· 122
 5.1.4 专属性之例外 ················· 124
5.2 不安全工作环境的禁令性救济 ········ 130
5.3 《职业安全与健康法案》下的规则 ···· 131
 5.3.1 行政机构 ····················· 131

5.3.2　职业安全与健康标准 …………………………… 133
　　5.3.3　一般责任条款 …………………………………… 135
　　5.3.4　危险物质信息标准 ………………………………… 136
　　5.3.5　职业安全与健康署强制执行 ……………………… 139
5.4　工作场所安全的国家刑事强制执行 ………………… 140
5.5　就业歧视 …………………………………………… 142

第6章　其他特殊被告 …………………………………… 145
6.1　政府机构 …………………………………………… 145
　　6.1.1　一般主权豁免 ……………………………………… 145
　　6.1.2　州侵权赔偿法案 …………………………………… 146
　　6.1.3　联邦侵权赔偿法案 ………………………………… 150
6.2　政府承包商 ………………………………………… 157
6.3　继任者和前辈 ……………………………………… 159
　　6.3.1　企业接班人 ………………………………………… 159
　　6.3.2　之前的所有权持有人 ……………………………… 161
6.4　承保人 ……………………………………………… 163
　　6.4.1　保险责任 …………………………………………… 163
　　6.4.2　多重事件的保险赔付 ……………………………… 168
　　6.4.3　污染除外条款 ……………………………………… 169
6.5　不确定的被告 ……………………………………… 173
　　6.5.1　替代责任 …………………………………………… 174
　　6.5.2　协同行为和民事共谋 ……………………………… 175
　　6.5.3　企业责任 …………………………………………… 176
　　6.5.4　市场份额责任 ……………………………………… 177
　　6.5.5　超越乙烯雌酚案的市场份额责任 ………………… 179
　　6.5.6　混合产品的市场份额责任 ………………………… 184

第7章　抗辩 187
7.1　优先适用 187
7.1.1　联邦环境案件 189
7.1.2　产品责任:明示优先适用 189
7.1.3　产品责任:默示优先适用 200
7.2　诉讼时效的法律规定 204
7.2.1　传统的显现规则 204
7.2.2　司法发现规则 205
7.2.3　法定的发现规则 206
7.2.4　发现的时间 208
7.2.5　财产损害的诉讼主张 214
7.3　除斥期间 216
7.4　既判力 219
7.5　原告可归责的行为 224

第8章　因果关系 226
8.1　毒物侵权的因果关系问题 226
8.1.1　简介 226
8.1.2　一般因果关系与特殊因果关系 228
8.1.3　频繁性、规律性和接近性 230
8.1.4　盖然性证据 233
8.1.5　法律确定性与科学确定性 234
8.1.6　"孤松"命令 235
8.2　科学证据 236
8.2.1　程序方法 238
8.2.2　流行病学研究 239
8.2.3　毒理学研究 242
8.3　法庭中科学证据的可采纳性 247

8.3.1　传统的证据可采纳性标准 …………… 247
　　8.3.2　Daubert v. Merrell Dow Pharmaceuticals
　　　　　Inc. 案之规则 …………… 250
8.4　原告的不确定问题 …………… 263

第9章　伤害与损害 …………… 266

9.1　精神损害 …………… 266
　　9.1.1　粗暴的行为 …………… 267
　　9.1.2　过失精神伤害 …………… 269
9.2　不断增长的疾病风险 …………… 276
　　9.2.1　对传统理论的挑战 …………… 277
　　9.2.2　依据当前损害的案件 …………… 279
　　9.2.3　仅仅以风险为基础的诉讼主张 …………… 280
　　9.2.4　什么构成了风险的"合理的确定性" …… 282
9.3　医学监测 …………… 283
　　9.3.1　要求当前人身伤害的法院 …………… 284
　　9.3.2　不要求当前人身伤害的法院 …………… 285
　　9.3.3　作为当前损害的亚细胞的变化 …………… 287
　　9.3.4　医学监测花费 …………… 289
　　9.3.5　《综合环境反应、赔偿与责任法案》中的
　　　　　问题 …………… 289
9.4　代际侵权 …………… 290
9.5　"有毒物质非法侵入"的主张 …………… 294
9.6　生活质量 …………… 295
9.7　财产价值损害赔偿 …………… 296
9.8　惩罚性损害赔偿 …………… 298
　　9.8.1　惩罚性损害赔偿的正当程序标准 …………… 299
　　9.8.2　同种行为的多重惩罚 …………… 303

9.8.3 惩罚性损害赔偿的立法改革 ········· 305
第10章 大规模有毒物质侵权行为 ········· 309
  10.1 大规模毒物侵权存在的问题 ········· 309
  10.2 集团诉讼 ········· 312
    10.2.1 确认要求 ········· 314
    10.2.2 集团诉讼的前提条件 ········· 315
    10.2.3 集团诉讼类型 ········· 319
    10.2.4 集团诉讼的和解 ········· 330
  10.3 2005年的《集团诉讼公平法案》 ········· 332
  10.4 其他的集体程序 ········· 335
    10.4.1 跨地区的诉讼转移 ········· 335
    10.4.2 合并审理 ········· 336
  10.5 审判管理 ········· 339
  10.6 和解 ········· 341
    10.6.1 集团诉讼的和解 ········· 342
    10.6.2 医学监测 ········· 343
    10.6.3 破产选择 ········· 345
    10.6.4 烟草案件解决方案 ········· 347
    10.6.5 世界贸易中心的解决方式 ········· 348
    10.6.6 责任分担主张 ········· 349
    10.6.7 替代性纠纷解决机制 ········· 352
  10.7 其他程序问题 ········· 356
    10.7.1 禁反言原则 ········· 356
    10.7.2 法律的选择 ········· 363

第1章 毒物侵权研究简介

1.1 什么是毒物侵权

"毒物侵权"这一术语包含着各种各样的诉讼,其范围涵盖私法和公法两大领域。在某种意义上把这部法律称为侵权法有点不太恰当。一起毒物侵权诉讼可能是一起民事诉讼,也可能是一起要求清理有害毒物的行政诉讼,一起工人的赔偿请求,或者是任何其他许多诉讼。那么这些诉讼的共同点是什么呢?是什么样的主线把它们串联在一起的呢?在法律上把这些特殊种类的诉讼归为单独的一类,这又是为什么呢?弄清楚这些问题的答案,搞明白毒物侵权出现的各种各样的情形,就显得非常重要。在本章,主要阐述毒物侵权的基本特征,从而为详细了解本书将要讨论的各种侵权诉讼以及救济提供基础。

1.1.1 有毒物质简介

毒物侵权包括石棉、硅酮(乳房)假体、处方药、化学化合物、放射性物质、有害废弃物等各种物质引起的侵权。这些物质的危害纷繁复杂。索赔人可能会就人身伤害或财产损失要求赔偿,也可能要求恢复有利于健康的工作环境,或要求支付清理污染场地而支出的费用。不过,通常情况下,这种索赔请求只涉及一种或多种毒物的排放泄漏或者有排放泄漏的危险。因毒物出现的背景不同,毒物的定义也各不相同。一般来说,法学界对"毒物侵权"这一术语的使用没有医学界和科学界那样严谨。《毒物侵权控制法》(TSCA)第 2606 条 f 项给"毒物侵权"下了一个宽泛且可行的定义,它是这样表述的,"在生产化学物和化学混合物的场所,迫在眉睫的危害是指这些化学物质的大量生产、加工、销售或处置,使用这些物质可能对人体健康或环境造成损害"。① 在职业安全与健康署(OSHA)颁布的《危险物质信息标准》(HCS)中同样有这样的内容,"健康危害"是指"不止一次的科学研究数据表明,暴露于某一种化学物质环境中的工人可能会患上某种急性或慢性疾病"。②

人或财产总是以各种各样的方式暴露在毒物中。纽约《控制有毒物质暴露限度条例》所列举的"暴露"方式有"吸取、接触、摄入、吸入、植入或注射"。③ 有些暴露易为人们所感知,比如处方药,然而,有些暴露却不易被察觉,比如像饮用水污染。

引起毒物侵权诉讼的物质具有某些特征,这些特征使得它们与引起传统的侵权诉讼的违法行为相区别,比如机动车事故。这些物质中有许多往往既是联邦政府挑选出来按类管理或是专门管理的,也是诸如环境保护局(EPA)、食品与药品管理局(FDA)、职业安全与健康署(OSHA)等政府机关管理的对象。比如,职业安全与健康署在《危险物

① 15 U.S.C.A. §2602(f) (West 2010).
② 29 C.F.R §1910.1200 (C) (2010).
③ N.Y. Civ. Prac. L. & R. 214-C(McKinney 2010).

质信息标准》一书中要求就以下化学制品采取行动：这些化学制品按类分为"致癌物、有毒或巨毒剂、繁殖毒素、刺激物、腐蚀物、敏感剂、肝毒素、肾毒素、影响造血功能化学剂，以及影响肺、皮肤、眼睛或黏膜的化学剂"。① 在《毒物侵权控制法》中的"有毒物质及其危害过程"这一章描述了这些物质所引发的危害包括"致癌效应、基因突变、畸形生长、行为障碍、累积效应和协同效应"。② 致癌效应是指物质引发癌症的能力。畸形生长是一种先天性缺陷，这种先天性缺陷是胎儿在发育过程中，母亲时常暴露在可能引起胎儿畸形的环境中或者母亲常常接触到可能引起胎儿畸形的物质，从而造成胎儿先天性缺陷。行为障碍有些不同，它是基因突变的结果。基因突变在不同的时间以不同的方式表现出来。基因突变可能直接表现在接触过某种特殊物质的人身上。或者这种基因能遗传，其有害性出现在后代人身上。比如说，原告可能会声称，"他的祖母在怀他父亲的时候，因服用某一种药片，而该药片的毒性被保留在他父亲的体内。父亲在出生前因这一药片的作用而发生基因突变，然后父亲身上的突变基因再遗传给他，从而使他患有癌症"。

毒物侵权诉讼所涉及的物质通常是些新的化合物，并且有时候这些物质可能是不为人们所察觉或了解的。另外，毒物侵权诉讼中可能会有这样的控诉，即是由于某几种或许多种物质以某种方式混合在一起才引发的这起侵害。因此，在研究协同效应的同时很有必要研究这些物质的混合体。两种或两种以上独立物以某一种方式相混合并相互

---

① 29 C.F.R. §1910.1200(c)(2010).
② TSCA, 15 U.S.C.A. §2603(b)(2)(A) (West 2010).

作用,而正是这一方式使原本无害的物质变得有害,或者加剧了物质的有害性。另外,有些物质只要是长时间地或累积性地暴露在它们中就会引发危害结果。涉及物质毒性的这些科学问题的微妙之处就在于,它要求从事这一法律事务的律师要对科学原理及工程原理有一个基本了解,并且要时刻关注与他们案子有关的科学知识的最新动态。

1.1.2 潜伏期

总的来说,在一起毒物侵权诉讼中,毒物所引起的全部影响并不会立即呈现出来的。这或是因为伤害本身不会很快表现出来,或是因为伤害在一段时间内难以被人们所察觉。比如像癌症、先天缺陷、基因突变等这些伤害都有一个潜伏期。石棉侵害就是一个很经典的例子,它从暴露到病症的发作,有一个很长的潜伏期。从事石棉工作的工人,刚暴露在石棉环境中或暴露在石棉环境中不久,他们身上是表现不出与石棉有关的严重疾病的任何迹象的。工人们是在接触到石棉环境后的许多年里或者是在已经离开石棉环境后的许多年里,他们才被发现患上石棉肺(一种慢性的、肺功能退化的疾病)或恶性胸膜间皮瘤(肺癌的一种)等疾病,这种现象是很常见的。这些案件中,潜伏期通常是10～30年。[①] 而且,在这几十年里,潜伏期不可能停止。前述基因伤害的事例表明,接触者起初受到的有毒物质侵害很有可能会在他的后代身上显现出来。

在毒物侵权诉讼请求中,漫长的潜伏期往往引发许多问题,这些问题在普通侵权诉讼中是不常见的。例如,《诉

---

① See Borel v. Fibreboard Paper Prods. Corp., 493 F. 2d 1076 (5th Cir. 1973).

讼时效法》和《权责发生制规则》已经进行修订,增加了毒物侵权诉讼的有关规定,其中就有"被告的侵权行为与发现原告的伤害被漫长的时间所割裂。并且随着时间流逝,由于记录丢失、记录不全或记忆错误等原因,收集证据或者确认侵权行为人变得越来越困难"。事实上,毒物侵权诉讼中出现的新的诉讼请求及科学问题已经对传统的侵权法提出了全面的挑战。

潜伏疾病不再需要经过几年甚至是几十年的发展等症状显现后才能提起诉讼。法律已经做出规定,即使是很短的潜伏期,比如只有几个星期,它所引发的问题与长的潜伏期所引发的问题是一样的。因此,第二巡回上诉法院在Bano v. Union Carbide Corp 一案①中认为,根据《纽约特别发现诉讼条例》的规定,在接触毒物后几个星期开始显现的潜伏疾病应该受到与潜伏期很长的疾病一样的对待。

1.1.3 科学的不确定性及因果问题

由于从暴露在毒物中到疾病发作之间存在着潜伏期,原告通常很难在有毒物质与伤害之间建立起必要的因果联系。随着时间的流逝,出现多重中间原因的可能性越来越大。因果关系的复杂性起因于这样的事实,即毒物侵权中原告所指控的那些疾病,不仅仅发生在那些遭受质疑的暴露于有毒物质的人身上,而且也发生在一般人身上。例如,遭受了美国政府在20世纪四五十年代的原子测试项目的辐射的那些人,他们认为他们所患的血癌和其他心脏疾病是他们暴露在辐射中造成的。然而,由于其他许多原因,比如遗传、暴露于其他环境物质或其他辐射中,这些疾病也会

---

① Bano v. Union Carbide Corp., 361 F. 3d 696 (2d Cir. 2004).

发生在一般人身上。有时,这种疾病的产生令人费解,但却是显然易见、自发发生的。[①] 结果是在许多情况下,用任何一种确定的方法去证实是否原告的疾病源于被告的产品或者行为都是不可能的;或者说用任何一种确定的方法去证实即使没有被指控的暴露,原告也会患这种疾病,同样是不可能的。

在一起毒物侵权诉讼中,一个相关的复杂因素是科学无法把许多疾病和他们的精确原因联系起来。在医学界,许多疾病的病因,如许多癌症、自身免疫性疾病和神经性损害还没有被彻底地弄清楚。至少,科学知识在不断演变。经常是,决定暴露到什么程度就能够引发损害,以及暴露在某一特定物质之下能引发什么样的损害,一直是科学界和科学研究者进行讨论的热点。因此,原告身体状况或者疾病发展情况的临床诊断证明就很难成为确定因果关系的证据,然而这些证据在其他类型的侵权诉讼中非常有用。

因此,在毒物侵权诉讼中,出现原告提起诉讼但又缺乏因果关系的证据这种情况并不稀奇。现在,法院面临的问题就是是否以及在何种程度上承认这样的诉讼。在毒物侵权诉讼中最强有力的因果关系证据就是盖然性证据。这样的证据就其本质而言,只是能够表明原告暴露于其中的特定物质是否能够产生原告所诉称的损害。但是,盖然性证据无法证明该物质的暴露就是特定原告受到损害的真正原因。它只是表明具有这样的可能性,而非确定性。

即使一些法院允许原告在没有传统因果关系证据的情况下提起诉讼,但是,案件审理的最终结果并不必然有利于

---

① Allen v. United States, 588 F. Supp. 247 (D. Utah 1984).

原告。例如,在大量的案件中,原告诉称因为其母亲服用处方药盐酸双环胺而导致其出生缺陷,但是,这样的诉讼要么是由于原告最主要的盖然性证据无法达到证明标准的要求而被驳回,要么是由于法院认为这些盖然性证据在证明案件事实方面不够充分而被驳回。①

1.1.4 依靠专家的科学证词

上面所概括的因果关系问题,将在本书第八章做进一步探讨。因果关系问题使得毒物侵权诉讼的当事人有必要把注意力紧紧集中在证明或反驳被指控的暴露与原告所遭受的损害之间具有法律认可的关联。在一起传统的侵权诉讼中,陪审团在自己的知识及经验范围内通过与事实有关的间接证据就可以证明因果关系。然而,毒物侵权所具有的科学和医学属性要求对证据进行专业的解释,(但是)很少有人具备这种必需的知识或经验。

在一起传统的个人伤害诉讼中,通常主治医生的证词对于证明被告产品或行为与原告的损害之间的关系(已经)足够了。在毒物侵权诉讼中,主治医生关于因果关系的证词由于没有科学研究作辅助,常常被成功的反驳。因而,在传统的交通事故中,典型的脑部受创的原告可以依靠主治医生的伤情描述和其根据专业知识和经验所提供的关于头脑损害现状及所期待的恢复程度的建议。相比之下,在一起毒物侵权诉讼中,主治医生对疾病的因果联系了解得相对较少,在一起案件中主治医生甚至不知道有毒物暴露。

---

① See, e.g., Deluca v. Merrell Dow Pharmaceuticals, Inc., 791 F. Supp. 1042 (D. N. J. 1992).(即决裁判认为专家证据不够充分,驳回了原告的诉讼请求。)

主治医生的工作是治愈疾病,在某种程度上,该疾病是由于暴露在毒物中还是其他原因引起,对于他来讲没什么区别。即使主治医生根据诊疗经验和医学知识提供了因果关系的观点,在法院这些观点也可能会面临强烈的质疑。因此,为了证明因果关系,毒物侵权的原告通常必须依靠统计信息及实验研究报告。

在确定科学证据在毒物侵权诉讼的解决中所起的作用时,法院被要求考虑医学或科学因果关系与法律因果关系之间的关联。在科学问题上确定一种因果关系所需要的确定程度要求高达95%。相比之下,在美国大部分民事诉讼中,法院所运用的优势证据标准只要求达到51%即可。然而,法院不愿意承认缺乏科学支撑的法律上的因果联系。因此,当事人必须把他们的注意力集中在支持他们各自立场的专家证词的可信度及其质量上。

另外,毒物侵权诉讼涉及大量从事不同领域的专家,这是前所未有的。比如,有毒化合物渗漏到垃圾处理场下面的地下水系统,最终又进入饮用水供应系统中,从而引起个人损害。根据指控的需要,原告请求索赔就涉及以下所有专家:化学家、工业毒理学家、化学工程师、环境工程师、水文地质学家、流行病学家和许多医学专科医生。鉴于原告和被告都需要专家来支持他们的立场,诉讼的专家组成变得耗时费力和成本高昂,然而,这些要素却决定着诉讼的进展。

1.1.5 风险的角色

因果关系问题是风险在毒物侵权诉讼中所扮演的角色的一个例子。盖然性证据建立在风险的基础上,也就是说,盖然性证据给法院或陪审团提供的证据是在证明由于暴露于一种特殊物质而患上某一确定疾病的风险。在传染病学领域精通的统计员已经建立了估计暴露于有毒物质引起疾病的风险水平的模型。这是一种风险分析形式,并且被毒物侵权诉讼中的原告和被告频繁使用。① 但是,把统计风险转化成法律认可的标准还是存在问题,而且拒绝采用风险概念来形成法律索赔的基础具有相当普遍性。

现代社会生活本身就蕴含着某些确定的风险,人们把这些风险理解为危险。不管这些恐惧合理与否,受侵害的人已经通过法院或政府法规为这些风险引起的不利影响寻求到了救济,法院也越来越愿意承认把风险作为索赔的基础。毒物侵权的原告可以就没有身体损害迹象的情感痛苦提出索赔要求,可以因为患病风险不断增加而提出诉讼,也可以在没有出现任何症状的情况下提出医学监测的主张,所有这些诉讼主张很大程度上都是以风险为其基础。在这些类型的诉讼中,原告所寻求的救济纯粹是基于在将来染上某种疾病的风险。

风险也是环境法规的形成基础。当决定是否为这些物质的生产、使用和处置制定标准还是实施限制时,管理者就会考虑这些物质对健康和环境的影响。风险的监管回应通常是以特定的物质为导向,并且在关注点上也相对狭窄。例如,在职业环境中被规制的许多物质,在《职业安全与健康管理标准》仅存在这些物质的一小部分。这也导致了一

---

① See generally David E. Lilienfeld, Paul D. Stolley, & Abraham M. Lilienfeld, Foundations of Epidemiology 226—28(3d ed. 1994).

些对目前管理过程中风险使用途径的批评。①

在最近几十年,风险评估和风险管理学科遍地开花,已经成为管理层与司法系统用来管理和降低毒物及环境风险的重要工具。一般来说,风险评估涉及对潜在危险性物质的识别和确定暴露于该物质的程度对人类的影响。通过使用跨学科方法和统计推断,分析师试图预测暴露在已识别的物质中对人类的影响。他们也试图就这些物质呈现出的危险来描绘这些物质的特征,比如某一特定物质是否致癌。

另一方面,与风险评估相比,风险管理是一个更广泛的过程,而且在诸多方面更为主观。风险管理者的任务是通过风险评估程序识别出风险,然后就处理该风险的最佳方式做出决策。在理想情况下,风险管理者能意识到其所使用数据的局限。风险管理过程是根据社会目标和政策来实施的,其中包括司法系统使用风险信息的方式。② 比如,在确定风险废弃物的处置地点时就要衡量有冲突的政策,比如在考虑使用一个经济欠发达地区的处置地点时,除考虑该处置地点的可使用性和廉价性外,还要考虑对该经济欠发达地区的公平性。

适当使用风险评估方法,正确理解风险评估过程中所收集的数据,都是非常重要的事项,而这些事项一直处于争议中。不管是在规制过程中还是在司法系统中,公众的看

---

① See Hon, Stephen Breyer, Breaking the Vicious Circle 10 — 51 (1993). (认为国会和监管对风险的回应往往反映了公众的看法,而不是风险分析师的观点。)

② See generally Carnegie Comm'n on Science, Technology and Government, Risk and the Environment: Improving Regulatory Decision Making (1993). (讨论和评价风险评估和风险管理在环境规则过程中的作用。)

法、政策目标、党派的政治从属关系都在风险评估和管理中起作用。

1.1.6 大范围

那些构成毒物侵权诉讼基础的毒物暴露常常影响着许多人。有时,受影响的人可能达到几千人甚至数万人。一些暴露几乎发生在同一时间、同一场合,比如,2001年"9·11"恐怖袭击事件及其余波,当时无数人暴露于混有化合物、石棉及其他物质的有毒空气中。① 相比之下,基于各种各样的情形,许多人被长期地暴露在有毒的环境中,有些甚至高达几十年。建筑中使用石棉绝缘产品就是一个极端的例子,而药剂产品责任也呈现出相类似的情形。

许多大规模的毒物侵权诉讼都存在这样一个特殊的问题,该问题涉及未来的原告在多大程度上应该或能够被囊括在和解协议或法院判决中,这里未来的原告是指那些已经暴露但在诉讼时还没有出现疾病症状的那些人。在当下的诉讼中,未来原告的追加会无限地延伸着该诉讼的范围,事实上,很少有案例能够把最终原告的数量做到精准的预测。

规模庞大的毒物侵权诉讼已经导致了显著的司法管理问题。法官面临着这样的问题,是使用分类诉讼手段还是使用集团诉讼来使得诉讼更有效?审前实践,包括披露,必然在毒物侵权诉讼中发挥着相当重要的作用。而且,被当事人试图引进的大量的科学证据要求特殊的专业知识和专业的司法管理。所有这些因素结合起来使得解决的道路变

---

① See generally Jean Macchiaroli Eggen, Toxic Torts at Ground Zero, 39 Ariz. St. L. J. 383 (2007).

得漫长而富于挑战。

1.2 公法与私法趋同

发展中的毒物侵权法出现了产生于普通法的法律原则与植根于公法的强制性规定的标准和方法的相互融合。1980年《综合环境反应、赔偿与责任法案》(CERCLA)[①]颁布,当时国会拒绝在该法案里规定个人损害救济的机会。取而代之,在该法案里提供了一种救济方案,根据该方案,在清理那些释放在环境中有毒物质时,允许政府采取行政和司法行为,在某些有限的情形下,也可以由私人来提出。伴随着法律规则之间的相互交叉,毒物侵权法已经介入传统侵权法与公法都不涉足的空白领域。其结果是产生了协同效应,并逐渐分离出一个新的法律领域,该领域要求有自己的法学理论。法院也正逐渐以自己的方式朝着这一新的领域前进。

那些从事毒物侵权诉讼业务的律师,在涉及《职业安全与健康管理》的事务上可能花费大量的时间,在行政法法院处理州员工的赔偿诉讼,或者为公民诉讼提供辩护,保护他们不被根据《联邦环境法》所做出的行政处罚。在有毒物质上,公共部门采用的方法和标准常常与普通法下已经得到演变的标准不同。一起空乘人员引起的诉讼就反映了一些这样的问题。在这起案件中,空乘人员指控他们所遭受的

[①] Comprehensive Environmental Response Compensation and Liability Act, 42 U.S.C.A. §§9601–9675 (West 2010). (该法案又被称为"超级基金法案")

损害是他们在工作时暴露于烟草烟雾环境中的结果。作为工作人员,原告可以向雇主提出赔偿请求,也可以向烟草制造商提出产品责任索赔。同样,公法也会就这一问题进行规制,政府对飞机上吸烟是进行管制的,职业安全与健康署和环境保护局也正在考虑是否对工作场所中的烟草烟雾进行规制。

原告提出索赔的损害与被管理的行为或产品有关,然而公司却严格遵守了管理标准,这对原告来说意味着什么?这个问题很复杂,但它却是许多毒物侵权案件的关键。虽然答案同样复杂,但对于从业这一领域的律师来说,对公法和私法之间的相互作用有一个基本了解是非常重要的。

第2章 产品责任理论

毒物侵权法的渊源有三种类型:第一种最主要的渊源是新的产品责任法;第二种主要的渊源是传统的与土地有关的侵权法,比如妨害和非法侵入;第三种渊源是环境和职业管制中有关场所的强制性规定。在本书的第二、三、四章将重点就这些主题进行阐述。本章将关注点聚集在针对产品销售者的索赔上。而且,本章还有适当的篇幅就侵权法与公法的相互作用进行讨论,在毒物侵权法中讨论这种相互作用必不可少。

2.1 产品责任法与毒物侵权

2.1.1 有毒产品责任法的出现

现代社会消费者因缺陷产品受到损害,这就需要为消费者提供一种恢复损害的方法,产品责任法由此应运而生。从理论上来说,产品责任法主要聚焦产品的状况,而对产品销售者的行为关注相对较少。

原有的法律或是要求受害者与产品销售者之间存在合同关系,或是仅关注销售者的行为。要理解产品责任法对于有毒产品导致的损害进行救济的必要性,对发生在石棉环境中的两起个人损害诉讼案例进行研究,就显得非常有必要。(这两起案)一起运用了旧法,另一起主要运用了产品责任法。

石棉是一种天然高防水的矿物质,这种矿物质已经被纳入绝缘产品这一类别之中,这些绝缘产品有许多用途,可建屋顶、做建筑瓦、地板、天花板瓷砖、船舶和建筑物上的锅炉以及汽车刹车片等,这只是列举了绝缘产品用途的一小部分。石棉是一种加入绝缘材料的纤维材料。石棉的危险就在于,当工人们切割这些绝缘材料或者在工作中使用这些绝缘材料,或者随着时间的流逝,石棉产品逐渐老化或者在其原有位置上被移动时,这些纤维就会飘散到空气中。这些纤维非常细小,以至于人们在呼吸时能够被吸入,而如果它们一旦被肺组织摄入,就会对人体健康构成危害,从而引发疾病。所谓的石棉暴露"签名疾病"(signature disease)通常是指暴露于石棉环境中工人所患的石棉肺和间皮细胞瘤。石棉肺是指由于肺部摄入的石棉纤维引起的肺组织逐步纤维化,尽管不是恶性的,但却是致命的。间皮细胞瘤是肺癌的一种,它会对胸腔内膜和肺泡构成影响。许多工人声称其他一些疾病,特别是其他类型的癌症,都已经表明这些疾病与石棉暴露之间可能存在着因果关系。这些疾病通常都有很长的潜伏期,许多人都是在停止与石棉环境接触的许多年后,才被确认患上了与石棉有关的疾病,这种现象并非不常见。[1]

大部分的石棉损害个人诉讼案是由于这些工人暴露在

---

[1] Paul Brodeur, Outrageous Misconduct(1985),该书第一章中出色地讨论了石棉的特征、与石棉有关的疾病的性质以及一个对最早石棉行为的详细调查。

石棉环境中引发的,这是因为他们在从事雇佣活动的过程中使用了石棉绝缘产品。然而,根据《工人赔偿法》,他们不能够起诉他们的雇主,但他们可以起诉他们所使用的产品的生产者或制造商。

早期的毒物侵权诉讼案件表明,一些法院不愿意采用新出现的《产品责任法》来解决那些与有毒物质暴露所导致的损害索赔案件。Bassham v. Owens-Corning Fiber Glass Corporation 案①就是一个典型的例子。Bassham 法院拒绝根据《产品责任法》来处理一个石棉工人提起的索赔诉讼,法院认为职业疾病索赔并不是《产品责任法》中的损害类型。暴露在石棉环境中与疾病的显现之间存在很长的潜伏期,是区别这类索赔与标准的产品责任索赔的一个主要因素,因为在标准的产品责任索赔中,与缺陷产品有关的损害结果往往会立即显现。正如该法院所陈述的那样,"什么事都不会很快或突然发生",因此,很难确定损害会在什么时候发生。在20世纪70年代中叶之前,Bassham 法院的这种态度相当常见。

Borel v. Fibreboara Paper Prods. Corp. 案②是首次将严格的产品责任法运用于与石棉相关的工作场所损害的案例。原告是一个生产工业绝缘材料工厂的工人,他起诉了几个生产含有石棉的绝缘材料的制造商,理由是(他们)没有警示原告所使用的石棉包含有害物质。原告声称,由于过去的33年里他一直处在含有石棉的工作场所里,导致他已经患上了石棉肺和间皮细胞癌。

---

① 327 F. Supp. 1007(D. N. M. 1971).

② 493 F. 2d 1076 (5th Cir. 1973).

法院运用得克萨斯法,认为根据产品责任理论,制造商对没有充分警示原告在工作中使用的含有石棉的产品是种危险物质,因此,被告对原告的损害负有责任。在此过程中,法院查阅了关于石棉对工人所产生的影响的医学文件,总结出能证明因果关系存在的证据。Borel 法院做出使制造商承担严格责任的决定具有重大意义,因为其率先背离了从 Bassham 案中所确立的法律原则。

对于这个决定还值得注意的是,陪审团在 Borel 的单独过失索赔中发现了被告的过失,并把对过错的某些衡量赋予 Borel 本人。根据共同过失的适合规则,原告在过失索赔中不能够得到赔偿,因为他本身就对其损害负有一些责任。但是根据严格的产品责任法,共同过失不能成为被告的抗辩理由,原告的过失不会妨碍其对被告提出索赔请求。

自 Borel 法院提出将严格的产品责任法运用于与石棉有关的职业病这一合理观点后,石棉诉讼就如洪水般涌入法院,而且,这股洪流再也没有减弱过。此后,严格的产品责任法被运用于其他各类的产品中,这些产品被原告指控引起了潜在的疾病。

2.1.2 侵权法重述

在 1965 年《侵权法重述:Ⅱ》(以下简称《重述:Ⅱ》)编纂了这一学说之前,严格产品责任的概念已经形成了。Traynor 法官在 Escolau v. Coca Cola Bottling Co. 案[①]中的著名观点清楚地表达了产品责任这一理论,他使产品责任从传统的过失责任过渡到严格责任,即只要销售缺陷产

---

① 150 P. 2d 436(Cal. 1944).

品致人损害,就应承担责任。Traynor法官力图把对合同法上概念的依赖性降至最低,比如合同的相对性和担保责任,提倡创建独立的侵权救济路径。他认为公共政策要求对传统的责任进行修改,以有效地降低流入市场的缺陷产品对生命和健康可能造成危险。产品的销售者,不论其是生产者、经销商还是零售商,都是缺陷产品的责任人。产品责任这一新学说的合理性就在于,它改变了产品生产者和消费者之间的关系。与19世纪的消费者相比,现代社会的消费者不仅远离产品的生产过程,而且现代产品的技术性更强,化学成分也更加复杂。

严格产品责任法的规定体现了这样的政策导向,即损害的成本应当由产品的制造商和销售者承担,因为从社会角色上来讲,他们处于分散与这些产品有关的事故成本的最佳位置,他们可以通过产品定价和责任保险来向社会分散这些损害的成本。而且,从公平的角度来看,产品责任法也反映了公众的期望,销售者应当对他们所生产或销售的产品负责。

1965年《侵权法重述:Ⅱ》最终定稿,其中新增加的一节非常引人注目,在该节确认了产品生产者的严格责任。三十多年来,该法既是被颂扬的对象,也是被批评的目标。全部或部分接受了《重述:Ⅱ》的那些州,对其重新做出解读并在其缺漏的地方形成了他们自己的学说。如今,大部分法院所适用的严格产品责任的判例法,其实就是《重述:Ⅱ》的创新。然而,1998美国法律研究院(ALI)推出了《侵权法重述:Ⅲ——产品责任》(以下简称《重述:Ⅲ》),目的是试图处理和解决《重述:Ⅱ》在适用过程中出现的关键问题,以及各个州新出现的产品责任问题。《重述:Ⅲ》的出现,表明了产品责任诉讼在整个侵权法领域内变得日益重要,而且也体现了它在诉讼中出现的一些主要问题上居于重要的位置。

2.1.3 《侵权法重述:Ⅱ》第 402A 条

《重述:Ⅱ》第 402A 条规定如下:

(1)如果:(a)销售者从事该产品的销售,并且(b)可以预计该产品在到达使用者或消费者时,与其在销售时的状况没有发生实质性的改变,当某产品有缺陷因而对其使用者或消费者的人身或财产具有不合理的危险时,出售产品的人就应当对该产品的最终的使用者或消费者的人身伤害或财产损失承担赔偿责任。

(2)前款所表述的规则同样适用以下情况:尽管

(a)销售者在准备和出售他的产品时,已经做了所有必要的检查;

(b)产品的使用者或消费者没有购买该产品,或者说他们与产品的销售者之间没有任何的合同关系。

因此,在受害方和制造商或其他销售者之间是否具有合同关系,并非承担产品责任的必要条件。而且,对于销售者主观上是否有过错,也无须过问,至少在理论上是这样。[1]

第 402A 款只是要求被告"从事了该产品的销售","产品缺陷致使该产品存在不合理的危险"以及原告是"该产品的最终使用者或消费者"。第 402A 款隐含的附加条件是,要求原告提供证据证明产品引起了所指控的损害。自 20

---

[1] See generally Greenman v. Yuba Power Products Inc. , 377 P. 2d 897(Cal. 1963).

世纪70年代以来,以第402A款规定的严格责任为依据,涉及石棉、烟草、处方药和医疗设备等领域的损害赔偿诉讼大量激增,但是,诉讼也绝不仅仅局限于这些产品领域。一个产品可能在许多方面都存在缺陷,在原告的投诉中找到不止一种被指控的缺陷也是相当正常的。

2.1.4 《侵权法重述:Ⅲ——产品责任》

在1965年第402A款颁布之后的三十多年里,产品责任法领域出现的为数庞大的司法判决要求对该条款进行修改,以充分体现产品责任法已经出现的变化。针对草案经过几年的争议之后,美国法律研究院终于在1998年推出了《侵权法重述:Ⅲ——产品责任》。尽管《重述:Ⅲ》尝试着对全美国的产品责任法进行重述,但是,它毕竟源自于《重述:Ⅱ》,因此,法院一直挣扎在产品责任学说的根本前提和实践运用中。近年来,绝大部分现存的产品责任判例法,都是《重述:Ⅱ》的产物。然而,法院已经开始明确引用和讨论《重述:Ⅲ》。其实,在某种程度上,《重述:Ⅲ》并不是什么新事物,因为它只是反映了当前各州在处理产品责任纠纷上的做法。而且,就另一些方面而言,它所载录的某些规则也备受争议。

2.2 缺陷产品责任理论

不像《重述:Ⅱ》,《重述:Ⅲ》详细描述了产品缺陷的不同种类。[①] 而且,与《重述:Ⅱ》相比,《重述:Ⅲ》明确规定了每种产品缺陷的不同的测试方法,这些测试方法总体上精

---

① See Restatement (Third) of Torts: Products Liability §2.

确地反映了各州的趋势。《重述：Ⅲ》还就法院遇到的某些棘手的问题提出了明确的处理方法，而这些问题在《重述：Ⅱ》中未能得到有效解决。在本节讨论产品责任理论时，将会把《重述：Ⅱ》第402A款和《重述：Ⅲ》中所采用的不同方法一并结合，予以探讨。

2.2.1 设计缺陷

设计缺陷诉讼是指在一个产品的生产线里生产出来的所有产品，对最终的使用者或消费者都存在着不可接受的危险。这种缺陷源自于产品的最初设计。在毒物侵权案例中，设计缺陷诉讼涉及许多不同类型的产品，包括处方药、烟草、化学化合物以及一系列从清洁剂到塑料小瓶等的消费产品。

第402A款引发的许多争议都对准了对"缺陷状况"（defective condition）这一概念的解释，因为这是确立产品责任的关键。关于设计缺陷，为了给这一概念下定义，出现了两种截然不同的方法。第一种是众所周知的消费者期望测试法，这种测试法源于对第402A款第ⅰ项的注解，该注解把"不合理的危险"定义为"超过普通消费者在购买产品时根据其常识所能考虑到的危险程度"。虽然这种测试方法听起来比较容易实施，但是，要把它运用于涉及被指控的是有毒产品的案例中却很困难，因为合理的消费者对有毒产品的期望可能非常模糊。而且，在有毒产品案例中，可能也会有一些例外的情况出现，比如有些产品的危险已经被人们所熟知或危险相当明显，就无须承担责任，即使这些产品存在极大的危险，并且原本很容易被设计得更加安全些。

如果产品的危险超过产品的效用时，产品被认为是存在缺陷的。随着时间的流逝，根据这一理论，法院在处理设计缺陷诉讼时,开始偏爱采用风险—效用或者风险—收益这样的平衡测试法。这种测试法通常包含这样一种测验,即是否存在另一种本来能消除产品风险的替代设计。这种测试法也把研发出一种更安全产品的成本考虑在内。在使用风险—效用分析法进行平衡时,对于给定的众多要素中哪些份量更重,法院在认识上并不一致。另外,消费者团体也抱怨,仅仅是由于某些产品的高效用,采用风险—效用测试法会免除制造商对危险产品所负有的设计缺陷的责任。

我们不能绕过这一事实,即产品缺陷的风险—效用测试法与被用在判断过失的风险—效用测试法存在某种程度的类似,后者被用来判断是否被告违反了对原告的责任而存在过失。在著名的 United State v. Carroll Towing Co.案①中,Hand 法官制定了风险—效用分析公式——B＜PL,根据这个公式,如果通过权衡得出使活动更安全所需要的负担(成本),不超过损害大规模成倍地出现的可能性,但有损害发生,就可以认定被告存在过失。这与运用在产品缺陷案例中的风险—效用测试法是一样的,并且许多人已经提出质疑,是否设计缺陷诉讼只能使用过失分析法。②在司法审判中采用的风险—效用测试法,是由一个非连续的测试来判断产品设计是否存在缺陷,这个非连续的测试包含许多要素。在《重述:Ⅲ》中,这些要素已经被组合成一个测试。

《重述:Ⅲ》:产品责任放弃了消费者期望测试法,取而

---

① 159 F. 2d 169 (2d Cir. 1947).

② See, e. g. , Martin A. Kotler, Products Liability and Basic Tort Law 159－60, 183－84 (2005).

代之以支持风险—效用测试法。就这种测试而言,在使用的语言上与过失理论是相同的,《重述:Ⅲ》将其称为"合理性检验"。更具体一点来说,设计缺陷测试是指"存在着一种合理的可替代设计,该设计不仅成本合理,而且能降低产品所呈现出的可预见的伤害风险;如果是这样的话,是否销售者或整个生产链的最初设计者遗漏了这个可替代设计,而正是这种可替代设计的遗漏使产品变得不安全,这种不安全指不合理的不安全"。[1]

Wright v. Brooke Group Ltd. 一案[2]采用了《重述:Ⅲ》里的测试法,该案表明许多州法院将采用这一测试法。爱荷华州最高法院(ISC)在爱荷华州北部地区的法律适用问题上,首先追溯了该州产品责任法的历史。在采用第402A款后,爱荷华州最高法院采取了双元测试法,即融合了风险—效用分析法和消费者期望法。20世纪90年代,该法院在指示缺陷(failure-to-warn)案例中不再采用严格责任。在Wright一案中,法院采用了《重述:Ⅲ》第2部分中的设计缺陷测试法。法院之所以采用《重述:Ⅲ》中的测试法,是因为该方法没有根据传统的原则分类如"过失"或严格责任,而是从功能上予以表述。

根据《重述:Ⅲ》中的测试法,在确定一个产品是否具有设计缺陷时,会考虑诸多要素。在设计缺陷诉讼案中,法院常常被要求评估行业惯例所起的作用。一般规则认为,行业惯例与确定产品缺陷有关,但也不是必须起决定性作用的。遵循了行业惯例并不自然而然地意味着产品销售者将

---

[1] Restatement (Third) of Torts: Products Liability, cmt. d to §2.
[2] 652 N.W.2d 159(Iowa 2002).

不用负责任。存在一个公开而又显而易见的危险也是与设计缺陷相关,但是,相比之下,消费者期望测试法并不妨碍它自己发现产品缺陷。《重述:Ⅲ》注释 f 中提出的许多要素,在决定是否存在设计缺陷时,这些要素可以被考虑进去。但是,《重述:Ⅲ》同时指出,原告并不需要就所有这些要素提供证据。这些要素涉及与被指控存在缺陷的产品的有关事项,比如伤害的可预见性、产品是否有适当的说明或警示,以及任何被提出的可替代的设计对诸如产品成本、产品寿命等所产生的影响等。然而,在判断设计缺陷时,一项被提出的可替代设计对公司收益的影响,并不属于应当予以考虑的要素。

《重述:Ⅲ》清楚地表明,原告要就设计缺陷提起诉讼,在他/她的初步证据里,"必须证明存在一种技术上可行并实用的可替代设计,这种设计可以降低或阻止原告的伤害"。[①] 早期草案的这部分遭到来自原告的批评,因为在一个案件中,要确定可替代的设计并加以证明需要专家的证词,而取得专家证词的成本高昂。作为回应,终稿将这一部分修改为"原告采用了被建议的可替代的设计,由于其特殊性,并不要求原告确定该设计的成本和收益"。而且终稿还指出,并不是每一案件都要求关于这一问题的专家证词。另外,《重述:Ⅲ》还强调,这一要求"不应该被理解为是针对损害救济而制造的人为的、不合理的障碍"。[②]

各州往往或是使用风险—效用测试法,或是使用消费

---

① Restatement (Third) of Torts: Products Liability, Cmt. f.
② Restatement (Third) of Torts: Products Liability, Cmt. f.

者期望测试法。在 Fabiano v. Philip Morris Inc. 一案①中,一位烟民提起了诉讼,控诉他吸的烟存在设计缺陷,审判法院在该案中采用了纽约版的风险—效用测试法。在 Voss v. Black & Decker Mfg. Co. 案②中也提出了纽约测试法,该测试法包括以下因素:(1)针对整体公众的产品效用;(2)产品对于单个使用者的效用;(3)产品引发损害的可能性;(4)存在一个更安全的设计;(5)设计并制造出更安全、但功能不变、价格合理的产品的可能性;(6)对产品潜在危险的意识程度可以被合理地归因于受损害的使用者;(7)制造商分散与安全设计有关的成本的能力是变化的。

Fabiano 法院使用了这一测试法并总结道:原告的设计缺陷诉讼经受住了即决审判。

一些州保留了《重述:Ⅱ》中的消费者期望测试法。在另外一起烟民案例中,佛罗里达州的一家法院拒绝使用风险—效用分析法,而是运用了佛罗里达州的"普通消费者期望法"来处理设计缺陷诉讼。在 Ligget Group, Inc. v. Davis 案③中,法院认为不需有证据来证明存在一种更安全的可替代的设计,陪审团单单依据消费者期望测试法,就能合理地发现是否存在设计缺陷。

在 Godoy v. E. I. du. Pont de Nemours & Co. 案④中,威斯康星州最高法院在对设计缺陷的认定上,立场坚定地采用《重述:Ⅱ》中的消费者期望测试法。该案涉及一起

---

① 847 N. Y. S. 2d 901(N. Y. Sup. Ct. 2007).
② 450 N. E. 2d 204(N. Y. 1993).
③ 973 So. 2d 467 (Fla. App. Ct. 2007).
④ 768 N. W. 2d 674 (Wis. 2009).

因暴露在含铅的油漆中的损害事件,具体地说就是白色的含铅的碳酸盐颜料。法院认为,即使油漆的危险性对消费者而言,不是那么明显,但是,"原告的设计缺陷诉讼请求仍然无法得到支持,因为原告的指控是油漆中含有铅,然而,油漆中含铅是油漆产品本身的特性。如果没有铅,就没有白色的含铅的碳酸盐颜料"。法院认为,对于销售者是不是没有就产品的内在危险做出合理的警示,这是另外一个问题。

2.2.2 指示缺陷

没有对被指控的有毒产品的危害性做出警示,这通常被视为是一个独立的责任理论。它也构成一种产品缺陷。在毒物侵权诉讼领域,最典型的没有做出警示的案例是此前讨论过的 Borel v. Fibreboard Paper Prods. Corp. 案[①]。在将指示缺陷这一新形成的法律运用于毒物侵权领域时,存在的一个主要难点是在制造和销售某一产品的时候,不知道该产品存在危险。因此问题出现了,销售者在诉讼时是否能够为自己做这样的辩护——原告暴露在有毒产品的时候,销售者不知道也不可能知道该产品使用的结果。几乎在所有的司法审判中,一般的规则是被告若是产品的销售者,被告可以利用这一理由为自己辩护。在接下来的这一节,将详细讨论这一开发风险抗辩(state-of-the-art defense)。按照这一已知的要求,在产品缺陷的背景下分析指示缺陷,实际上和分析过失没什么区别。

一般来说,产品的销售者有责任仅公开与产品相关的可预见的风险,比如在 Borel 案中,法院仔细查阅了使用石

---

① 493 F.2d 1076(5th Cir. 1973).

棉绝缘产品的危害的相关科学知识,之后得出这样的结论,早在20世纪30年代,这种危险就可以被预见,甚至非常细微的可预见的风险都可能引发责任。在 Davis v. Wyeth Laboratories, Inc. 一案①中,法院认为小儿麻痹症疫苗的制造商有责任警示消费者存在这样的风险,即通过注射该疫苗,人们可能有百万分之一的机会染上小儿麻痹。法院陈述如下:

当然,存在这样的情况,即虽然个人风险的确存在并被告知,但与所获得的好处相比,个人风险是如此小以至于微不足道。被上诉人使该案件具有这样的特征,即它是纯粹从统计学的观点来解决问题的:认为只要不超过百万分之一就是合理的。但是,我们拒绝这样的做法。在一起特殊的案例中,当把风险的性质(如死亡或重大残疾等)和数量与所追求的结果进行权衡时,如果需要一个真实的选择判断,就必须做出医疗的或个人的警示。

而且,制造商被视为是要具备"专业知识和专业技能",这是另一个过失概念。因此,制造商有义务积极了解与其产品相关的当前科学发展状况,并且合理地调查产品的有效性和安全性。Borel 法院认为:

制造商作为专家的身份意味着,至少他必须了解科学知识、科学发现和发展前沿,而且推断他能够理解所传达的信息。但是,更重要的是制造商有责任测试并检查他的产品。研究和实验的程度必须与该产品所具有的危险相称。

当通过风险—效用分析法得出这样的结论,即产品的效用超过产品的风险,这一结论又进一步推导出这样的结

---

① 399 F. 2d 121 (9th Cir. 1968).

论:产品不存在设计缺陷;即使这样,警示不足也不能被原谅。法院在 Borel 案中强调了充分警示的重要性。法院认为,"含石棉的绝缘产品的效用可能超过已知或可预见的对绝缘工人的风险,因而公司为它的销售行为辩解。然而,如果没有充分的警示说明,该产品依旧存在不合理的风险"。

Borel 法院遵循的是第 402A 款。在《重述:Ⅲ》中,该测试法是否"销售者合理地说明或警示本来能降低或避免产品所呈现出的可预见的伤害风险……然而,说明或警示的遗漏使得产品的安全存在不合理风险"。[①] 虽然,这样的语言似乎应付了被告,但是,在《重述:Ⅲ》中所聚焦的是否存在警示还是缺乏警示,并由此导致产品对原告来说变得不安全,并且什么样的警示水平能传达出所必要的信息等。[②]

2.2.3 制造缺陷

制造缺陷或生产缺陷是指制造出的产品不符合生产线的设计和制造商的初衷。制造缺陷的经典案件是一起原告在一瓶苏打水中发现了一只腐烂的老鼠的案例。[③] 虽然制造缺陷确定能引发毒物侵权诉讼,但是,在毒物侵权为背景的诉讼中,这样的诉讼并不频繁,反而是因设计缺陷或指示缺陷引发的诉讼更为常见。不过,制造缺陷诉讼也能发生在这样的情况下,比如,一种外国化学剂污染了一批特定的产品。

---

① Restatement (Third) of Torts: Products Liability, §2 (c).

② See generally Restatement (Third) of Torts: Products Liability, cmt. I to §2.

③ See e.g. Shoshone Coca-Cola Bottling Co. V. Dolinski, 420 P. 2d 855 (New. 1966)

在 Weber v. Fidelity & Casualty Ins. Co. 案①中,原告起诉了一家牲畜清洗剂的制造商和产品保险公司,原告声称,在使用这种清洗剂后不久,就有几头牲畜死了,并且原告的两个小儿子因为把这些清洗剂混合了一下,也生病了。原告认为,在该清洗剂中一定含有过量的砒霜,从而引起了疾病的发生。尽管被指控的产品在设计时就含有砒霜,但是,没有对含有多少砒霜量就能引发被指控的伤害进行设计。法院认为原告提供了证明制造缺陷的初步证据。

与设计缺陷或指示缺陷的适用规则相比,制造缺陷的规则往往更直截了当。事实上,在《重述:Ⅲ》中把这一规则称为一种绝对责任。因为,"当产品背离了它的最初设计时,即使在准备和销售产品的过程中尽所有可能的注意义务",②仍然要承担责任。该绝对责任规则的正当性在于,它与国家鼓励制造商在产品生产过程中,加强产品安全措施和提高质量控制水平的政策目标相符合。同时,该规则还阻止制造商为了节约成本让一定数量的瑕疵产品流入市场。绝对责任的主体不仅包括制造商,还延伸至分销商和零售商,这不仅是因为与消费者相比,销售者能够分散损失,而且责任的威胁会促使他们只与负责任的制造商做买卖。

2.2.4 《重述:Ⅲ》:处方药

《重述:Ⅲ》第 6 节提出了一个针对处方药和医疗设备销售者的产品责任适用规则,该规则与第二部分中针对其他产品的规则相比,又有着某些不同。第 6 节提供了一个

---

① 250 So. 2d 754 (La. 1971).

② Restatement (Third) of Torts: Products Liability § 2(a).

更具体的与处方药责任相关的测试法,并且把制造商的责任和分销商(零售商)的责任分开了。

对于处方药制造商来说,《重述:Ⅲ》保留了三种类型的责任,但也做了些修改。制造缺陷理论这一部分没有变化。然而,关于设计缺陷,第6节中的风险—效用测试比第二节(b)部分中的风险—效用测试法更为严厉。第6节(c)部分写明:如果使用某一处方药或者医疗设备所带来的可预见的损害风险,与它可预见的疗效相比要大得多,那么该处方药或者医疗设备就因为设计上的缺陷,而存在不合理的风险;知道这样的可预见的风险和治疗效果的理性的医生,不能给任何病人开这样的药方或使用这样的医疗设备。

注解b表明,如果一个合理的医生对处于任何情况的任何人都开这样的药,那么,设计缺陷就根本无法查明。因此,如果该药对任何类型的病人都有效用,对其他病人来说,即使存在着高风险和有害的影响,那么,依然不存在设计缺陷。

虽然法院一般青睐一些针对处方药制造商的豁免措施,但是,对于第6节(c)能否在各州获得广泛接纳,还不是很清楚。在Gebhardt v. Mentor Corp.一案①中,法院运用了第6节(c),但是,法院认为,原告并不能证明医生开出的设备是不是针对任何类型的病人的。但在Mele v. Howmedica, Inc.一案②中,法院拒绝了第6节(c)的所有方案,因为,在总体上它不能和第402A里的州产品责任法相协调,尤其是它不能和消费者期望测试法相融合。

---

① 191 F. R. D. 180 (D. Ariz. 1999).
② 808 N. E. 2d 1026(Ⅲ. Ct. App. 2004).

第 6 节(d)部分具体规定了由于没有向开处方的医生或病人做出合理的警示或说明,从而引起的说明不足或警示不充分之责任。对于病人的指示缺陷责任产生于,只要"制造商知道或有理由知道医生不根据警示或说明书的话,就不可能降低伤害的风险"。注解 e 解释说,这类型的情况通常出现在临床环境里,比如像大规模的疫苗接种计划,在这种场合医生通常不会对个体进行诊断。因此,第 6 节(d)第 1 项保留了"博学的中介人(learned intermediary)"规则,该规则把说明或警示药品或医疗设备存在的风险的首要责任,在多数情形下施加给医生。关于"博学的中介人"理论,我们将在后面的章节中做更详细的探讨。

在《重述:Ⅲ》中,对处方药或医疗设备的零售商或其他分销商的责任做了限制。正如第 2 节(a)所规定的一样,这些销售者对产品的制造缺陷负绝对责任。除此以外,零售商或其他分销商仅对他自己的过失负责。[①]

2.3 其他责任理论

2.3.1 过失

Borel 案表明,在潜伏疾病的案例中采用过失原则是有风险的,因为在当时,多数情况下,被告会用共同过失理论来阻止原告的司法救济。毫无疑问,大多数有毒产品的原告喜欢严格责任理论,而不喜欢过失原则。但是,不管是把过失看作是当前案件中退一步的立场,还是将其看作是唯一可用的索赔理由,原告都需要证明被告存在过失的初

[①] See Restatement (Third) of Torts: Products Liability, § 6(e).

步证据。这通常要求原告就责任构成要件进行举证,包括责任的违反、事实上的原因、直接因果关系及实际损害。在潜伏期(从暴露到疾病出现这段时间)存在的场合,原告通常很难证明"基于责任的注意标准"和"存在违反责任"。它要求原告不仅要证明被告知道暴露在有毒产品时存在危险,而且还要证明被告能够预见该产品对原告所造成的伤害。

有关艾滋病病毒污染的血液制品诉讼案就是潜伏疾病过失索赔问题的例子。当把供应血液和人体的其他部分视为一种服务而不是一种产品时,对血液制品供应者的过失索赔和涉及其他产品的过失索赔就非常相似。血液制品过失索赔诉讼往往聚焦在血液供应者在提供血液的时候,是否意识到艾滋病的血源性本质,以及意识到对捐献的血液中的艾滋病病毒进行检验所采用方法的可行性。就可适用的注意标准,法院对于能否就供应者在收集血液时是否遵循了行业惯例来确定供应者的责任,持有不同意见。

一般来说,血液供应者与其他从事相同服务的专业供给者一样,应当符合专业标准。在 Doe v. American Red Cross Blood Services 一案[1]中,法院把这理解为血液供应者在从事相关的活动时"必须遵照已被普遍认同并接受的行业标准"。但是,其他法院认为,不能以遵照行业惯例本身就确定被告已经遵守了相应的注意义务。在 United Blood Services v. Quintana 一案[2]中,法院讲道:

在一起专业过失案例中,在被告的注意标准存在着不

---

[1] 377 S. E. 2d 323 (S. C. 1989).
[2] 827 P. 2d 509(Colo. 1992).

合理的欠缺时,应该允许原告就被告坚持采纳的注意标准提供专家证词,因为被告没有整合可用的标准和程序,与这种标准和程序相比,被告坚持采纳的注意标准在本质上更能防止对原告的伤害……

在本案中,血液的供应者遵守了食品与药品管理局(FDA)的建议,还遵守了国家血库中心制定的指南,这些都是一些证明尽了应有谨慎义务的证据,但这不是决定性的证据,因为这并不能说明不需要额外的谨慎注意义务。

在 Quintana 一案中,尽管被告遵守了行业标准,陪审团依旧找到了被告的过失。然而,并非所有的案子都能达到同样的结果。①

艾滋病病毒案例聚焦于被告行为的时间以及行为的合理性。在 Kozup v. Georgetown University 案②中,法院明确认为,尽管存在另外一种责任较少的测试程序,但是作为一个法律问题,被告没有测试血液不存在过失,因为被告遵守了 1985 年之前的行业标准,而检查血液中是否存在艾滋病病毒抗体的 ELISX 测试形成并被运用于血液行业中是在 1985 年。相反,新泽西最高法院认为,血库协会没有推荐它的成员实施替代检测,以降低血液中所含的 HIV 病毒的风险,血库协会在这一点上是存在过失的。在 Snyder v.

---

① See, e.g., Doe v. Miles Laboratories, Inc., 927 F. 2d 187 (4th Cir. 1991). (法院在查阅了当时的行业惯例、政府规章和医疗专业标准后,认为被告——凝血因子制造商——没有违反注意义务。) See also McKee v. Miles Laboratories, Inc., 675 F. Supp. 1060 (E.D. Ky. 1987). (法院驳回了没有出示违反注意标准的过失索赔请求。)

② 663 F. Supp. 1048 (D.D.C. 1987).

American Association of Blood Banks 一案①中,法院认为,血库协会对原告负有谨慎义务,原告在 1984 年因输血而感染了艾滋病病毒,那是在 ELISA 测试运用于血液中艾滋病病毒抗体检测之前。法院认为,血库协会本应推荐它的成员使用一项测试,该测试试图通过确定大多数艾滋病患者所具有的共同特征,从而识别出谁可能是艾滋病病毒的携带者。在此情况下,通过 B 型肝炎的抗体测试,就能从血液供应中淘汰大量的含有 HIV 的血液。被告辩称,使用替代测试会成本很高,而且将会引发血库拒绝保有太多的血液,但是,法院并没有因被告的争辩而动摇。与此类似,如果被告没有检查出高风险的献血者,判定其是否违反了它的责任,取决于该行为产生的时间,以及被告了解有关 HIV 通过人类血液传播的风险的相关知识。②

时间问题并非只出现在 HIV 案例中。毒物侵权的潜伏期特征,也会产生时间问题。在考察被告的行为时,具有后见之明的法院和陪审团,他们必须做出决定,在被告行为的时候什么是客观上已知的,什么是主观上可以知道的,尽管这并不新鲜,但是较长的潜伏期使得这些决定更加扑朔迷离、错综复杂。

2.3.2 默示担保

担保索赔是合同法的产物,尤其是在买卖合同法中。在原告被允许以缺陷产品侵权起诉之前,担保索赔是因产品引发的索赔诉讼中最重要的一类。许多毒物侵权诉讼,

---

① 679 A.2d 1036(N.J.1996).

② See, e.g., Hoemke v. New York Blood Center, 912 F 2d 550 (2d Cir. 1990).(在 1981 年因输血感染 HIV,被告的行为被认为不存在过失。)

特别是伴有过失和严格产品责任索赔的毒物侵权诉讼仍有担保索赔。或许是因为担保索赔源自于合同法,在毒物侵权领域的司法审判中,这些索赔没有像其他索赔一样为人们所重视。不过,在有毒产品诉讼中,它们将被原告视为一项突出的维护其权利的手段。① 然而,一些法院根据默示担保和严格责任是彼此的镜像这一原理,即前者位处合同法,后者位处侵权法,因此把默示担保索赔和严格责任索赔合并在一起。②

事实上被每个州都采纳的《统一商法典》(U.C.C)第2条提供了管理违反默示担保引发的诉讼的基本规则。《统一商法典》并不要求提起担保索赔的人与产品的销售者之间存在默示的合同关系。与购买者有关或者纯粹没有关系的人都有可能提起默示担保,这将取决于《统一商法典》第2—318条中规定的可替代方案,这些替代方案已经为州法律所确认。其替代范围从最严格(购买者的家庭成员、客人)到相当广泛的主体(即任何可以提起侵权产品责任诉讼的人)。

1. 适销性默示担保

《统一商法典》第2—314条在买卖合同中设立了适销商品的默示担保,买卖合同中的销售者是"与这类货物有关的商人"。③ 就产品的适销性而言,是指产品必须至少"符

---

① See, e.g., Cipollone v. Liggett Group, Inc., 505 U.S. 504(1992).(原告提出担保索赔,并伴随严格产品责任索赔、过失和欺诈。)

② See Freeman v. Hoffman-La Roche, Inc., 618. N. W. 2d 827(Neb. 2000).

③ U.C.C. § 2-314(1) (2008).

合使用该产品所具有的一般目的",①"产品的含量、包装、标识满足协议的要求",②并且"符合容器或标识上(如果有的话)的承诺或事实"。③

如果不按照产品的一般用途进行使用,那么违反适销性默示担保的有效诉讼就不存在。比如,在 Rynders v. E. I. du. Pont de Nemours & Co. 一案④中,法院就一起个人损害索赔请求进行审理,该案的原告通过手术在其下颌植入材料,以校正其咬合错位。该植入物由一家医疗供应商通过使用聚四氟乙烯(Teflon)加工而成,而聚四氟乙烯是被告生产的工业材料。法院认为,原告不能就违反适销性默示担保提出索赔请求,因为有充足的证据表明,被告制造的聚四氟乙烯是用于工业目的,而不是医疗使用。由于产品的用途不符合它的一般目的,因此,不能基于默示担保理论提起索赔诉讼。

2. 符合特定用途的默示担保

在适当的情况下,产品的销售中暗含了符合特定用途的默示担保。《统一商法典》第 2—315 条规定:在订立合同时,销售者有理由知道货物被要求符合特定的目的,而且,购买方是信赖销售者的技能或判断来选择该货物,存在……一种默示担保,即产品应该符合这样的目的。

与适销性的默示担保不同,这一部分并不要求产品的销售者是出售这一类货物的"商人"。而且,这一部分规定

---

① U.C.C. § 2—314(2) (c).
② U.C.C. § 2—314(1) (e).
③ U.C.C. § 2—314(1) (f).
④ 21 F 3d 835 (8th Cir. 1994).

销售者必须知道购买者将完全信赖销售者的技能或判断。

"特定的目的"必须是与产品被使用的一般目的不同。销售者了解消费者使用产品是为了某一特定目的,如果消费者对产品只是按照通常的方式进行使用,那么在此情况下,将不会触发符合特定用途的默示担保。因此,在 Unified School District V. U. S. Gypsum Co. 一案中[①],原告就从他的学校移除含有石棉的材料提起损害赔偿诉讼,理由是被告违反了符合特定目的的默示担保义务,法院驳回了原告的诉讼请求是正确的,因为使用含有石棉的材料是出于预期的目的。

2.3.3 虚假陈述索赔

1. 明示担保

除了默示担保,产品的销售者也可以给消费者做明示担保。明示担保规则同样源自于《统一商法典》第 2-313 条之规定,销售者通过以下方式来做明示担保:"确定事实或做出承诺"[②],"对货物的描述"[③],或者"样品或模型"[④],任何一种形式必须是销售者和购买者之间基本谈判的一个组成部分。违反明示担保实际上是产生了严格责任,因为只要违反了这样的担保,就必须承担责任,而不需要证明产品存在缺陷;也不需要原告证明信赖该担保,除非销售者能够

---

① 788 F. Supp. 1173 (D. Kan. 1992).
② § 2-313(1)(a).
③ § 2-313(1)(b).
④ § 2-313(1)(c).

有力地证明不存在这样的信赖。① 在销售者的虚假陈述被视为是一种明示担保之前,一定程度地夸大事实或"吹嘘"可以被容忍。

最近针对第 2－313 条的修正案,根据一个州选择采纳修正案内容的多少,可能会将这一部分分成三块。修正后的第 2－313 条把明示担保限定在"直接购买者",但是,保留了陈述应该是谈判的基础这一要求。其他的修正案适用于"间接购买者",间接购买者是这样一种人,他(她)从直接购买者或者处于正常分销链中的其他人处购买或租赁货物。② 对于每一种采取不同的要求,取决于在包装上是否有保证,③或者面向公众所做的广告里是否包含了保证。④

2.虚假陈述

虚假陈述索赔可能是基于严格责任、过失、故意或欺诈行为。《重述:Ⅱ》设置了针对虚假陈述的严格侵权责任索赔,而且其在众多的司法审判实践中得到承认。《重述:Ⅱ》第 402B 规定:在业务活动中,从事动产销售的人,通过广告、商标或其他就他出卖的动产的特征或质量等重要事项向公众做了虚假陈述,该动产的消费者有正当理由相信该虚假陈述,从而给该消费者造成身体上的伤害,那么该动产的销售者就应该对他人的人身伤害承担责任,即使不是出于欺诈的心理或过失,做了虚假陈述,并且消费者没有从销

---

① U.C.C. § 2-31-1(2008), comments. See Unified school District v. U.S. Gypsum Co., 788 F. Supp 1173 (D. Kan. 1992).(该案采用了堪萨斯法)

② § 2-313A (b).

③ § 2-313A.

④ § 2-313B.

售者那里购买该动产,消费者与销售者之间还没有建立合同关系。

就像第 402A 规定的一样,在这里,销售者必须是"从事销售动产活动的人"。该条同样聚焦虚假陈述的公开性上,比如包括但不限于广告以及其他形式的促销。

而且,与《统一商法典》中的明示担保理论相比,第 402B 明确要求消费者对销售者做出的虚假陈述存在"合理的信赖"。合理的信赖的构成要件是什么?在 Gunsalus v. Celotex Corp. 一案①中,法院驳回了原告提出的虚假陈述索赔请求,该索赔请求因香烟广告而引起,原告指控被告在吸烟的健康和安全方面存在虚假陈述。原告声称,制造商在某些广告中宣传说其某一特定品牌的香烟能舒缓咽喉,原告信赖了这一广告。法院认为,该广告属于"理性的个人不会相信那样的陈述;这些广告只是暗示与其他品牌的香烟相比,吸烟者更喜欢 Pau Mall 牌香烟"。法院进一步指出,一旦原告在尝试了这种特殊品牌的香烟,并决定继续吸这种品牌的香烟,这是基于他自己的口味选择,和/或者他自己吸烟成瘾有关,而非基于销售者陈述。

《重述:Ⅲ》第 9 节:产品责任涉及了关于产品营销的虚假陈述索赔。事实上,第 9 节言简意赅地重述了这些主要原则,即产品的销售者对重大的虚假陈述承担责任,这些重大的虚假陈述包括欺诈、过失的虚假陈述或无恶意的虚假陈述。注解 b 将《重述:Ⅱ》中的第 402B 予以更加具体化。注解 d 强调了提出产品虚假陈述索赔请求的原告,不需要为了有一个可行的虚假陈述索赔而去证明产品在销售时存

---

① 674 F. Supp. 1149 (E. D. Pa 1987).

在缺陷。

2.4 强制性信息披露

根据《职业安全与健康法案》(OSH Act),产品制造商负有一定的强制性义务。《职业安全与健康法案》是规范工作场所健康问题的基本法,它能够创造除对受伤害的使用者或消费者的直接责任以外的责任。《危险物质信息标准》就是基于该法案而产生的一种责任。[①]《危险物质信息标准》要求化学品的制造商和进口商通过考虑可用的科学信息,来评估他们生产或者进口的化学品,目的是确定与化学品有关的危险。而且,制造商或者进口商必须为每一种有危险的化学品制作化学品安全说明书(MSDS),当化学品离开制造商或者进口商之后,该说明书也随之离开而转入分销商或雇主之手。而且,还要求制造商或者进口商给化学品贴上"适当的危险警示标识",其内容应包括描述暴露在该化学品中对目标器官的影响。[②] 换句话说,用"对眼睛有刺激"这样的术语是不充分的,而是要描述出对目标器官必要的影响,如"可能导致失明"这样的用语。雇主一旦收到化学品安全说明书和贴了标鉴的化学品,就有责任把这些信息传达给雇员,雇员则依据这些规定的管理步骤来接触该化学品。[③] 关于《职业安全与健康法案》的所有事项,因违反而引发的任何责任都由政府通过罚款或处罚来解

[①] 29 C.F.R. § 1910.1200(2010).
[②] Martin v. American Cyanamid Co., 5F.3d 140(6th Cir.1993).
[③] 参见第五章第三节第四部分。

决。《职业安全与健康法案》没有创造私人诉讼条款,比如有人违反了该法案和它的管理规则,个人不能提起损害索赔诉讼。

2.5 产品责任抗辩

毒物侵权诉讼把《产品责任法》扩展到超出了它最初的期望限度。相应地,在毒物侵权诉讼案件里,法院被要求采用新的方式来运用某些产品抗辩。尤其是对于产品被销售时存在许多不为人知的危险来说,特别值得注意。尽管这些信息总是与过失有关的索赔请求有关,但更为常见的是与产品责任诉讼有关。不同的争论引发了重要的政策问题,即严格责任在法律体系中所起的作用的问题。

2.5.1 开发风险抗辩

开发风险抗辩(state-of-the-art Defense)存在于产品责任诉讼案件中,在这些案件里,被告辩称在产品被投放到市场时,他不知道而且也不应当知道该产品存在危险。在指示缺陷的案例里,这样的抗辩受到了广泛认同。[1] 通常法院赞同"最先进的水平是指在既定时间里,与某一主题有关的全部可用的知识,包括科学的、医学的、工程的以及其他任何可用的知识"。[2] 这包括合理地检查以及合理的检查所应该产生的信息。大部分法院根据第402A和注解

---

[1] See, e.g., Anderson v. Owens-Corning Fiberglas Corp., 810 P. 2d 549(Cal. 1991).

[2] Lohrmann v. Pittsburgh Corning Corp., 782 F. 2d 1156(4th Cir. 1986).

j的规定,认可这样的一个事实,即允许被告在指示缺陷的诉讼案件中进行开发风险抗辩,"在一定程度上,过失概念被移植进严格责任……严格责任再也不是完全'严格'的了"。①

几乎所有的法院允许在指示缺陷的案件中使用开发风险抗辩。② 为了允许这种抗辩,法院在查阅了注解j中关于警示的说明,然后采用了第402A的规定。在《重述:Ⅲ》中也对开发风险抗辩予以明确和直截了当的肯定。《重述:Ⅲ》第2条注解m特别提及有毒化学品、处方药和医疗设备,"对于被质疑的风险,在确定相关的制造业界知道或应当知道该风险,原告应该承担这样的责任。不可预见的风险导致的伤害并不是责任的基础"。

在早期的一起涉及石棉工人的指示缺陷的案件中,新泽西最高法院表达了一个少数派观点,该观点直言不讳,又存在争议。在 Beshada v. Johns-Manville Prods. Corp.案③中,法院拒绝允许开发风险抗辩,即使被告对他拥有的含有石棉的产品所具有的危害知识,在程度和时间上存在争议。法院查阅了产品责任法里的政策,特别是有关风险的扩散和遏制的规定,最后总结道:"原汁原味的、未经稀释的严格责任能最好地服务于侵权制度的目标。"而且,法院表达了这样的担心,即承担确定"什么是在科学上及时可知的"这一任务,将会消耗司法资源,并最终引起陪审团的

---

① Owens-Illinois v. Zenobia, 601 A. 2d 633(Md. 1992).
② See, e. g., Anderson v. Owens-Corning Fiberglas Corp., 810 P. 2d 549 (Cal. 1991).
③ 447 A. 2d 539 (N. J. 1982).

迷惑。

Beshada 法院的意见点明了关于允许开发风险抗辩的政策观点的两个方面。

一般来说,提出要施加严格责任的最重要的观点之一是,缺陷产品的制造商和分销商能够很好地配置因这些产品所导致的损害成本,前提是产品的价格应该反映包括产品引起的损害成本在内的全部成本。这一目标通过给制造商和分销商施加责任就可以很好的完成。他们能够通过投保责任险,并在产品价格里包含了这些保险成本。

关于危险的制止,法院指出,在某一特定时刻的先进水平受该行业在那个时候所做的研究和发展水平的影响。法院认为,"通过给制造商施加没有发现危险的成本,可以激励他们在安全研究上进行更积极的投资"。

在 Beshada 案之后不久,1984 年新泽西最高法院允许在一起起诉药品制造商的产品责任诉讼案中运用开发风险抗辩。[①] 在该案中,法院明确把 Beshada 限制在它的事实之内,据推测这可能是因该案是石棉诉讼这一独特情形。对于新泽西最高法院在这些案件中进行区别对待的正当性,许多法院持有不同的意见。法院拒绝了石棉制造商提出石棉案件和其他种类案件之间的区别的合宪性问题。[②]

类似地,蒙大拿州最高法院在一个联邦地区法院已经确认了的问题上特别强调,一般情况下,蒙大拿州在严格产品责任诉讼案中不会承认开发风险抗辩。然而,在 Stern-

---

① Feldman v. Lederle Laboratories, 479 A. 2d. 374 (N. J. 1984).
② See In re Asbestos Litig. ,829 F. 2d 1233(3d Cir. 1987).(法院认为,这些区别是不符合宪法的。)

hagen v. Dow Co. 一案①中,该案涉及农业化学品的暴露,蒙大拿最高法院认为,应该给化学品的制造商灌输有关该产品的危害性知识,这和在 Beshada 案中所表达的公众政策理由一模一样。

2.5.2 不可避免的不安全产品

一些产品无法像对它期望的那样,制造出来后,用起来完全安全,但是,这些产品所带来的效用可能会超过它所带来的损害风险。《重述:Ⅱ》第 402A 注解 k 重点介绍了不可避免的不安全产品,其中描述道:"产品只要被合理的准备,并伴有合理的说明和警示,那么,这样的产品是没有缺陷的,也不存在不合理的危险。"这一抗辩背后的政策是,通过免除销售者对于产品固有的、不可避免的风险的有关责任,来鼓励有用的必需品的发展。然而,正如注解 k 所表述的,销售者有义务就产品的风险性向消费者提供合理的警示。因此,注解 k 直接运用于设计缺陷诉讼,而不是运用于制造缺陷或指示缺陷诉讼。

有关不可避免的不安全产品的经典例子是一种实验性药物,该药物非常符合治疗目的,但是同时它又可能存在重大的安全风险。在处方药这一领域,曾经发起了一场关于实施注解 k 的运动。一些法院认为注解 k 的正确运用建立在对具体案件具体分析的基础上。② 具体案件具体分析似乎与注解 k 本身语言是一致的,注解 k 就各类受其适当保

---

① 935 P. 2d 1139(Mont. 1997).

② See Savina v. Sterling Drug, Inc. , 795 P. 2d 915(Kan. 1990);See also Hill v. Searle Laboratories, 884 P. 2d 1064(8th Cir. 1989).(该案认为,"具有特殊的社会需求"的产品受注解 k 的保护。)

护的处方药提供了各种各样的例子,但是注解 k 并不建议所有的处方药或任何种类的产品都被视为法律上不可避免的不安全。[1]

相比之下,其他法院已经了解注解 k,并将其运用于某些特定种类的诉讼中。尤其 Brown v. Superior Court 案[2],这是一起 DES 药剂案,在该案中,加利福尼亚最高法院认为,所有的处方药都可以被认为存在不可避免的不安全。[3] 法院担心处方药的缺陷责任将把制造商从市场上驱逐出去,从而引发新药品到达市场在时间上被无限延迟,而且制造商的保险费也由此会骤然上升。在 Grundberg v. Upjohn Company 案[4]中,犹他州最高法院同意强调处方药的社会利益。Grundberg 法院指出,食品与药品管理局常常批准新药进入市场,这些新药对于社会公众有益,但也含有一些已知的风险。法院发现,给新药办理执照和提供市场监督的管理过程,能够适当地平衡药品的风险和药品的好处,而且,该管理过程正是运用具体案件具体分析的恰当场合。

《重述:Ⅱ》在以不可避免的不安全产品为背景的诉讼中主要使用风险—效用测试法,其喜欢用消费者期望测试法来确定产品缺陷的存在。《侵权法重述:Ⅲ——产品责

---

[1] See Hill v. Wyeth,Inc. ,2007 WL 674251 (E. D. Mo. 2007). (法院认为,由陪审团来决定一种处方药是否是不可避免的不安全。) Ruiz-Guzman v. Amvac Chemical Corp. 7 P. 3d 795 (Wash. 2000). (该案认为,正常情况下根据注解 k 的具体案件解决法,农药应该被认为是不可避免的不安全产品。)

[2] 751. P. 2d 470 (Cal. 1988).

[3] Accord, e. g. , Hahn v. Richter, 673 A. 2d 888(Pa. 1996).

[4] 813 P. 2d 89(Utah 1991).

任》采用风险—效用测试法来决定是否存在设计缺陷。因此,《重述:Ⅲ》将不可避免的不安全抗辩作为一种不寻常的抗辩而予以抛弃,就不足为奇了。抗辩这一基本概念在风险—效用测试法中是固有的,然而,一种产品具有很高的效用,但同时其本身又具有一些危险性,该产品在当时不可能被制造得更安全,并且产品也有适当的警示,在这样的情况下,这种产品的销售者将会逃避责任。

《重述:Ⅲ》中关于处方药和医疗设备的销售者的责任这一章,的确为设计缺陷索赔提供了特殊的保护。《重述:Ⅲ》第6节采用了一个规则,如果处方药的制造商生产的产品对任何一种病人都有一定的效果,假定对该药伴有适当的说明和警示,那么不管该处方药是否有风险,它的制造商都可免于设计缺陷索赔责任。这一节暗示处方药的制造商不需要证明药剂具有一种高效用来避免责任,其只要证明药剂具有任何一种效用就可以避免责任。第6节的注解b引用食品与药品管理局的管理制度作为药品设计标准的基本来源,并将其作为对经过FDA批准的药品的尊重的主要理由。然而,《重述:Ⅲ》沿袭了Grundberg案的做法,它并不赞成对处方药和医疗设备制造商的绝对豁免,这些问题将在法院继续得到解决。

2.5.3 富有经验的用户之抗辩

在某些商业情形中,产品的接受方就知悉产品存在风险的问题上,与销售者处于同一地位,有时甚至还优于产品的销售者,尤其是在产品的工业利用这一背景之下。如果供应商向产品的购买者提供了足够产品风险警示,那么法院就允许供应商提出"富有经验的用户"抗辩。这一抗辩通常被运用于以大规模的化学品供应商向知识渊博的行业中介组织之间的交易为背景。因此在 Adams v. Union Carbide Corp. 一案①中,法院肯定了初审法院做出的有利于 Union Carbide 的裁决,Union Carbide 是甲苯二异氰酯(TDI)的制造商或供应商,其已将甲苯二异氰酸酯卖给了原告的雇主——通用汽车公司。原告认为,Union Carbide 应直接向通用汽车公司的员工提供警示。法院根据《重述:Ⅱ》第388条注解n,查明 Union Carbide 公司的安全手册、化学品安全说明书(MSDS,它是由供应商提供的有关产品危险性的信息单据)以及与通用汽车公司官员召开的安全讨论会,都满足 Union Carbide 公司提供充足警示的义务。法院认为,Union Carbide 有理由信赖通用汽车公司会把安全信息传达给它的员工。

在 Oman v. Johns-Manville Corp. 一案②中,法院运用平衡测试来确定含石棉产品的制造商是否有责任警示其产品的购买者的员工。设置在这一测试里的因素有:

(1)产品的危险状态;(2)产品的使用目的;(3)已给出的警示的形式;(4)作为产品必要信息的提示者,第三方对其有信赖;(5)所涉及风险的大小;(6)强加于供应商要求其直接警示全部使用者。

在 Oman 案中,法院不允许被告使用富有经验的用户抗辩,因为产品极其危险,并且制造商几乎不承担提供警示的责任。而且有记录表明直到1964年雇主才意识到产品存在危险,并且,在其意识到有危险时,没有传达给他的雇

---

① 737 F. 2d 1453(6th Cir. 1984).
② 764 F. 2d 224(4th Cir. 1985).

员。在 Willis v. Raymark Industries, Inc. 案①中,该法院得出相似的结论。法院认为,雇主所拥有的产品的危险性知识并不能使制造商的责任消灭,除非制造商也能证明他有理由相信雇主的所作所为是为了保护雇员。

那么,如果要引发这一抗辩,一个富有经验的用户的构成要件是什么? 在 Hoffman v. Houghton Chemical Corp. 案②中,马萨诸塞州最高审判法院注意到,对大宗产品的供应商来说,警示产品的使用者常常太难了。法院认为,购买产品的公司通常和供应商处在不同的行业,在这种情况下,对供应商来说,预见购买者的员工对产品的具体使用太遥远了。而一些中介组织却是相当的富有经验。在 Baker v. Monsanto Co. 一案③中,法院裁定原告的雇主——西屋电器公司(Westinghouse Electric)——很明显处于一个富有经验的用户的范围内。原告宣称,他在从事雇佣活动的过程中,暴露在电器设备里面的电介质液中的多氯联苯里,从而导致个人受到伤害。西屋电器已经制定了电介质液的使用说明书,该电介质液是孟山都(Monsanto)公司为西屋电器制造的。事实上,西屋电器已经就这种液体的化学和物理特性做出了详细的说明,因为这是西屋电器自己做了17年研究后研制出来的。考虑到孟山都公司已经就其产品存在的危险给西屋电器送了书面警示,法院认为,西屋电器在风险评估以及为它自己的员工制定安全措施上更有优势。因而,孟山都公司对没有警示不负有责任。

---

① 905 F. 2d 793(4th Cir. 1990).
② 751 N. E. 2d 848(Mass. 2001).
③ 962 F. Supp. 1143(S. D. Ind. 1997).

如果能够证明雇主更适合对其员工的产品使用进行有效的警示,那么,供应商对购买者不充分的警示就会变得无关紧要。Newson v. Monsanto Co.案①涉及向福特汽车公司销售PVB,用在防碎玻璃的生产上。有员工因呼吸道损害起诉了供应商,他们声称呼吸道损害与暴露在热的PVB中有关。法院允许供应商不承担责任,依据是福特公司是PVB的一个富有经验的使用者。事实上,尽管供应商并没有就热的PVB的危害性提供充足的警示,但法院依旧这样认为。福特公司有几个部门从事科学研究,法院断定福特公司通过自己的研究和自己过去的经验可以得知热的PVB的危害性。

当使用产品的员工拥有高人一等的产品危害的知识时,结果又会是什么样？Johnson v. American Standard, Inc.案②涉及一名HVAC技术员,其宣称化学品供应商和设备制造商本应警示他：他的工作将使他暴露于一种危险的气体中。他也宣称他没有意识到那种危险。法院说,如果原告作为一个训练有素、技能高超的工人,知道或应当知道这一特定的危险,那么供应商不应该承担责任,也不需要证明他们已经警示过了。法院承认这种做法实质上是对明显的危险不承担责任的这一规则的一个表述。

《职业安全与健康法案》在确定工业产品的使用者就争议物质的危险性知识方面,可以发挥重要作用。因此,在Martin v. S. C. Johnson & Sons, Inc.一案③中,法院认

---

① 869 F. Supp. 1255(E. D. Mich. 1994).
② 179 P. 3d 905(Cal. 2008).
③ 1996 WL 165039(D. V. I. 1996).

为，化学品制造商有理由相信，化学品的使用者会遵守职业安全与健康署的《危险物质信息标准》，并把制造商的警示（这种警示被包含在标识和化学品安全说明书里）传达给它的员工。依据《危险物质信息标准》化学品制造商的责任在前述第四节已经予以讨论。

2.5.4 博学的中间人理论

富有经验的使用者抗辩通常是在工业产品利用的背景下被提出，在这些案子里，原告通常是那些被断定为富有经验的使用者的员工。相比之下，博学的中间人理论则有时是在这样的情形下被提出，即产品的销售者宣称，拥有其他各类丰富知识的专业当事方，有责任就产品的危险性直接警示产品的使用者。这一抗辩经常出现在起诉药品制造商的案例中。大部分法院支持这一理论，该理论是基于这样的一个观念，即"购买者的医生是介于购买者和制造商之间的博学的中间人。如果对医生进行恰当的警示，告知医生这些药在某些病人身上出现副作用的可能性，以及伴随这些副作用通常出现的症状，那么就有一个避免对病人伤害的绝佳机会"。[①]

《重述：Ⅲ》将普通法上的博学的中间人理论融入到处方药或医疗设备制造商的指示缺陷责任这一节。第 6 节(d)(1)规定，如果制造商已经就可预见的伤害给予处方医生和其他卫生保健提供者合理的警示，而该处方医生和其他卫生保健提供者又处于一个依照说明书或警示来降低伤害风险的最佳位置，那么制造商就不需要对没有警示最终的消费者承担责任。如果制造商知道医生或其他卫生保健

---

① Sterling Drug, Inc. v. Cornish, 370 F. 2d 82(8th Cir. 1966).

提供者在与病人的治疗关系中能做的决定是有限的,在这种情形下,就要求制造商就该药品的危害直接警示病人。①相应地,一些州已经采纳了《重述:Ⅲ》第 6 节。②

当博学的中间人理论被运用于毒物侵权诉讼时,其和富有经验的用户抗辩一样,依据的是同一根本原则。例如,在 Swicegood v. Pliva, Inc. 案③中,法院认为,作为被告的产品制造商不能依靠医生这一中间人身份来充分警示病人,对于陪审团来讲,有充足的证据支持这样的结论,即医生不知道这种药产生风险的程度。该案的原告起诉这种用于治疗胃食管反流病的药品的制造商,原告诉称,该药使她患上运动障碍症。法院拒绝被告运用博学的中间人理论。

然而,有时法院会在相似的事实上得出不同的结果。在 Harrison v. American Home Products, Inc. 案④中,法院认为,诺普兰左避孕药(Norplant Contraceptive)的制造商没有就产品的危险性直接警示消费者的义务,因为医生在开这种药时将起一个非常重要的作用,并教给病人有关它的好处和危险性。相反,在 Perez v. Wyeth Labs. Inc 案⑤中,新泽西州最高法院认为,制造商向公众所做的关于诺普兰左避孕药的大量广告,开启了病人起诉公司指示缺陷的诉讼大门。

---

① Restatement (Third) of Torts: Products Liability, §6(d)(2) & cmt. 6.

② See, e.g. Larkin v. Pfizer, Inc., 153 S. W. 3d 758 (Ky. 2004); Freeman v. Hoffman-La Rooke, Inc., 618 N. W. 2d 827(Neb. 2000).

③ 2010 WL 1138455(N. D. Ga. 2010).

④ 165 F. 3d 314(5th Cir. 1999).

⑤ 734 A. 2d 1245(N. J. 1999).

在博学的中间人理论中,一个被认可的例外发生在大规模的免疫计划这一背景之下。比如,Davis v. Wyeth Labs. Inc.案[①]系一个诊所的大规模的小儿麻痹免疫事件,在该案中,法院认可这是一个例外情形,因为在这种场合,医生没有什么机会与疫苗的接种者进行咨询交谈。类似的,Allison v. Merck & Co.案[②]涉及一个疫苗项目,在该项目里,制造商与疾病预防控制中心(CDC)就给病人提供产品信息签订了合同。法院认为,制造商不可以把它的警示责任委托出去,如果其没有对疫苗的接受进行充分的警示,则应承担指示缺陷的责任。一些法院承认的第二个例外涉及口服避孕药,其原理同大规模的免疫项目类似。实施口服避孕药与其他处方药相比,通常涉及更少的医生。[③]最后,新泽西州最高法院承认直接面向公众的处方药广告是一个例外。[④]

一些审判法院拒绝博学的中介人抗辩。在 State v. Karl 案[⑤]中,西弗吉尼亚州最高上诉法院发现,"博学的中间人理论的正当性,在很大程度上是过时的和没有说服力的"。法院指出了处方药营销中的变化,这种变化包括许多直接面向消费者的广告和网络销售。法院也注意到医患关系已经发生了戏剧性的变化,特别是管理式医疗的实行,这种医疗方式已经降低了医生在病人身上花的时间。在评论

---

① 399 F. 2d 121(9th Cir. 1968).

② 878 P. 2d 948 (Nev. 1994).

③ See MacDonald v. Ortho Pharmaceutical Corp., 475 N. E. 2d 65 (Mass. 1985).

④ See Perez v. Wyeth Labs, Inc., 734 A. 2d 1245(N. J. 1999).

⑤ 647 S. E. 2d 899(W. Va. 2007).

《重述：Ⅲ》的规定时，法院把第6节(d)(2)理解为博学的中介人抗辩的一个强有力的先决条件，因为有许多这样的情形存在，即医生并没有处在充分警示病人的位置上。最后，作为一种公共政策，法院说因为处方药的制造商从他们产品的销售中获得了丰厚的经济利益，所以他们应该承受对等的责任，确保适当的警示能够抵达消费者。

2.5.5 原告可归责的行为

当《重述：Ⅱ》被起草时，正处于这样一个时代，即关于原告部分的任何过失都会阻碍原告的过失索赔请求。《重述：Ⅱ》宣布不应该把原告的过失看作是严格责任诉讼的抗辩。[①]然而，假如原告自愿且不合理地遭受了一种已知的危险，那么风险自负就可以成为严格责任诉讼的一种抗辩。现在，对于什么是公认的可归责的行为抗辩的分歧，如果还遵循被大部分州采纳的比较过失理论，就显得不再合情合理。各州的这种转变反映在《重述：Ⅲ》之中，《重述：Ⅲ》在严格责任诉讼上采纳的是"错误分摊"（Apportionment of fault）理论。

《重述：Ⅲ》规定："如果原告的行为和产品缺陷共同引起了原告的损害，而且原告没有遵守通用规则里规定的合理的谨慎标准，那么原告因产品缺陷引起的损害赔偿将会被降低。"[②]这一规则足够宽泛，包括的行为具有以前原告过失的特征，并且至少是某些种类的风险自负。另外，《重述：Ⅲ》将产品滥用、变动、改装等一起并入分摊理论，指出

---

① Restatement (Second) of Torts §402A, cmt. n (1965).
② Restatement (Third) of Torts: Products Liability, §17(a).

这些行为与确定比较责任有关。① 注解 b 注意到第 17 节援引的通用规则里,规定的合理的谨慎标准因州而异。

2.5.6 血液保护法令

事实上,每个州已制定了法律,保护血液、血制品和其他体液或组织的供应者,使它们免受缺陷产品索赔请求。在 Royer v. Miles Laboratory, Inc. 案②中,法院在一起由一个血友病(hemophiliac)患者提起的诉讼中,解释了俄勒冈州血液保护法令,这个血友病患者从一种凝血产品中感染了肝炎和艾滋病病毒。上诉法院以法律术语为依据,维持了初审法院做出的驳回原告严格责任索赔请求的这一做法,法律术语规定如下。

为了进行注射、输入或移植进入人体,对人体任何部分的取得、处理、供给、分配、管理或使用,都不是《统一商法典》里默示担保所讲的那种买卖交易。③

本质上讲,侵权法里的严格责任概念是《统一商法典》里关于违反担保责任的一个分支,法院认为,这一法规妨碍了针对凝血产品制造商的严格产品责任索赔诉讼。

血液保护法令背后的政策有多种。第一,州立法机关担心允许针对血液和血制品的供应者的严格责任,将导致供应者离开市场。第二,责任成本外加缩水的市场将把血制品的成本提高到一个令人望而却步的水平。第三,血液行业以慈善行为开端,如果用一种类似于营利产品制造商

---

① See Restatement (Third) of Torts: Products Liability, cmt. c.
② 811 P. 2d 644 (Or. Ct. App. 1991).
③ Or. Rev. Stat. §97.300.(目前被编纂在 Or. Rev. Stat. §97.985 (2009).)

的方式对待血液的提供者,这一概念令人反感。因此,一般认为提供血和血制品是一种服务,而不是一种产品的销售。

在艾滋病出现前,大部分州都制定了血液保护法令,在当时,血液和血制品的销售不被认为是一个大的买卖。然而,随着非营利的血供应者意识到从血液销售和转售中可以营利,现在这些产品与其他产品一样以各种各样的方式进行销售。血液制品使用不同阶段的价格作标记,被分配进商业的洪流并走向他们最终的目的地。这些因素引起这样一个问题,即在新的世纪里因血液出现的诉讼和人身损害来说,血液保护法令是否有些不合时宜。然而,法院仍然继续维护着血液保护法令的有效性。[①]

司法限制使用严格产品责任索赔请求的深层次的原因,是因为将被污染的血液和人体其他部分看作是传统意义上的产品存在困难。这不仅在道德意义上有问题,而且在法学理论上也有问题。因此,被污染的血液不能被看作第402A里设定的那种缺陷。

被污染的血液在本质上可能更类似或接近于制造缺陷,而不是设计缺陷,事实上,很难将被污染的血液归到已有的责任理论中的任何一类中。由血液和血制品的销售而引发的索赔请求,既不能适用严格产品责任,也无法基于过失理论来提出索赔请求。[②]

[①] See, e.g., Weishorn v. Miles－Cutter, 721 A. 2d 811(Pa. Super. 1998).

[②] See generally Section C.1, Supra.

2.6 展望未来:纳米技术

虽然纳米技术出现不久,但是随着纳米新产品和运用的出现,纳米技术变得越来越普遍。什么是纳米技术?国家纳米技术倡导中心(NNI)给出了以下定义。

纳米技术是研究和操纵尺寸大约在1到100纳米范围内的材料的性质和运用的一种技术,在这种技术里,独特的现象使新奇的运用成为可能。其范围包括纳米科学、工程和技术在内,在这个层面上,纳米技术涉及纳米尺度成像、测量、模拟和操纵等问题。

纳米是十亿分之一米,一张纸的厚度大约是10万纳米;一个金原子的直径大约是1/3纳米。尺寸大约在1纳米到100纳米范围内被称作纳米尺度。不寻常的物理、化学、生物学特性可以出现在纳米尺度下的材料上。这些特性在很多重要方面与大材料和单个的原子或分子的特性是不一样的。[①]

国家纳米技术倡导中心列出的开发使用包含癌症的治疗、神经再生、高效的太阳能以及工业制品和消费品的改善。因此,为了使产品具有更加有用、更加方便的特征,纳米粒子常常被用于产品设计。尽管有了这一爆炸性的独创性技术,但是,对纳米技术对于人类健康和环境的影响的研究却相当缺乏,实质上,在美国纳米技术是不受管制的。作为一项含有未知风险的新出现的技术,不管是在公法领域还是私法领域,纳米技术都可能仿效其他毒物侵权的路径。

---

① http://www.nano.gov/html/facts/whatIsNano.html.

美国食品与药品管理局是可能管理药物和食品中的纳米技术的联邦机构,目前,该机构对包含有工程纳米粒子的食品添加剂采取了一种不干涉的方法。食品与药品管理局并不要求食品的制造商报告添加剂,在制造商看来,这种添加剂通常是安全的。美国政府问责局(GAO)食品部认为:食品与药品管理局应加强对那些被确定为公认的安全的食品成分的监督。

一些研究已经证明,产品中有用的纳米粒子对健康具有潜在的风险。比如,加利福尼亚大学洛杉矶分校(UCLA)的研究人员在老鼠身上做了一个实验研究,测试那些常常被使用在消费产品中,包括化妆品(尤其是防晒品)、食品色素、牙膏和油漆中的二氧化钛纳米粒子的影响。研究人员已经通报了他们第一个动物实验的研究成果,证明这种特殊的物质与遗传危害有联系。[1] 随着这些研究在数量和频率上的增加,一幅纳米技术的危险性的蓝图将会显现。可能最早的与纳米技术有关的侵权诉讼,将会建立在本章所讨论的产品责任索赔或者其他与产品有关的索赔这一基础之上。有关纳米技术风险的回顾以及对这种诉讼的思考一定会出现。[2]

关于纳米技术对健康的影响,知道得是如此少,以至于我们无法知道人类在什么时候、以怎样有害的方式暴露在纳米粒子中的信息。因此,通过毒物侵权这面镜子来观看

---

[1] Trouiller et al., Titanium Dioxide Nanoparticles Induce DNA Damage and Genetic Instability In vivo in Mice, 69 Cancer Res. 8784(2009).

[2] See Ronald C. Wernette, The Dawn of the Age of Nanotorts, 24 Toxics L. Rptr.(BNA)73 (Jan. 15, 2009).

纳米技术,从暴露到伤害再到科学证据,一切都是不确定的,然而,所有的问题又都摆在桌面上。①

2.7 侵权法的改革措施

在讨论毒物侵权诉因的时候,如果不提侵权法的改革运动,那么这样的讨论将是不完整的。侵权法的改革已经采取不同的形式,并向前迈进了几步,最值得注意的是在州和联邦两个层面上的立法创新。侵权法改革的总体思路是,尽量采取限制诉讼的形式,尤其是限制医疗行业的诉讼和产品责任诉讼。由于在侵权法的改革运动中着力强调产品责任,因此,对这些改革措施的讨论将包含在有毒产品的责任这一章里。同时,由于侵权法的改革者也把他们的努力投放在侵权诉讼上,因而,这里讨论的大部分内容将不限于产品责任,还包括其他类型的侵权诉讼。

2.7.1 联邦侵权法改革的努力

就联邦产品责任立法尝试进行改革,已经被考虑了很多年。这些提议建议在侵权法涉及的领域,由联邦立法取代州侵权法的运行。一些联邦措施已经提出了广泛的改革,而其他的措施聚集在各类具体的诉讼上(石棉、医疗事故、快餐等)。然而,随着产业代表和消费者保护的支持者在一些问题上的对峙,导致联邦产品责任立法处于左右两难的境地。而且,国会在侵权法的改革问题上,也是根据政治风向左右摇摆。毫无疑问,联邦观察者将在接下来的一

---

① 关于纳米技术的法律问题的持续讨论,见这个作者的博客。http://blogs.law.widener.edu/nanolaw/.

段时间继续讨论这些提议的利弊优缺。

在20世纪90年代,国会已经就各种针对产品责任法的改革法案进行了认真考虑。这些法案往往包括了年复一年基本相同的条款。这些条款为许多工业和严格产品责任的反对者所支持,而被消费者群体和原告代理律师所反对,这些争议使得对已提出的改革的讨论变得异常激烈。通常,在法案里使用的语言极富煽动性,其结果往往是扼杀了理性的讨论。比如,在第105届国会上提出的《产品责任改革法案(1997)》里有"调查结果"这一术语,它是提出该法案的基本依据,然而,在"调查结果"中描述侵权法制度时使用的是"过度的、不可预知的,常常是任意的损害赔偿金和不公正的分配责任"这样的语言。[①] 由于这些相互对峙的群体立场都十分坚定,所以,一直未能达成一个令人满意的折中的措施,也就不足为奇了。而且,由于国会现在的注意力一直集中在经济衰退上,侵权法改革的焦点已经退却。尽管如此,作为多年来一直争论的主题,从来就没有淡出人们的视线。

总体来说,联邦法案试图废除严格产品责任学说,并且试图把过失和担保责任理论作为产品销售者承担责任的唯一法律依据。惩罚性损害赔偿也是此次改革尝试的一个主要焦点。一些措施已经包括了惩罚性损害赔偿的上限,并且(或者)要求通过"明确的、有说服力的"证据来证明惩罚性损害赔偿诉讼。法案常常寻求废除连带责任和个别责任。还有一些其他的规定,比如在产品责任诉讼案里要求有一个索赔通知、特殊诉讼时效、追诉时效,以及对轻浮的

---

① Tit. Ⅲ, Sec. 2 (a)(4)—(5).

行为或骚扰另一方或引发诉讼不合理延迟的行为的制裁措施等等。而且,已经做出了一些努力包括规定由败诉方向胜诉方支付律师代理费。

各种各样的措施还会持续被带进国会,并且这些措施的支持者和反对者还会就这些措施争论不休。尽管国会最终可能通过一些广泛的产品责任改革,但是这种立法的准确范围很难为人们所预测。

2.7.2 州侵权法的改革

各州继续从立法方面关注改革侵权法。2004 年年底通过的俄亥俄州侵权法的改革一揽子计划就是一个例子。俄亥俄州立法的主要条款是,在非重大伤害案件里非经济类的损害赔偿金的最高限额是 50 万元。立法也将惩罚性损害赔偿金限定为是痛苦和折磨程度的两倍,外加特别赔偿;同时,该立法还设计了一项独立条款来保护小企业。它包括了一个 10 年的追诉期和阻止快餐诉讼的索赔特别条款,以及对某些石棉继任公司提出的索赔请求。[①]一个更好的俄亥俄州改革一揽子计划包含了一个类似的非经济损害赔偿金上限,该计划在 1999 年被裁定为违宪,但在此时,俄亥俄州最高法院支持改革措施的合宪性。[②]

2.7.3 连带责任改革

自从 20 世纪 80 年代以来,州立法机关就已经开始了彻底改变连带责任(joint and several liability)学说的运行的任务。特别是有些州已经着手废除或修改连带责任了,转而支持单独责任(several-only liability)。在这些法规

---

① Ohio Rev. Code Ann. § 2315. 18(West 2010).
② Arbino v. Johnson & Johnson, 880 N. E. 2d 420(Ohio 2007).

之间存在很大差异,但是,从总体上来讲,各州同意在所有种类的案件中不再适用连带责任。处理该问题的大多数州已废除了连带责任,而确立了单独责任,但同时又设定了许多例外,即在某些案件中许可使用连带责任。有些例外相当引人注意,是由于有些案件与毒物侵权诉讼相关。

一个常见的有关单独责任的例外是危险废物诉讼。[①]另一个例外是某种产品责任诉讼。[②] 一些州已经以被告错误的百分比为基础设计出了方案,被告的错误百分比是陪审团在审判时确定的。当被告的责任超过一定的阈值百分比时,就会产生连带责任。[③]

连带责任改革是比较过失运动的一个合乎逻辑的自然结果,比较过失运动早在10年前就已经为州立法机关所采用。但是,大量的例外表明,在某类案件中完全废除连带责任是不合适的,也是行不通的,尤其是那些对原告影响很大的毒物侵权案件。

[①] See, e.g., N. Y. Civ. Prac. L. & R. 1602(9)(Mckinney 2010). (该诉讼是由有害废物或者有害物质排放到环境中引起的。)

[②] See, e.g., N.J. Stat. Ann. § 2A:15—5.3(d) & (f)(West 2010). (过失制造或者有害、有毒物质的使用过失制造或使用,除了在分摊过失的场合。)

[③] See, e.g. Haw. Rev. Stat. § 663—10.9(3)(West 2010).(确定的百分比为25%或更多);Iowa Code Ann. § 668.4(West 2010).(确定的百分比为50%或更多。)

第 3 章 责任理论:以土地为基础的诉讼

当被告在土地上的行为引起了有毒物质侵权,并且/或者影响了原告的财产利益,此时,私法与公法之间的关系变得最为清晰。由此而提起的诉讼主张可能是相当多样化的,包括从危险废物的处理到一般的工业行为。虽然侵权法已经提供了这种侵害的补救措施,然而,为了适应有毒物质侵权的现实背景,法律已经被要求扩展其传统的行为事由。并且联邦和州的法律对很多在土地上的行为进行了规制,并且,除了遵守这些严格的侵权法,被告公司可能还要受制于其他的法定责任。最引人注意的是,依据《综合环境反应、赔偿与责任法案》,即众所周知的《超级基金法》,私人有毒物质侵权行为可能与清除责任相联系。州法规制的私人行为将在本章进行阐述,而对《综合环境反应、赔偿与责任法案》更具体的讨论将在第四章进行。

3.1 严格责任

与土地相关的严格责任理论来源于被广泛研究的英国案例——Rylands v. Fletcher 案[①],该案为土地所有者或占

---

① 3 H.C. 774,159 Eng. Rep. 737(1865).

有者在土地上实施非自然的或者危险的行为设定了严格的责任。在此规定之下,原告不需要证明作为被告的土地所有者未尽到适当的注意义务。然而,该案被限定在土地所有者或占有者"如果未尽到合理注意义务,就可能造成损害性的后果"的特殊情形下,现代的美国法院已经将此原则进行扩展,包含任何过分的危险行为,包括在土地上储藏危险的化学物质行为。[1]

Rylands 案的现代版本出现在《重述:Ⅱ》的第 519 至 520 条,在用语表达上,其用"异常危险活动"和多重因素测试替代了《重述:Ⅰ》中的"高度危险行为"。第 519 条部分内容如下。

(1)一个异常危险活动的实施者,对其活动造成他人、土地或者动产的损害承担赔偿责任,即使他已经尽到了阻止此项损害的最大注意义务。

(2)该严格责任被限定在这种损害的情形下,即该行为具有异常危险的可能性。

所以,如果土地所有者实施的活动是异常危险的,且损害后果与危险行为本身密切相连,即使其尽到了合理注意义务,也不能阻止其责任的承担。这些活动严格责任的结果是要求"被告公司……通过赔偿其所造成的损害来承担责任"。[2]

《重述:Ⅱ》中设立的原则被多数州广泛采纳,部分是因

---

[1] See City Service Co. v. State, 312 So. 2d 799(Fla. Dist. Ct. App. 1975). (法院认为,在土地上储藏磷酸盐废弃物会污染邻近的饮用水源,构成了土地的非自然利用,适用严格责任原则。)

[2] Restatement (Second) of Torts §519, cmt. d(1965).

为其附随章节列举了有助于识别异常危险行为的因素。第520条列举了以下这些因素。

(a)存在对他人、土地或其他动产造成损害的高度危险；

(b)行为引起损害的可能性非常大；

(c)合理的注意行为不可能移除危险；

(d)从某种程度上说，实施的行为并非是通常的使用行为；

(e)实施的行为对其所在的地区是不合适的；

(f)危险行为造成的损害超过了其对于社区产生的价值。

这些因素包含了风险—效用的分析方法，在分析中，行为对社区产生的价值进行了计算，并与其产生的损害进行权衡。然而，从注解 f 到第520条的陈述清楚地表明，列举的所有因素都要被考虑到，但没有一项单独因素能起决定性的作用，而且并非所有的因素都需要适用于异常危险行为的调查。

在 Sterling v. Velsicol Chemical Corp. 案[①]中，地区法院审查了由被告实施的一项化学废弃物填埋场的行为，此行为被宣称污染了邻近的水井。法院认为，被告的行为既满足 Rylands 案的责任要件，也符合《重述：Ⅱ》中严格责任的构成要件。法院将520条的构成因素适用到本案中，并且认为，由于化学物质的暴露构成了巨大伤害危险，因为被告行为增加了疾病的风险，降低了生活质量。法院认为，损害的风险最终超过了被告企业的行为带给社区的价值。如

---

① 647 F. Supp. 303(W. D. Tenn. 1986).

同 Sterling 案,很多思考过本案的法院都认为,根据《重述:Ⅱ》的构成因素,危险物质的处理和储藏都构成了异常危险行为。①

在 Abbatiello v. Monsanto Co. 案②中,原告使用此理论对抗多氯联苯(PCBs)的供应商,他将此物质销售给生产多种电器产品的通用电器公司。通用电器公司也被列为被告。原告主张,PCBs 多会释放到环境中,引起所声称的损害。法院将《重述:Ⅱ》的规则适用到此案中,并且发现 PCBs 释放产生的潜在损害的程度是巨大的,并且此活动并非该物质的通常用途。特别是法院发现与此主张相关的一个事实,即被告化学公司是全美唯一的 PCBs 的生产者和提供者。在此基础上,法院否决了被告就争议的案件事实——查明此活动是否构成异常危险的活动——提出的驳回请求。

然而,与此相反,一些法院认为,对危险物质的处理并不必然构成异常危险的活动。比如 Avemco Insurance Co. v. Rooto Corp. 案③、Arawana Mills Co. v. United Technologies Corp. 案④以及 Richmond,Fredericksburg & Potomac Railroad Co. v. Davis Industries,Inc. 案⑤,这些案件都倾向于关注土地所有者移除他们所拥有或储藏的有关

---

① See, e.g., State Dep't of Envt'l Protection v. Ventron Corp., 468 A. 2d 150 (N. J. 1983). (认为水银和其他有毒废弃物是异常危险物质,它们的处理是异常危险的活动。)
② 522 F. Supp. 2d 524(S. D. N. Y. 2007).
③ 967 F. 2d 1105 (6th Cir. 1992).
④ 795 F. Supp. 1238(D. Conn. 1992).
⑤ 787 F. Supp. 572(E. D. Va. 1992).

物质的危险的能力。

虽然大多数司法机关继续依靠《重述：Ⅱ》,然而,《重述：Ⅲ》关于侵权的陈述如下：物质和精神的损害责任包含更简短的规则,采用更少的构成因素。这个规则提升了观察一项活动是否是常规用途的重要性,规则如下。

（1）一个实施异常危险活动的行为人要承担由此行为而引起的物质损害的严格责任。

（2）一项活动是异常危险的,如果：

（a）即使行为人尽到了合理的注意义务,这项活动依旧产生可预见的、非常重大的损害人体健康的危险；

（b）这项活动并非其通常的用途。

注解1有如下陈述："严格责任并非意味着绝对责任。即使本部分所涉及的案件,在责任适用上依然存在各种限制,并且可利用各种抗辩权……"原告应受谴责的行为就是一个抗辩事由。[①]

3.2 非法侵入

传统的非法侵入主要适用于那些干涉他人财产所有权利益的攻击性行为。从这个意义上讲,它有别于妨害行为,妨害行为对干涉财产权的行为提供了更为广泛的主张,在下一节我们将就这一主题进行讨论。非法侵入虽然不需要被告实际侵入原告的财产,但被告的行为一定是引起某种

---

① Restatement (Third) of Torts: Liability for Physical and Emotional Harm § 25.

有形物质侵入了原告的财产。① 有毒物质侵权推动了对侵入行为在技术的重新界定,因为有毒物质侵权可能涉及一些用微型观测仪才能观察到的在空气、水或土壤中的物质,这些物质会侵入原告的财产。尽管对侵权物质进行这种新的分类,但判例法显示非法侵入规则仍然试图去适应有毒物质侵权的演变。

《重述:Ⅱ》第158条设置了非法侵入的侵权责任的基本条款:一个人要对他人承担非法侵入侵权行为的责任,无需考虑他是否对任何合法的受保护的利益产生了损害,如果他故意:

(a)进入了他人所有的土地,或者引起某一种物质进入或让第三人进入他人所有的土地;

(b)继续留在该土地上;

(c)没有从土地上移除他有义务移除的物质。

《重述:Ⅱ》清楚地表明,非法侵入(他人财产)的责任,既包括直接进入他人财产,也包括间接进入他人财产。进而言之,这种侵入行为可以是土地表面,也可以是地下,或者在土地上方的空气。② 考虑到更多间接侵权案件中对主观意图的要求,注解 i 解释道:"(非法侵入)并不要求把外来物质直接、立即地扔到他人的土地上。明知外来物质的进入会给他人的财产产生实质性、确定性的后果而为之,这就足以构成侵权。"③

---

① See generally Dan B. Dobbs, The Law of Torts § 50, at 95 (2000).

② See Restatement (Second) of Torts § 158, cmt. i &. § 159.

③ See generally Dan B. Dobbs, The Law of Torts § 51, at 98-100 (2000).

传统观点认为,即使没有造成损害的证据,非法侵入行为也足以构成侵权,其所采取的是一种类似于严格责任的标准。所以,名义上的损害后果会被财产的侵入行为所覆盖。有毒物质侵权案件的出现,促使法院以不同于起初提出非法侵入行为时的背景来解释此原则,因为很多类似案件都涉及靠空气传播的微小颗粒或者无形微粒。在此情形下,在一些案件中法院可能不愿意原告以传统的非法侵入理由来提起诉讼。

在 Brockman v. Barton Brands, Ltd. 案[①]中,法院允许原告提出非法侵入的主张,该案涉及从一家燃煤的酿酒厂散发(气味)的侵入问题。虽然,法院认为原告所控诉的气味并不足以构成非法侵入,因为气味并非物质性的侵入,然而,黑色的颗粒物的确是在原告"财产上可见的、有形的存在"。法院认为,对原告财产所有权的物质性干涉足以构成损害后果的基础,而并非仅仅是名义上的损害。在拒绝了重新审查的行为之后,法院认为,黑色颗粒物与声称的黑色霉菌构成了对财产"实质的物质性侵入",并且认为原告的取样证据足以证明有物质性的侵入,即使只有一个证据来源于原告的财产。[②]

一些法院承认即使在看不见的物质侵入的情形下,非法侵入也可能发生。在 Martin v. Reynolds Metal Co. 案[③]中,从铝冶炼中产生的含有氯化合成物的气体和颗粒物被

---

① 2009 WL 4252914(W. D. Ky. 2009).

② Brockman v. Barton Brands, Ltd., 2010 WL 231738(W. D. Ky 2010).(slip op.)(拒绝了重新审查的要求。)

③ 342 P. 2d 790(Or. 1959).

风吹到原告的土地上,法院认为,该行为构成非法侵入。法院认为,"宁愿强调物质的能量和作用,而不是强调它的大小和尺寸"。然而,Martin 法院认为,作为一个法律问题,并非所有的物质进入他人的财产都能够被起诉。"所有者的财产利益不受任何外物所侵犯,即使是那些微不足道的以至于法律都没有意识到的物质……现实中存在一个界限,即某种物质的进入是如此少量以至于法律拒绝去认可它,用一个格言来表述就是'法律不计较琐碎的事'(或者译为:对屑事法律不以为意)。"这个案子也表明,即使非法侵入的传统法律规定有些僵化,法院仍可以将自己的理解适用到具体的案件中。

在 Bradley v. American Smelting and Refining Co. 案①中,法院走得更远,并且在另一个包含无形颗粒物质的案件中设定了事实损害的要求。根据土地的现代用途,在承认"我们关于'物'的理念一定要被重构"的前提下,法院认为,至少在某些情况下,无形颗粒物能构成非法侵入。采纳了在 Borland v. Sanders Lead Co. 案②中公布的原则,Bradley 法院要求原告提供"对财产造成实质性损害"的证据。

Martin 案、Bradley 案、Borland 案等案件的原则被广泛适用到最近的有毒物质侵权案件中。然而,非法侵入的适用原则,则因州不同而有所差异。在 Mercer v. Rockwell Int'l Corp. 案③中,联邦地区法院适用了肯塔基州的

---

① 709 P. 2d 782(Wash. 1959).

② 369 So. 2d 523(Ala. 1979).

③ 24 F. Supp. 2d 735(W. D. Ky. 1998).

法律来处理非法侵入的主张,该案是一起被 PCB 污染的水排放到原告的土地上。法院认为,"当进入到原告财产上的'物质'(thing)对一般人的感官来说是极其微弱的,那么很明显,此行为就没有侵犯原告排他性的所有权"。在这种情形下,排他性所有权的侵犯仅仅存在于"当该物质事实上损害了财产"。引用 Bradley 案作为支持,法院认为,要认定"事实上的损害",原告需要证明在其财产上 PCB 的数量产生了对健康的事实上的损害。在欠缺事实损害的情况下,财产是不安全的公共感觉并不能作为非法侵入诉讼的基础。在 Mercer 案中,原告并未提供所要求的事实损害证据。

非法侵入技术性的要求使得这个理论对于那些因为财产上的权利或利益受到干预而寻求救济的原告来说,不具有多少吸引力。这些要求也包含了许多可以用来对非法侵入进行抗辩的免责特权。① 而妨害法律所具有的更大的灵活性,使得很多原告在诉讼中更愿意选择妨害利益作为诉讼的基础。

3.3 妨害

相对于非法侵入,妨害提供了更为宽广的理论范围。妨害可能是故意或者过失行为的结果,或者它可能与异常危险的活动相联系。不像非法侵入的法律所要求的那样,妨害不仅不要求对他人财产的实质性进入,而且妨害法所保护的利益类型比非法侵入所保护的所有权利益更为广

---

① See Restatement (Second) of Torts §§191-211(1965).

泛。妨害理论在发展的过程中,形成了两种不同的理论:妨害个人利益与妨害公共利益。这两种理论的基本区别在于所保护的利益类型不同。

3.3.1 妨害个人利益

妨害个人利益的主张一般提起于侵权行为人不是以非法侵入的方式不合理地干涉他人对私有财产的使用权和享受权。[①] 一般来说,因妨害所遭受的损害必定是重大的,然而,权利损害的精确指数却总是模糊不清的,并且有毒物质侵权行为给法院提供了一个将妨害个人利益适用到各种不同情形中的机会。所以,并没有统一的、准确的妨害个人利益的概念出现。在有毒物质侵权的背景下,一些有关妨害的案例让我们对于它包含或排除了哪些权利能够有一些认识。

在 Ayers v. Township of Jackson 案[②]中,新泽西州最高法院支持了原告因妨害造成生活质量降低的诉讼请求,这起因于被告污染了原告的饮用水源,引起了原告在发现此行为之后一段时间的不方便与不舒服。根据《重述:Ⅱ》第929条,法院认为原告可以因为其不方便、不舒服、烦恼和其人身和财产利益所遭受的损害而获得补偿。

在 Abbatiello v. Monsanto Co. 案[③]中,法院支持了妨害个人利益的诉讼,该案是对抗 PCBs 的供应商和将该产品销售给他人的制造商,因为此物质是通过制造商的设备而释放到环境中。通过适用纽约法,法院认为,参与妨害的

[①] Restatement (Second) of Torts § 821D—F(1979).
[②] 525 A.2d 287(N.J.1987).
[③] 522 F.Supp.524(S.D.N.Y.2007).

每个主体在妨害个人利益之诉中都应当承担责任。在本案中,原告声称,供应商明知 PCBs 的危害性,却故意做出隐瞒危险的决定。法院认为,这足以对抗被告提出的驳回起诉的主张。

在 Adkins v. Thomas Solvent Co. 案①中,原告提起妨害个人利益之诉,因为被告公司的行为引起了地下水污染,使得原告财产的价值遭到贬损,故原告诉请获得赔偿。然而,证据显示,原告的财产事实上并没有受到污染,而且,这样的污染在将来也可能不会发生。这种情况下,法院拒绝支持原告的妨害个人利益的主张,并且陈述道:"被无事实根据的感觉到地下水污染所引起的财产价值的减少,不可避免地要与复杂的政策问题相联系,这些问题是关于环境保护的,而环境保护却更适合通过立法程序来解决。"尽管法院意识到,在一个适当的妨害利益案件中,财产价值的贬损可能构成了损害的某个方面,但是,它发现原告的主张是"从法律的意义上讲,有损失而没有损害"。

在有毒物质侵权诉讼中,有一个特别相关的问题,即是否能仅仅因为对未来伤害的恐惧而支持一个妨害主张。在 Koll—Irvine Center v. County of Orange 案②中,法院拒绝了由商业财产所有者提起的妨害个人利益之诉,该所有者居住在一个机场的航空涡轮燃料储油罐附近。原告声称,他们担心在临近商业中心建设储油罐,会有爆炸的危险,这会影响到他们对财产的使用。法院认为,原告的妨害个人利益的主张不能仅仅建立在对未来伤害恐惧的基础

---

① 487 N. W. 2d 715(Mich. 1992).

② 29 Cal. Rptr. 2d 664(Cal. Ct. App. 1994).

上。相反,根据新泽西州的法律裁决的两个先例,未来的恐惧足以满足妨害个人利益所导致的"重大伤害"的要求。[1]法院依靠《重述:2》中的注解 f 到第 821 节 F 部分的陈述,即"在决定一个正常的社会成员要遭受的伤害时,恐惧和其他社会成员共同的精神反应应当被考虑在内,即使这些可能没有科学根据或者其他事实依据"。所以,法院总结道,对未来伤害的恐惧能够构成对一个人对其财产使用权和享受权的实质性的侵害。

3.3.2 妨害公共利益

在 Rowe v. E. I. du Pont de Nemours & Co. 案[2]中,法院将能够支持妨害个人利益主张的原告与不能支持妨害个人利益主张的原告进行区分。在地下水污染案中,法院支持了个人水井邻近污染源的一小部分原告的妨害个人利益的主张。而那些使用市政水源供给的原告却不能依靠妨害个人利益来进行诉讼,但他们可以依靠妨害公共利益理论。这种区分,对于妨害公共利益的讨论而言,是一个有益的开端。

《重述:Ⅱ》的第 821 条 B 款将妨害公共利益界定为"对一般公众的共有权利进行的不合理妨碍"。妨害公共利益的准确定义和妨害个人利益的定义一样难以捉摸。[3] 法律可以通过列举具体活动的方式,来确定妨害公共利益的

---

[1] Rowe v. E. I. du Pont de Nemours & Co., 262F. R. D. 451(D. N. J. 2009).

[2] 262F. R. D. 451(D. N. J. 2009).

[3] See generally Dan B. Dobbs, The Law of Torts § 467, at 1334-38 (2000).

主张。① 无论法律规定存在与否,对于界定何为不合理以及谁可以提起妨害公共利益的诉讼而言,司法决定通常都是必要的。

《重述:Ⅱ》对"不合理"界定如下。

(a)该行为是否对公共健康、公共安全、公共和平、公共舒适或者公共便利产生实质性干预;

(b)该行为是否被法律、条例或者规范性文件所禁止;

(c)该行为是否具有连续性或者产生永久的或长时间的影响,并且,行为人知道或有理由知道其行为对公共权利会产生实质性影响。

因此,除了c部分中的情形之外,其余皆不需要原告来证明行为人的行为具有可责性。具有特色的是,公共权利要被一个代表公共利益的实体来进行保护。②

North Carolina v. Tennessee Valley Authority 案③,是北卡罗来纳州代表它的居民提起的妨害公共利益之诉,该诉讼起因于田纳西流域管理局的燃煤电厂在其他州产生了空气污染,北卡罗来纳州声称这会对其居民产生健康威胁。在试图通过《联邦清洁空气法案》的行政机构寻求救济失败后,北卡罗来纳州提起诉讼。法院发现,被声称的污染物成分与过早的死亡,包括婴儿死亡率,以及与一些慢性病,比如哮喘和支气管炎等,都有很密切的关系。同时,还

---

① See, e.g., Ariz. Rev. Stat. Ann. §360601(A) (West 2010). (列举了对公众健康而言有妨害的危险的特定情形。)

② See, e.g., State of New York v. Schenectady Chemicals Inc., 459 N.Y.S. 2d 971(N.Y. 1983). (纽约州对清理被告公司倾倒垃圾的场地而产生的费用提起妨害公共利益之诉。)

③ 593 F. Supp. 2d 812(D. N. C. 2009).

有一些科学证据表明,该污染会对环境产生影响。法院知道,"对于实施北卡罗来纳州所期望的全面改革任务而言,妨害公共利益的原则不如行政救济有更好的适应性"。这也包含了代价高昂的污染控制措施的使用。然而,法院认为,在田纳西州,被告燃烧植物释放污染物的行为对北卡罗来纳州的居民而言,构成了妨害公共利益的行为。法院颁发了禁令来减轻这种妨害。

在 Rhode Island v. Lead Industries Assn., Inc. 案①中,州提起妨害公共利益之诉,希望清除被含铅油漆污染的财产,却获得较小的成功。罗德岛州最高法院认为,含铅油漆造成的危害并非是对一般公众普遍的危害,而仅仅是影响了那些在其家里的特定的个人的权利。然而,法院也认为先前的铅油漆制造者对所声称的危害缺乏适当的控制。②

虽然通常情况下妨害公共利益的诉讼一般由代表公共利益的实体所提起,然而,有时在有毒物质侵权案件中,个人也可以提起妨害公共利益之诉。这些原告实际上是充当了私人检察总长的角色,搜寻证据证明公众所遭受的损害,并且为此损害寻求赔偿。在公民被允许从事妨害公共利益之诉的情况下,问题接踵而至。《重述:Ⅱ》第821条C款(1979)规定,寻求主张妨害公共利益之诉的公民个人"他所遭受的损害,必须是不同于其他公众成员行使公众普遍享有的、被不法行为所干预的权利时所遭受的损害"。这条规则被认为是"特殊的损害规则"。然而,关于禁止或减轻妨

---

① 951 A. 2d 428(R. I. 2008).

② See also City of Saint Louis v. Benjamin Moore & Co., 226 S. W. 3d 110(Mo. 2007); In re Lead Paint Litig., 924 A. 2d 484(N. J. 2007).

害公共利益的行为,此规则的适用更加广泛。原告必须满足特定的损害规则,或者成为适格的政府官员,或者有资格进行公民诉讼(依据联邦环境法),或者是集团诉讼中的一员。

怎样才构成"特殊损害"呢?法院强调,这种损害相对于公众其他成员所遭受的损害而言,必须是种类上有所不同,而并非仅仅是程度上的不同。在 Brike v. Oakwood Worldwide 案①中,法院认为,此妨害公共利益之诉是由一个未成年人通过其监护人——父亲来提起,是关于在她所居住的公寓大楼外的公共场所吸烟而引起。原告声称,允许在这些地方吸烟妨害到很多人远离健康威胁的权利(增加了肺癌和心脏病的风险),并且声称,她遭受了特殊的损害,因为吸烟行为加重了她原本就有的哮喘病。法院总结道,原告的损害是一种特殊损害。

Brike 法院引用了《重述:Ⅱ》第821条 C 款注解 d,此规定认为,身体伤害"在一般情况下,在种类上不同于公众其他成员所遭受的损害,所以,妨害公共利益之诉可予以维持"。在 Anderson v. W. R. Grace & Co. 案②中,原告控告说,被告污染了给他们提供饮用水源供给的地下水,所以在社区中引起了各种疾病。法院支持了妨害公共利益的诉讼,因为"就市政水源供给而言,免受污染的权利很明显是'一般公众所共有的权利'"。本案中,居民所控告的个人健

---

① 87 Cal. Rptr. 3d 602 (Cal. App. Ct. 2009).
② 628 F. Supp. 1219(D. Mass. 1986).

康问题不可争辩地构成了特殊损害。①

在 Anderson 案中,法院也提出了损害要素的范围,主要包括,因为财产价值的减少、身体伤害以及与身体伤害相关的精神损害而造成的赔偿。尽管法律允许的弥补范围广泛,但是,仅仅基于经济损害而不包含身体伤害的救济,可能不会被许可,虽然各州的规则不尽相同。②

然而,即使当时的环境显示(被告的行为)对公众普遍享有的权利造成了妨害,如果没有造成个人伤害,个人就不能提起妨害公共利益之诉。在 Venuto v. Owens-Corning Fiberglas Corp. 案③中,法院认为,一家工厂排放的物质污染了空气,引起了周边居民对于健康损害的投诉,但是个人不能提起妨害公共利益之诉,因为所有的居民都遭受到了同样的伤害。同样的,在 Brown v. Petrolane, Inc. 案④中,法院拒绝支持公民个人提起的妨害公共利益之诉,该诉是基于对靠近被告所拥有的易爆物质的恐惧而提起。法院认为,原告的恐惧不能构成特殊伤害,因为对整个社区而言这是普遍的,只是在程度上不同而已。

在有毒物质侵权诉讼中,妨害公共利益之诉占据非常重要的位置。不论对于公众整体,还是对于符合特殊伤害

---

① See also Wood v. Picillo, 443A. 2d 1244(R. I. 1982).(允许住所邻近化学物品存仓库的居民,因身体伤害提起妨害公共利益和个人利益的诉讼。)

② See State of Louisiana ex rel. Guste v. M/V Testbank,752 F2d 1019 (5th Cir. 1985).(仅仅基于经济损失而要求救济未被允许。)But see In re Nautilus Motor Tanker Co. , 900 F. Supp. 697(D. N. J. 1995).(根据新泽西州的普通法,基于经济损失而要求的救济被允许。)

③ 99 Cal. Rptr. 350(Cal. Ct. App. 1971).

④ 162 Cal. Rptr. 551(Cal. Ct. App. 1980).

要求的公民个人而言,都是可行的诉讼。妨害公共利益之诉融合了公法的特征与私人诉讼的特征;正因如此,在有毒物质侵权中,它是体现公法与私法相互融合的典型例证。

3.4 对抗房地产经纪人的诉讼

一些购置房产的人提起了伤害诉讼,因为在购置房产的时候,他们并不知道所购置的房产被危险物质污染,或者靠近危险的环境。通常在这种情况下,责任方可能无法确定,或者无力偿还,或者不复存在。一些原告向房地产经纪人寻求赔偿,这些经纪人在当时可能知道,也可能不知道危险的存在。

依据传统观念,不动产经纪人被视为销售者的代表。传统的关于财产转移的规则强调"货既售出,概不退换"的原则,在此规则之下,如果所购的财产上存在缺陷,购买者很少或者几乎没有可利用的诉讼资源来对抗销售者或者经纪人。只有当经纪人对购买进行歪曲事实的宣传,构成了欺诈,不论是主动的还是被动的,购买人才有理由提起诉讼对抗经纪人。当这种预期的缺陷十分明显,比如为白蚁所侵扰,在这种情况下,这个规则证明是有效的。但是,在其他情形下,要判断销售者或者经纪人是否存在主观过错,将变得十分困难。

所以,在 19 世纪 70 年代,法院开始改变传统规则,试图在经纪人和购买者之间建立一种信托关系。如果购买者要求提供财产的具体信息,而经纪人做出的陈述里没有财产的实际信息,那么法院就会判定经纪人承担责任。并且,如果经纪人掌握信息,或者应当有调查财产实际情况的义务,而经纪人并未这样做,那么其就应该承担责任。① 这种法律上的转变是基于经纪人在知道或获取财产信息方面的优势地位。②

一些法院已经把这种信托关系更向前推进了一步。在Bevins v. Ballard 案③中,销售者向经纪人说明房产中的水井很充足,经纪人将此信息传达给购买人。因为在州法规定之下,销售者因为误传信息要对购买人直接承担责任,即使他并不知情;法院对经纪人强加了一种与销售者类似的责任,如果其不了解情况而传递了销售者的虚假陈述。因为经纪人在市场交易中具有相对优势的地位,因此,法院确认应基于其优势位置而赋予其一种在传递销售者的信息之前进行调查的义务。

一些州法院已经赋予经纪人充分的调查职责。在这些州,即使经纪人不是以销售者的代理人身份出现,并且也不知道房产的潜在瑕疵,但经纪人还是可能因为其没有进行调查而承担责任。④ 但是,当购买人检查房产并且能够发现房产存在瑕疵时,比较过失的理念会减缓经纪人的这种责任。

---

① See First Church of the Open Bible v. Cline J. Dunton Realty, Inc. 574 P. 2d 1211(Wash. Ct. App. 1978)
② See Berryman v. Riegert, 175 N. W. 2d 438(Minn. 1970).
③ 655 P. 2d 757(Alaska 1982).
④ See Easton v. Strassburger, 199 Cal. Rptr. 383(Cal. Ct. App. 1984). (法院认为,房地产经纪人有确定无疑的义务去实施"一个合理的、在能力范围之内的对财产的勤勉调查",并向潜在的购买人公布所有的事实信息);在Robison v. Campbell 案中,683 P. 2d 510 (N. M. Ct. App. 1984). (审判法院在决定经纪人是否误传房产信息时,对于经纪人有没有就销售的房产进行调查,应当予以考虑。)

在有毒物质侵权领域,这些案件提出与经纪人责任程度有关的重大问题。经纪人不仅要确保所销售房产的安全性,而且是不是还要对邻近的财产进行调查,看是否有危险物质的存在呢?在 Strawn v. Ganuso 案①中,新泽西州最高法院认为,新房产的开发者和销售经纪人负有确定无疑的义务——要对潜在的购买人披露那些在房产之外但又事实上影响到房产价值的危险。在本案中,原告是新房产的购买人,新房产邻近一个关闭的垃圾填埋场,这已经被州调查出来,因为该垃圾填埋场包含危险物质。

法律已经渐渐从"货既售出,概不退换"的理念中走了出来,法院强调有两个政策问题可以引导其做出决定:(1)房产购买人和开发者与他们的经纪人之间存在不公平的交易地位,并且(2)双方当事人在接触房产信息方面存在着差别。在此基础上,法院对专业的房地产销售者,例如开发者和建筑商进行限制。而且,这种责任被延伸到经纪人、经纪机构和代表专业销售者进行交易的个人。法院讲道:

我们认为,一个房地产开发者和代表他的经纪人,不仅要对购买人承担确定的故意歪曲事实的责任,而且还要对未披露房产之外的物质条件而承担责任;对于这些物质,购买者不知道而且不容易直接观察到,但它的存在会在事实上影响该房产的适居性、对它的使用或享受,致使房产事实上低于客观合理的购买者对房产的期望或者价值。对于某一个物质未被开发者和经纪人披露是否如此重要,以及对于购买者来讲是未知或者是不可观察的,将会依个案的具体情况而定。

---

① 657 A.2d.420 (N.J.1995).

因此,对于垃圾填埋场对原告财产价值的影响是一个由陪审团在案件审判中予以决定的问题。

在比一个关闭的垃圾场更不明显的环境下,经纪人是否必须拥有所要求的专业知识来进行环境判断呢?答案如果不是,是否要请来一个环境法专家进行调查呢?如果这样,费用由谁来承担?紧跟 Strawn 案,新泽西州立法机关通过制定《新住所不动产户外条件公布法案》[①],对这些问题予以回应,并规范了披露规则。法案要求,特定种类场所的所有者要向市政府披露其存在,并创建相关户外条件的信息库。

3.5 其他理论

3.5.1 故意侵权行为

如果被告的行为超越了过失,那么就可以以故意侵权行为来提起诉讼。在 Werlein v. United States 案[②]中,法院支持了一个有关故意侵权的诉讼。该案比较复杂,起因是源于军队弹药加工厂及其他地方的承租者排放有毒化学物质。原告是居住在附近的居民,他们声称这些化学物质释放到了环境中,引起了损害。法院设定了标准,要求原告证明被告处理有毒物质的行为是故意引起侵害性或损害性的后果,或者明知这种后果是不可避免的发生。法院认为,原告所阐述的被告"处理高度有毒物质渗入到土壤中,并直接污染了居住地的蓄水层",已经满足故意侵权诉讼后一项

---

① N. J. Stat. Ann. 46:3C-2 et seq. (2010).
② 746 F. Supp. 887(D. Minn. 1990).

标准。

相反,在 Bogner v. Airco Inc. 案[①]中,法院驳回了原告的故意侵权诉讼,它是一起在工作场所暴露在氯乙烯(vinyl chloride)中而引起非正常死亡的诉讼。法院认为,工人获得赔偿金,并不妨碍其向法院提出雇主实施了故意行为的主张。但是,法院认为,考虑到雇主所掌握的氯乙烯知识以及他没有把这些信息传达给雇员,这并不能达到故意侵权的程度。因此,法院能够对"故意"做出完全不同的解释,所以故意侵权诉讼也可能很难得到支持。

在 2009 年和 2010 年,伊拉克战争的老兵因为垃圾处理服务而对 Halliburton 公司和其他雇佣合约人提起诉讼,声称其露天燃烧垃圾的行为对伊拉克和阿富汗的士兵造成了伤害。[②] 被控诉行为的一个原因就是故意侵权。因为损害行为而提起控诉的基础有两个:(1)由于焚烧场地不合理的设计、管理和运行,所以污染了空气,并且(2)没有采取适当的措施来管理并确保饮用水供给的安全。原告声称,被告明知原告将会接触被污染的空气和水。

在有毒物质侵权诉讼中,依靠故意侵权的主张的需要逐渐减少,因为原告通常可以利用过失索赔或者严格责任索赔。对于原告来讲,主要的问题是要证明被告主观方面是故意,常常困难重重。但是,如果寻求惩罚性损害赔偿的原告,可能会包含这样一种主张去支持惩罚性的损害,因为惩罚性损害赔偿比过失索赔需要更为严格的证据支持。惩

---

① 353 F. 2d 977(C. D. Ill. 2005).

② In RE KBR Burn Pit Litig., 09 − MD − 02083 − RWT (D. Md., Mar. 9, 2010).(原告首次将 MDL 作为被告。)

罚性损害赔偿的具体内容将在本书第九章予以阐述。

3.5.2 过失推定

有毒物质侵权诉讼存在一些例外,典型的是这些诉讼并非由成文法来创造,而是基于普通法而提起。然而,法律或条例所设定的责任可能与被告向原告承担的义务相关。原告可能需要证明被告的行为违反了法律或条例所设立的行为标准,这样做一定要通过过失推定来主张。[①] 如果过失推定为成文法所认可并可以依此来提起诉讼,那么一定要通过颁布法律来保护原告作为集团中的一员所遭受的伤害。[②]

在有毒物质侵权诉讼中,基于过失推定而提起的索赔只获得了有限的成功;但是,一些原告已经掌握了运用此理论获得成功的方法。在 Bagley v. Controlled Environment Corp. 案[③]中,法院支持了一个基于过失推定而提起的诉讼主张,该主张是基于一部要求危险废物设施的运营者必须获得许可的州法律。该法律还要求运营者不仅要遵守强制性标准和相关机构发布的任何规则,而且还要符合特定许可的条款和条件。法院认为,除了法律和条例中规定的明确的标准,在被告获得许可中所设定的条件也创造了实质性的标准,可以作为过失推定主张的基础。在 Anderson v. Minnesota 案[④]中,明尼苏达州最高法院支持了原告养蜂人的过失推定主张,此主张是基于被告违反了明尼苏达

[①] See generally Martin v. Herzog, 126 N. E. 814 (N. Y. 1920).
[②] See generally Dan B. Dobbs, The Law of Torts § 134, at 315 (2000).
[③] 503 A. 2d 823 (N. H. 1986).
[④] 693 N. W. 2d 181 (Minn. 2005).

州关于杀虫剂的使用必须要与标识相一致的规定。

在环境或有毒物质侵权诉讼中,支持过失推定的主张存在一些困难,这已经在一些著作中被提到。首先,过失推定是早期的产物,当时,社会标准被体现在法律与条例标准中。相反,环境标准和产品标准更倾向于建立在复杂科学数据的基础上,具有不同程度的不确定性。即使在立法和条例中,表面上看起来最客观的标准(比如数字标准),特别是包含在环境法中有关许可的一些标准,可能事实上建立在不充分的科学证据之上。或者,这些科学依据可能有好几种合理的解释,只有其中的一种被反映在法定标准之中。或者,与设立该标准时的科学证据相比,在提起诉讼时所采用的科学证据更加完整或不同。在确定法律与条例所意图弥补的损害与原告所主张的伤害的关联性时,同样的困境也可能产生。[1] 在有毒物质侵权的案件中,这些讨论对不支持过失推定的主张做出了有说服力的陈述。他们建议,在很多有毒物质侵权案件中,可以制定一个更加明智的规则,将违反了法定标准的行为视为过失的证据,而非过失推定。

与这些观点相一致,法院认为,违反《职业安全与健康法案》的行为将不能构成过失推定的基础。在 Elliott v. S.D. Warren Co. 案[2]中,法院认为,被告没有维持一个安全的工作场所,也没有对危险的工作条件做出警告,虽然违

---

[1] See Sheila Bush, Can You Get There From Here? Noncompliance with Environmental Regulation as Negligence Per Se in Tort Case, 25 Idaho L. Rev. 469(1988—1989).

[2] 134 F. 3d 1 (1st Cir. 1998).

反了《职业安全与健康法案》,然而原告却不能提起过失推定的诉讼。法院解释道,因为《职业安全与健康法案》并没有创造个人提起诉讼的权利,违反《职业安全与健康法案》的行为不构成过失推定。法院总结道,违法行为仅仅是过失的证据。

相反,《重述:Ⅲ——产品责任》关于这一问题的规定,则更加接近过失推定的原则。第 4 节(a)规定,在一个设计缺陷或者指示缺陷案件中,"某一产品如果未遵守正在适用的产品安全法律或行政法规,会促使该产品出现法律和行政法规力图减少的缺陷风险"。注解(d)把这个规则表述为"当某一规定只是建议而非强制要求时,不会采取一项安全措施。"

3.6 展望未来:气候变化诉讼

在 2010 年,气候变化的法律发生于各个领域——国内与国际,政治与经济,立法、行政和民事诉讼。然而,只有一些诉讼直接触及有毒物质侵权,但是,这些先例将会对未来的诉讼产生重大影响,并存在这样的可能:要么为将来大规模的诉讼打开大门,要么会严重限制将来的诉讼。在 2009 年,依靠妨害法的三个重大案件已经介入这一领域。

Connecticut v. American Elec. Power Co. 案[①]是这三个案件的第一个,也演示了基于普通法的气候变化诉讼所具有的特征。该案是由八个州、纽约市、三个土地信托分别对地处二十个州、拥有和经营火电厂的六家电力公司提起

---

① 582 F. 3d 309 (2d Cir. 2009).

妨害公共利益之诉。他们寻求的救济是要求这些被告减少对全球变暖正在进行的"贡献"。法院认为,原告有资格提起诉讼,普通法上的妨害并未被任何法律或者当前控制温室气体的政策所取代。法院还认为,原告已经在联邦有关妨害的普通法下阐述了他们的主张。

通过引用《重述:Ⅱ》(1979年版)第821条B款,法院认为,这些州和城市已经充分陈述了被告的行为对公共权利的不合理干涉,这些公共权利包括"公共福利与公共安全的权利,保护重要自然资源与公共财产的权利,使用、享受、保护自然世界的美学价值与生态价值的权利"。法院进一步裁定了私人团体,例如土地信托,可以维持其妨害公共利益的诉讼主张,因为他们宣称他们拥有"保护生态敏感土地区域的使命",以及他们的土地所有权也因被告促成全球变暖行为的威胁而受到损害,他们所遭受的损害在种类上不同于一般公众的损害,这符合"特殊伤害"的规则。

在American Electric公司案之后,接踵而来的是加州联邦地区法院在Native Village of Kivalina v. ExxonMobil Corp.案[①]中的决定。原告是一个叫因纽皮特爱斯基摩人(Inupiat Eskimo)的村庄,该村庄位于北极圈北部112.7公里处一个名叫奇瓦林那岛(Kivalina)的边缘。奇瓦林那被北极圈的海冰所保护,防止沿海地区一年三季中出现的风暴和海浪。原告声称,因为全球变暖使得海岸线受到侵蚀,迫使村庄的迁移。原告基于妨害公共利益和相关事由对各种石油公司、电力公司和设施的提供者提起诉讼。法院首要关注的是本案是否并非司法问题,而是政治问题。

---

① 663 F. Supp. 2d 863(N. D. Cal. 2009).

主要的问题在于:(1)本案本应由宪法赋予政府的一个分支机构解决而非司法部门解决,那么是否包含司法途径解决的问题呢?(2)要解决这个问题,是否存在"司法发现与掌控标准的缺失"?(3)法院是否要在其司法管辖权范围之外做出最初的政策决定呢?①

最终,法院认为,本案呈现的是一个在司法部门管辖范围之外的政治问题。法院陈述道,因为案件的进展,法院将被要求做出两个一般的政策决定。第一,在决定原告陈述的主张是否妨害公共利益的主张时,要求法院考虑到被告行为的效用,在被认为可接受的环境下,对温室气体的水平做出判断。第二,要求法院决定哪个实体将要承受全球变暖的代价。法院认为,这些问题的解决,都属于行政机关或者立法机关固有的任务。

第三个重大案件是 Comer v. Murphy Oil USA 案②。原告是密西西比海湾的居民和土地所有者,他们声称被告石油公司、电力公司和煤气公司从事了大规模的温室气体排放,引起了地球表面变暖、水温升高和海平面上升。原告声称,这些后果都使得对私人财产和公共财产产生破坏的卡特里娜飓风的威力增加。推定的集团诉讼声称存在以下的诉求:妨害公共利益与妨害个人利益、过失、非法侵入他人财产、不当得利、欺诈性的虚假陈述和民事方面的共谋。地区法院驳回了原告的诉讼请求,因为其缺少诉讼资格,而且因为这是一个非司法的政治问题。第五巡回法院部分地推翻了原审法院的判决,并且认为,妨害、过失、非法侵入他

---

① Baker v. Carr, 369 U.S. 186(1962).
② 585 F.3d 855(5th Cir. 2009).

人财产的主张是可以成立的,且它们并不是非司法的政治问题。法院注意到,普通法中的侵权主张和损害主张(不同于命令性救济的主张)更不可能是政治问题。法院也观察到,主要的联邦环境立法都包含了保留普通法补救措施的条款,并且预测,任何未来关于温室气体释放的立法也将会这样做。在进行重新审查之后,第五巡回法院以一种不同的方式——因为法定人数的不足而拒绝了重审的继续进行,恢复了地区法院的驳回决定。[1]

在政治问题上,联邦法院之间的分歧还将继续存在。即使一些普通法上的主张能够继续向前推进,但是,必须意识到原告在证明因果关系上还是存在困难重重。他们将被要求证明所声称的特定损害是由被告的行为引起的。这是一项令人退缩的任务。原告不仅要面对把单个的被告行为与损害后果联系起来这一艰难的任务,而且即使做到了,法院还必须处理被告们在大气中共同排放气体对于损害的形成具有潜在的不可分割性。因果关系问题将在本书的第八章进行阐述。

---

[1] Comer v. Murphy Oil USA, 2010 WL 2136658(5th Cir. 2010).

第4章 《综合性环境反应、赔偿与责任法案》上的责任

4.1 简介

《综合性环境反应、赔偿与责任法案》(简称 CERCLA)①是广义上的联邦产业规制计划的一部分。CERCLA 的实施条款指出,毒物侵权的被告可能面临着多方面的诉讼攻击。普通法上的侵权行为或许只是被告担忧的一部分。代理律师应当做好准备为所有的这些领域(包括公法和私法在内)的客户提出建议和提供辩护。

CERCLA 的作用与其他的环境法规的作用不同。它主要聚焦在清理那些被排放到环境中的有害物质以及有害物质的应急处理,而许多的其他联邦环境法规往往聚焦在依据许可和要求对各种企业和活动的持续管理上。1980年 CERCLA 被首次制定,当时国会讨论但拒绝把一条针对人身伤害的私人诉讼权的条款包含进来。因此,CERCLA 不包含那些针对个人伤害的私人诉讼权,即使个人的损害是由该法规规制的那些释放物所引起。虽然,在

---

① 42 U.S.C.A § §9601－9675(West 2010).

CERCLA中的确包含了一个保留条款,该条款承认个人有权根据州法寻求他们的侵权索赔。① 相反,CERCLA法规主要聚焦在政府的权利上,政府有权执行清除法规,该清除法规是用来规制那些被认为具有法定责任的当事人。与其他主要的联邦环境法规一样,CERCLA也包含了一条公民诉讼条款,该条款允许私人在某些情形下,针对被指控的侵权人代替政府执行该法规。1986年的《超级基金修正和复授权法案》(SARA)对CERCLA做了重大修改,许多修正案反映了1986年之前的判例法。自SARA以来的几年里,又有几部其他的主要修正案被制定,包括澄清无辜的土地所有者抗辩、澄清出借人的潜在责任的条款,以及有关废弃土地重新开发的规制条款。

4.2 执行计划

CERCL的适用是由来自某一设施的有害物质排放到环境中或者有害物质存在排放到环境中的危险引发的。"设施"一词的定义相当广泛,可以被理解为"任何储藏、存放、处理有害物质,或者有害物质被归类放置,或有害物质将来放置的场所或地方"。② 政府根据《国家应急计划》(NCP)来识别出适合应急行为的地方并决定采取适当的行动。③根据风险的排名而设置的合适的地点就被列于《国家优先项目清单》里。修复的决定建立在对成本的考虑以

---

① CERCLA § 310(h).
② CERCL § 101(9).
③ CERCLA § 105.

及风险的性质和规模大小的基础上。CERCLA的很大一部分以发现事实为核心：确定有害物质、识别危险场所，以及要求报告有害物质排放到环境中的相关信息。

CERCLA提供了几种机制，根据这几种机制，就能把清理环境中的有害物质这一责任强加在法律认为应当对排放或有排放的风险负责任的人身上。这些人被称为"潜在的责任方"(PRPs)。第一，总统通过司法部长向潜在的责任方提起行政或司法诉讼，要求其中止这种情况或采取其他适当的行为。[1] 这样的诉讼将会启动，如果"有害物质的实际排放或有排放的危险，会对公共健康与福利或者环境有一个迫在眉睫的实质性危害"。[2] 如果不遵守这一命令可能会导致一天25000美元的民事处罚，外加三倍的成本。第二，政府从超级基金里提取资金——超级基金是为了实现这一目的而根据CERCLA建立的一种基金，然后雇用承包商进行清理，最后要求潜在的责任方来偿还。[3]

除非寻找潜在的责任方的努力是徒劳的或要求他们进行清理的努力是徒劳的，否则政府不会向超级基金提出索赔。如果政府进行了清理，潜在的责任方针对所选择的补救行动没有权利提出执行前的司法审查；[4]第三，CERCLA包含了这样的条款，即设计用来解决潜在的责任方和政府之间就有害物质的及时解决和快速清理。[5]

---

[1] CERCLA §106.

[2] CERCLA §106(a).

[3] CERCLA §§104,111.

[4] CERCLA §113(h); Lone Pine Steering Committee v. EPA. 777 F. 2d 882(3d Cir. 1985).

[5] CERCLA §122.

尽管CERCLA没有为私人提供人身伤害赔偿诉讼的权利,但是它却允许因反应费用引起的私人原因的诉讼,这已经成为近来大部分司法关注的对象。第107节(a)款(4)项和(b)款表明,任何遭受了反应成本的人都可以向潜在的责任方追偿反应成本,只要该清理"符合《国家应急计划》"。而且,第113节(f)款规定了分担索赔(contribution claim),分担索赔是根据CERCLA第107节的规定针对有责任或有潜在责任的人提出的索赔。

4.3 责任

如果要就清理成本提出一个表面上证据确凿的案件,必须证明以下因素。

(1)存在一个排放或有排放的威胁;
(2)排放物质进入环境;
(3)这种排放物质来自于某一设施;
(4)这种排放物质是有害的;
(5)已经产生了反应成本。

同样的责任标准应用于由政府起诉潜在的责任方,强迫其清理的诉讼案件中,除了政府正在要求潜在的责任方承担清理的成本。反应成本包括修复行动和清理措施。修复行动是指与该场所的永久性修复相一致的行动,[1]而清理措施是指所采取的阻止、降低或减轻对公众或环境损害的任何措施。[2]

---

[1] CERCLA § 101(24).
[2] CERCLA § 101(23).

对于有责任承担清理成本的一方来说,必须有排放或有排放危险的发生。CERCLA 第 101 节(22)项把"排放"定义为:任何向环境中泄漏、渗漏、注入、涌入、排放、清空、卸载、注射、漏出、滤出、倾倒、扔弃的行为(包括遗弃或抛弃装有任何有害物质或污染物或有毒物的桶、罐以及其他封闭的容器)……

排放必须是进入"环境"。"环境"这一术语被广泛地定义为包括通航水域、地表水、地下水、饮用水供应、陆地表面和地下以及包括大气在内的一切环境。[①] CERCLA 不包括工作场所内的排放、机动车尾气排放或核事故引起的泄漏,因为这些物质已经由其他联邦法规予以规制。CERCLA 既适用于活跃的站点,又适用于不活跃的站点。

另外,排放必须来自某一"设施"。CERCLA 第 101 节(9)项给"设施"下了一个非常广的定义,其包括:

①任何建筑物、构造、设施、设备、管子、管道(包括任何排入下水道的管道或排入公有处理厂的管道)、井、坑、池塘、污水池、蓄水池、沟、垃圾填埋场、贮存容器、机动车、铁道车辆或飞机;②任何储藏、存放、处理有害物质,或者有害物质被归类放置,或有害物质将来放置的场所或地方……

但是,"设施"不包括用于消费使用的消费产品。

当排放或有排放的危险发生时,清理就变成了第 107 节所列举的那些潜在责任方的责任。传统上,依据 CERCLA 的责任被认为是严格责任、连带责任。2009 年美国最高法院在 Burlington Northern & Santa Fe Railway Co.

---

① CERCLA §101(8).

v. United States案①中的决定被视为是一个里程碑,该决定认为CERCLA并没有授权在每一个案件中都采用连带责任,尽管CERCLA的责任被认为应从属于普通法系的标准。在做出这样裁决时,法院同意就这一问题以United States v. Chem—Dyne Corp. 案②的处理为开端。在该案中,法院认为:"如果损害可以明确划分,并且有一个按比例分配伤害的合理基础,那么每个被告仅为他所引起的损害负责。"Chem—Dyne案之后,许多法院仔细研究了同样的指导原则,但是在个案的事实上却得出不同的结果。在United States v. Monsanto Co. 案③中,涉及一个由许多发电机厂制造的混合废物的处理场所,法院认为,被告并没有就各自的损害进行明确的划分。在Burlington Northern案中,法院引用了《重述:II》第433A条的规定,并陈述道:"当有一个合理的基础来确定每一个原因对每一种伤害的作用时,分配就是合理的。"法院然后支持了地区法院的决定,即被质疑的潜在责任方仅对伤害的9%负责。法院很快注意到一个潜在的责任方在设法完成损害的划分,该潜在责任方有责任证明存在一个分摊伤害的合理基础。

Burlington Northern案对CERCLA的连带责任这一主题的总体影响是什么?第一,最高法院承认下级法院在一些案件中拒绝把CERCLA中的连带责任看作是强制性的,无疑是正确的。第二,设置在《重述:II》里的普通法标准,为CERCLA提供了分摊损害的基础。因此,"当两个

---

① 129 S. CT. 1870(2009).
② 572 F. Supp. 802(S. D. Ohio 1983).
③ 858 F. 2d 160(4th Cir. 1998).

或两个以上的独立的个人引起了明显的损害或者造成同一损害,并且能够根据每个人的行为的作用来对损害进行分摊这样一个合理的基础,那么,这时每个行为人仅需承担总伤害中因他自己的原因所造成的那一部分"。[①]相反,如果损害是不可分的,就必须承担连带责任。第三,证明损害可分的责任是由潜在的责任方来承担。第四,法院认为地区法院的损害分配决定满足"合理的基础"标准,纵然地区法院没有使用任何原因或过错因素,而是使用了一种计算,该计算涉及土地的百分比、财产租赁时间的百分比,以及潜在的责任方的物质占总排放的比例。法院强调,在损害分配分析里强调公平考虑没有什么作用。

尽管 Burlington Northern 案引入了许多潜在责任方,试图证明损害的可分性来减轻他们个体的责任,但是有一点根本不明确,那就是在最终的结果上出现一个戏剧性变化。联邦地区法院在 United States v. Iron Mountain Mine Inc. 案[②]中证明了这一点,该法院陈述道:"Burlington Northern 不要求在所有案件中分配损害,以及不改变决定分配份额的方式。因为在一个处理厂中,不同来源的废物常常是在某个地方混合在一起,要证明各自在损害形成中到底起了多大的作用,应分担多少份额变得十分困难,而且损害分配往往将取决于每个案件的具体事实。不过,Burlington Northern 案必定在接下来的几年里对诉讼方、法院和代理协议产生重大影响。

一个潜在的责任方对政府反应成本和私人反应成本均

---

① Restatement (Second) of Torts,§§443A,881(1976).
② 2010 WL 1854118(IE.D.Cal.2010).

负有偿还责任。为了收回付出的费用,政府清理行为不是必须与《国家应急计划》的要求相一致,而私人清理行为必须和《国家应急计划》相一致,这是该法规一个显而易见的区别。① 另外,一个潜在的责任方既对自然资源的损害负有责任,又对有毒物质和疾病登记署所出具的健康评估负有责任,有毒物质和疾病登记署是依据 CERCLA 在公众健康服务中心设置的一个机构。

4.4 潜在责任方

CERCLA 第 107 节(a)款设置了几类主体,这些主体包含了潜在责任方,或者简称为 PRPs。潜在责任方的责任被认为是严格责任,但是也可以提出某些抗辩。

4.4.1 当前的所有者和经营者

这一种类中包括某一轮船或设施的当前的所有者和经营者。② "当前的所有者和经营者"这一法律术语是指"任何拥有或经营这一设施的人"或"拥有、经营或租赁这一船只的人"。对于该定义没有条件限制,由于 CERCLA 对这一主体设置的严格责任,因此,不需要证明承担这一责任的所有者或经营者存在过错。在 State of New York v. Shore Realty Corp.③ 案中,某一场所的拥有者被要求对清理费用负责,即使其没有参与在这一场所的废物处理并且在废物处理的时候还没有拥有这一财产。而且,法院认为海岸房

---

① CERCLA § 107(a)(4)(A)&(B).
② CERCLA § 107(a)(1).
③ 759 F. 2d 1032(2d Cir. 1985).

地产的管理者和股东作为这一设施的"经营者",应承担经营者的责任,因为他应当小心谨慎地经营这一公司和管理这些设施。

正如 Shore Realty 案所暗示的那样,通常情况下,"所有者"和"经营者"被认为是相互分开的,虽然一个实体可能既是所有者又是经营者。但是一个实体要成为一个潜在的责任方,它只需要满足定义所要求的或是所有者或是经营者。在一些情况下,根据 CERCLA 经常会出现这样一个问题,即针对子公司的行为,母公司应在多大程度上承担清理费。在 United States v. Bestfoods 一案①中,美国最高法院设置了一个由两部分组成的测试来回答这一问题。根据这一测试,一家母公司可能会承担直接责任或间接责任。直接责任要求母公司"管理、指挥或操作与污染具体相关的事务,也就是说这种事务与危险废物的渗漏或处理有关,或者就遵守相关的环境法规做出决定"。单纯的管理或仅"实际的控制"不会引发直接的 CERCLA 责任;而且,直接责任的测试要求是,对子公司活动的管理引起了 CERCLA 责任。② 母公司和子公司的双重管理者关系或双董事关系对责任的认定并不起决定性作用。但是存在一个可反驳的假设,即该管理行为的目的是为了公司的最佳利益。③

那些采纳 Bestfoods 案的直接责任测试法的法院,仍

---

① 524 U. S. 51(1998).

② See Datron, Inc. v. CRA Holdings, Inc., 42 F. Supp. 2d 736(W. D. Mich. 1999). (该案认为,母公司不负直接责任,即使它的公司政策要求子公司遵守废物处理法,并且母公司的总法律顾问参与了与污染有关的诉讼。)

③ Consolidated Edison Co. v. UGI Utilities, Inc., 310 F. Supp. 2d 592 (S. D. N. Y. 2004).

然要求母公司对子公司产生排放的经营活动有着实质性的管理。在 Yankee Gas Services Co. v. UGI Utilities, Inc.案[①]中,法院考查了一家从事公共事业的母公司的活动,发现母公司拥有的另一公司在康涅狄格州经营着九家液化气加工厂。法院总结道:"该公司是一个很警觉的母公司,其严密地监管着其在康涅狄格州的子公司。"但是那种监管并没有上升到对子公司的管理或操作层面。因此,该公司不应被视为是 CERCLA 第 107 节(a)款(1)项所规定的设施的"管理者"。

作为替代选择,在 Bestfoods 案中,法院陈述道:"一个母公司也可以为它的子公司发生的清理费用承担间接责任"。根据这一理论,最高法院陈述道:如果存在一些能够揭开公司面纱的事实,那么母公司就应对与其子公司的活动相关的清理费承担责任。但是,法院没有对间接责任测试法做出更进一步的详细阐述。

在 CERCLA 被颁布后的这些年里,出现了这样的分歧,即为了承担清理费用,出借人在多大程度上被认为是一种设施的"拥有者或经营者"。这一问题在银行或出借人拥有财产上的担保利益(特别是抵押)的情况下,非常关键。CERCLA 第 101 节(20)款(A)项规定,拥有者或经营者的定义不包括出借人,但条件是他们没有"参与管理"。随即关于"参与管理"这一术语的解释出现了长达 10 年的争论与困惑,美国环境保护局、联邦法院和国会都试图澄清其确切的含义。CERCLA 的一个修正案就这一问题予以明确,至此,解释的曲折道路达到高潮。

[①] 616 F. Supp. 2d 228 (D. Conn. 2009).

CERCLA的《1996年出借人责任修正案》包含了一些重要的新法条。这些法条的精髓就在于它阐明了"参与管理"的要求,即实际参与了这一设施的管理或经营事务。在这一方面,出借人的责任类似于Bestfoods案中设立的母公司的直接责任标准。仅仅处于一个影响或参与的位置,并不构成《出借人责任修正案》里所说的"参与"的意思。① 而且,国会设置了两种责任触发机制,要求出借人要么具体控制着这一实施并为这一设施的危险物质承担责任;要么总体控制着这一设施的管理或经营事务或承担这一设施的管理或经营责任,比如日常决策行为。一般情况,如果它尽早采取措施放弃这一设施,是允许银行取消财产抵押赎回权并出售它的抵押物的。出借人就后取消抵押品赎回权从事的活动越多,承担责任的风险就越大。而且,《出借人责任修正案》通过设置一个活动列表为出借人提供了另外的指南,这一活动列表已列出足够多的活动,一般来说,不会有更多活动了。根据上面的测试,这些活动不会产生责任,比如仅仅拥有担保利益或仅仅是对设施进行了检查。②

4.4.2 前所有者或经营者

根据CERCLA,至少一些过去的所有者和经营者被认为是潜在的责任方。CERCLA第107节(a)款(2)项为该主体设置了这样的责任:

在处理任何有毒物质的时候,任何拥有或经营处理该有毒物质设施的人……

与当前的所有者和经营者相比,前所有者和经营者是

---

① CERCLA §101(20)(F).
② CERCLA §101(20)(F)(iv)(I—LX).

有责任的,条件是在这一设施处理有害物质的时候,他们拥有或经营着这一设施或者说他们对排放了解,但没有向购买者透露。

在设法努力完善前所有者和经营者的责任规则的过程中,一些法院已经就这一问题做出处理,即前所有者在不知道也没有过错的情况下,是否应当为该场所的危险物质的被动迁移承担责任。这是一个棘手的问题,因为在这种情况下,如果拒绝承认其有责任,那就好像是在公然对抗CERCLA的严格责任标准。然而,一些联邦上诉法院认为,前所有者不承担因被动迁移引起的清理费。在United States v. CDMG Realty Co.案[1]中,诉讼双方认可在前所有者占用期间,废物没有被倾倒在设施内,但是现在的所有者指出,由于污染物的被动扩散,"处置"已经发生了。法院认为,单单根据污染物的被动迁移这一事实,前所有者对CERCLA里规定的清理费不承担责任。同样,在ABB Industrial Systems, Inc. v. Prime Technology, Inc.案[2]中,第二巡回法院认为,如果前所有者仅仅是控制着该场所,对危险化学物在该场所的扩散没有过错,那么前所有者对污染物的被动迁移不承担责任。其他法院在这一问题上表达出相反的观点,比如Stanley Works v. Snydergeneral Corp.案[3],法院认为,某场所危险物质的迁移构成了CERCLA里规定的处置。

---

[1] 96 F. 3d 706(3d Cir. 1996).
[2] 120 F. 3d 351(2d Cir. 1997).
[3] 781 F. Supp. 659(E. D. Cal. 1990).

4.4.3 处置的安排人

CERCLA 第 107 节(a)款(3)项设置了另一类潜在的责任人,并规定了下列这些人应当承担这样的责任。

通过合同、协议或者其他方式安排进行处理或处置的人;或者接受运输人的安排为其从事危险物质的运输,或者为其他当事人或实体企业从事这样的运输的人;在第三方或实体所有或运营的包含这样的危险物质的任何设施或者焚化船只的人……

事实上,本节的责任是由"安排人"引发的。危险废物的生产者是属于本款规定范围内的实体的主要群体,但是,本款并没有当然地将责任仅限定于危险废物的生产者,"处置的安排人"这一术语清楚地表明,国会是想要把这一类责任主体扩展至除生产者之外的其他人。因此,通过协议或者安排实施处置似乎是引发责任的要素,法院对本节的解释也相当广泛。

Emergency Technical Services Corp. v. Morton International 案[①]就是安排人不是生产者的一个例子。在这起案件中,一名咨询师实际上安排了处置,包括选择处置场所,根据第 107 节(a)款(3)项,该名咨询师被认为是安排人并承担相应责任。但是,在 Amcast Industrial Corp. v. Detrex 案[②]中,化学品生产商通过公共承运人将产品运送给客户,公共承运人引发了事故性溢漏,在这里不存在安排人的责任。

在 Burlington Northern & Santa Fe Railway Co. v.

---

① 1993 WL 210531(N. D. Ill. 1993).
② 2 F. 3d 746(7th Cir. 1993).

United States案[①]中,最高法院阐明了"安排处置"的意思。Burlington Northern案是一起针对涉及农业化学品的贮藏和分配的各方提起的诉讼,这些农业化学品被放置在某几家铁路公司所有的一块土地上。在处置发生的时候,经营该业务的公司早已宣告破产并在此前就已经停止运作了。原告起诉的是其他实体,根据CERCLA这些实体被认为是潜在责任人。壳牌石油公司是被告之一,其将一种杀虫剂卖给一家经营该杀虫剂分销生意的公司。壳牌石油公司拒绝为了CERCLA责任目的而将其归类为一个"安排人"。法院认为根据该法规平白的语言,当一个实体故意采取措施来处理有害物质的时候,该实体就符合第9067条(a)款第(3)项规定的安排人。相反,法院说"很明显,一个实体只是出售了一种新的并有用的产品,而该产品的购买者后来用一种引发污染的方式处置了该产品,而作为销售者的实体并不知情,那么该实体并不承担安排人的责任"。法院意识到"是否引起法律责任这一问题需要许多事实并且得具体案例具体分析",并认为壳牌石油公司不存在必要的动机,尽管它意识到分配过程中出现了"轻微的事故性的溢漏"。另外,法院认识到当壳牌石油公司意识到泄漏正在发生时,它采取了措施来鼓励分销商安全地处理产品。"

销售者仅仅是出售了一种新的有用的产品,而购买者不正确地处置了该产品,除了这种情形的销售者外,"采取有意措施处置有毒物质"是什么意思?毫无疑问,Burlington Northern案的决定将会降低根据CERCLA被归类为"安排人"的当事方的数量,作为一个结果,该决定婉转地提

---

① 129 S. CT. 1870(2009).

出了一个问题,是否能够对安排人适用严格责任。相应地,它可能会影响到一些早期的类似案件,在这些案件中适用了严格责任。在 United States v. Aceto Agricultural Chemicals Corp. 案①中,生产者不知道存在特殊的场所被用于处置,法院却给其施加了安排人的责任。在 GenCorp, Inc. v. Olin Corp. 案中②,第六巡回法院认为,不是说安排人积极参与处置,才承担 CERCLA 里安排人的责任,仅仅是建设性所有或拥有废物就足够了。然而,一些更早的案件却持相反看法,这些案件的裁决是,对于安排处置的一方来说,其一定是采取了对自己有利的积极措施。在 Morton Int'l, Inc. v. A. E. Staley Manufacturing Co. 案③中,法院认为,不是说当事方仅仅因为拥有或所有有毒废物,就被认定为有责任,而是必须"证明其控制着引发危险废物排放的过程或者知道在这一过程中将会发生这一排放"。这些案件中的每一起都涉及不同的、有时是错综复杂的被控告的安排人与经营生意方之间的关系。Burlington Northern 安排人标准要求必须严格审查每个案件中独一无二的事实情况。

对属于"安排人"这一类范围内的那些实体来说,如果他们可以证明他们的废物事实上没有引起排放或者他们的废物只是造成损害的一部分,那么他们或许可以减轻或免除责任。Burlington Northern 案另一部分的决定,以及在前面第 3 节 C 已经充分讨论的允许分摊责任证明存在一

---

① 872 F. 2d 1373(8th Cir. 1989).
② 390 F. 3d 433(6th Cir. 2004).
③ 343 F. 3d 669(3d Cir. 2003).

个分摊的合理基础是安排人的责任。如 United States v. Alcan Aluminum Corp. 案[①],该案认为,"混合与不可分的损害不是同义词,铝业公司应该有机会证明被引起的损害能够被合理的分摊。它可能会提交一些与损害的可分性有关的证据,比如,披露危险物质的相对毒性、迁移的潜在性、迁移的程度、在该场所危险物质的混合能力"。又如在 United States v. Alcan Aluminum Corp. 案[②]中,法院认为,"如果铝业公司能够证明……损害可以合理分摊,那么它仅需要对它引发的那部分损害的反应费用承担责任"。在 In re Bell Petroleum Services, Inc 案[③]中,法院认为,"如果专家证词及其他证据证明存在一个进行合理估计的事实基础,其将公正地分摊责任,那么除非特殊情况,是不应该施加连带责任的"。

4.4.4 运输者

CERCLA 第 107 节(a)款第(4)项认为,危险物质的运输者是潜在的责任方,为危险物质的运输者设置了责任。

任何人接受或过去接受了运输危险物质去处理的任务,或者承运人选择了处理设施、焚烧船或处理场所,这些处理设施、焚烧船或处理场所发生了排放或有排放的危险,从而产生了危险物质的反应费用。

另外 CERCLA 第 101 节(26)款对"运输"或"运送"这一术语做出了如下定义。

危险物质通过任何方式的移动(包括管道),就危险物

---

① 990 F. 2d 711(2d Cir. 1993).
② 964 F. 2d 252(3d Cir. 1992)
③ 3 F. 3d 889(5th Cir. 1993).

质而言,是指其为公共承运人或者合同承运人所接受进行运输,这一术语应该包括在公共承运人或合同承运人普通操作方便的情形下,运输途中任何偶然发生的临时的中止移动,这样的中止不应被认为是危险物的贮藏,而应被认为是危险物质运输的连续。

该法律术语表明,只有承运人选择了处理场所,其才承担责任,大部分法院对该法规做了广义上的解释。[①] 承运人是否是公共承运人,这个无关紧要;如果承运人选择了场所,它就承担责任。[②] 承运人以"生产者或其他潜在责任方和其一起共同选择了废物处理场",或者"在选择场所问题上承运人没有做最后的决定"为理由进行争辩,均不能免除承运人的责任。[③] 但是,有一家法院认为,如果《流量控制条例》要求承运人使用特殊处理所,那么承运人可能逃避CERCLA责任。[④]

4.5 抗辩

CERCLA清理费用诉讼案的法定抗辩,主要规定在该法案的第107节(b)款。程式化的语言排除了完全由于不可抗力或者战争引起的排放所应承担的责任,CERCLA第

[①] See United States v. South Carolina Recycling & Disposal, Inc., 653 F. Supp. 984(D. S. C. 1984).

[②] United States v. Hardage, 750 F. Supp. 1444(W. D. Okla. 1990).

[③] Tippins Inc. v. USX Corp., 37 F. 3d 87(3d Cir. 1994).(然而,法院认为,承运人必须在选择场所中起了积极有效的作用,才承担责任。)

[④] Miami County Incinerator Qualified Trust v. Acme Waste Management Co., 61 F. Supp. 2d 724(S. D. Ohio 1990).

107(b)(1)—(2)特别强调了这种免责是"完全"基于法定事由这一要求。第107节(b)款规定了有限情况下的第三方抗辩。1986年国会制定了著名的"无辜的土地所有人抗辩",作为SARA(The Superfund Amendments and Reauthorization Act《非常基金修正及再权法》)的一部分,出现在CERCLA第101节(36)的定义部分,而不是在第107节。可能还存在其他一些针对收回成本的诉讼的程序和实体抗辩,包括可以采用的平衡法上的抗辩。① 第107节(o)为范围极狭窄的特定"最低水平"(De micromis,意思是指排放比较少的那些当事人)当事人设置了豁免,不过这不是技术上的一种抗辩。这一豁免只适用于安排人和运输者并为废物的安排排放量设置了上限,为有资格获得豁免的潜在责任方设置了处理的最后期限。

第三方抗辩和无辜的土地所有人抗辩,对于理解当事人的潜在CERCLA责任十分重要,尤其是这些当事人正在为各自的毒物侵权诉讼案抗辩的时候。

4.5.1 第三方抗辩

当危险物质的排放完全是基于以下情况时,潜在的责任方可以针对CERCLA责任提出抗辩。

危险物质的排放完全是由第三方的行为或疏忽引起的,而不是由被告的员工或代理人的行为或疏忽引起的,也不是由与被告有直接或间接合同关系的人的行为或疏忽引

---

① See William H. Rodger, Jr., Environmental Law § 8.8, at 793—94 (2d ed. 1994).(该案讨论了在CERCLA诉讼案里,衡平法上的抗辩权限的划分。)

起的……①

"合同关系"不仅适用于处置、运输或其他处理废物的合同,而且它还指房地产交易。② 因此,根据CERCLA第101节(35)(A)之规定,与被告有合同关系的大部分人都不适用这一抗辩。③

第107节(b)(3)设置了另外两种要求。第107节(b)(3)规定:被告必须提供占有优势的证据证明他已经尽了适当的与危险物质有关的谨慎义务,这种谨慎义务是根据所有事实和情形,充分考虑了这一危险物质的特性,并且要证明他采取了谨慎的措施防止第三方的可预见行为或疏忽,以及其他的可预见行为或疏忽可能导致的结果……

把CERCLA第107节(b)(3)所要求的两项条件结合起来,将使得在大部分案件里使用第三方抗辩变得非常困难。Rodgers教授称之为"nine parts loser"。④

4.5.2 无辜的土地所有者抗辩

无辜的土地所有者抗辩是1986年SARA修正案的产物,并在2002年又被修改了一次,无辜的土地所有者抗辩是CERCLA第101节(35)(A)里"合同关系"定义的例外。

---

① CERCLA § 107(b)(3).

② See CERCLA § 101(35)(A).(明确定义"合同关系"包括房地产交易并设置了与一些特定的情形下房地产交易有关的无辜土地所有者抗辩。)

③ See, e.g., Shapiro v. Alexanderson, 743 F. Supp. 268(S. D. N. Y. 1990).(该案中不存在抗辩,潜在的责任方宣称它是土地所有者,而第三方是垃圾填埋场的运营商。)

④ See William H. Rodgers, Jr., Environmental Law § 8.8, at 797—98(2d ed. 1994).(该书指出,法院或许会决定把这一抗辩限制于包括第三方"局外人"在内的情形里,第三方"局外人"通常是指"午夜倾倒者(midnight dumpers)"。)

在规定了"合同关系"包括不动产交易以后,这一节就在何种情况下可以进行抗辩做了详细的描述。

在某设施上(里)放置或者处置危险物质,而该设施位于这一不动产处,而被告在这之后拥有了这一不动产……被告通过优势证据证明以下一种或多种情况:被告在购买这一设施时不知道也没有理由知道危险物质在这一设施上(里)被处理,而这些危险物质被排放或有排放的威胁。

其他所描述的情况适用于政府实体或通过继承或遗赠所获得不动产的人,并且这些情况与无辜的土地所有者抗辩所适用的情况有所不同。

为了能够适用"无辜的土地所有者抗辩",财产所有者在取得该财产时,必须实施了"所有适当的查询"。一般情况,土地所有者必须有以下证明。

(1)当事人在取得该不动产之前做了"适当的查询";

(2)"根据一般人所接受了的优良的商业习惯标准和实践,就该设施之前的所有权和使用权"进行了查询;

(3)当事人"采取了合理的措施"来阻止继续排放和避免进一步的泄漏,并对已经发生的排放采取了合理措施来"防止或限制"任何伤害。[①]

在 CERCLA 的早年间,法院解释了无辜的土地所有者抗辩,并自主决定被告在取得财产时所要求实施的查询范围。在 United States v. Serafini 案[②]中,作为一个法律问题,法院拒绝对缺乏在现场进行外观检查的被告适用无辜的土地所有者抗辩。这意味着审查每个被告的查询应该

---

① CERCLA § 101(35)(B)(i).
② 706 F. Supp. 346(M. D. Pa. 1988).

根据现有的习惯和情况,进行具体案件具体分析。在 United States v. Pacific Hide and Fur Depot, Inc.案①中,法院建立了一套评估土地所有者查询的浮动机制,要求对商业财产交易实施最严格的审查,而对财产的继承或遗赠则审查得非常宽松。但是,有些法院审查被告所做的关于场所情况的查询,要求非常严格。②

无辜的土地所有者抗辩 2002 年的修正案就"所有适当的查询"规定了更详细的标准,并包括了变更土地所有者的规定,对于这种变更土地所有者有更精确的规定。该修正案还严格规定,适用于商业性财产所有者的要求比居住或非商业性财产所有者的要求更严格。2006 年 11 月 1 日,美国环境保护局最后规定了关于"所有适当的查询"的实施要求,在这一天之后购买房产,必须适用该强制性规定。

最后,如果购买方能够证明以上所有要求,其还必须再证明:其尽了与危险物质有关的谨慎注意义务并采取措施预防第三方的行为或第三方的疏忽,这些都符合第 107 节(b)(3)(a)和(b)的要求。因此,施加于土地所有者身上的证明责任是很高的。

另外,2002 年 CERCLA 修正案增加了"相邻所有者"抗辩,其与无辜的土地所有者相类似,适用于相邻财产的所有者。③ 与无辜的土地所有者的总体要求一样,也包括了"所有适当的查询"要求。作为一个独立的问题,特定的"善

---

① 716 F. Supp. 1341(D. Idaho 1989).

② See, e. g. In re Hemingway Transport, Inc. , 993 F. 2d 915(1st Cir. 1993).

③ CERCLA §107(q).

意的潜在购买者"可能会限制他们的法定责任,即使他们在购买时就知道在该房产上存在污染。在其他的事务中,房产的所有者在清理工作上必须与政府合作。①

4.6 私人当事人诉讼和分担索赔

根据 CERCLA,最有力的诉讼问题之一就是私人当事人可以就他们所花费的反应费寻求补偿,不管他们是接受来自政府的委任来清理排放,还是自愿清理排放。这些问题得查询 CERCLA 中的第 113 节(f)和第 107 节(a)这两节。

当一个潜在的责任方根据政府命令或与政府达成协议从而支出了反应费,那么,他可以向其他潜在的责任方索要一部分或全部反应费。② 第 113 节(f)(1)部分规定:根据第 9606 款或第 9607(a)款,任何人可以要求其他有责任的人或者有潜在责任的人分担反应费……在解决分担费这一问题上,法院可以基于公平考虑,在有责任的当事人之间分摊反应费,使法院的决定变得更适当。

在 CERCLA 第 107 节首次使用严格责任标准或连带责任标准来确定责任,而这里的公平分配标准与严格责任标准或连带责任标准存在着明显的不同。

---

① CERCLA § 107(r).

② See, e. g. Bedford Affiliates v. Sills,156 F. 3d 416(2d Cir. 1998);Centerior Service Company v. Acme Scrap Iron &. Metal Corp. , 153 F. 3d 344 (6th Cir. 1998); New Castle County v. Halliburton NUS Corp. , 111 F. 3d 1116 (3d Cir. 1997); Pinal Greek Group v. Newmont Mining Corp. , 118 F. 3d 1298(9th Cir. 1997).

第107节(a)也阐述了私人当事人因支出反应费而起诉潜在责任人。因为这节是(a)(4)(定义了运输者的责任)的一个小节,所以这章有点混乱,即使这样,很明显它的目的是适用得更加广泛。因此,在规定一个潜在的责任方对美国政府、州或印第安保留地承担反应费之后,该节进一步规定,任何潜在责任方"都应对任何其他人支付的任何其他与国家应急计划一致的必要反应费承担责任"。

在 Cooper Industries, Inc. v. Avill Services, Inc. 案[①]中,美国最高法院在分担索赔上设置了一个重要的限制。最高法院限制第113节(f)的分担索赔诉讼对已经根据CERCLA 第106节或107节(a)在民事诉讼中被起诉的潜在责任方的适用,包括对这些诉讼的解决也做了限制。这一案件留下许多问题有待解决,但起初仍被严格遵守。例如,在 Elementis Chemicals Inc. v. T H Agriculture & Nutrition 案[②]中,法院认为,志愿清理他自己的房产的潜在责任方根据 Cooper Industries 案被禁止对另一潜在责任方提起分摊费诉讼。第107节(a)在私人当事人诉讼中的作用尚不清晰。

2007年,最高法院在 United States v. Atlantic Research Corp. 案[③]中,依据第107节阐释了私人当事人诉讼。最高法院回答了在 Cooper Industries 案之后人们对于该案的疑惑问题,法院认为,CERCLA 第107节(a)事实上的确给潜在的责任人在他要求其他潜在责任方偿还他主

---

① 543 U. S. 157(2004).
② 373 F. Supp. 2d 257(S. D. N. Y. 2005).
③ 551 U. S. 128(2007).

动支出的反应费问题上提供了一种诉讼理由。法院注意到"在第107节(a)和第113节(f)里可用的救济措施能够相互补充,从而为处于不同程序环境下的人提供诉讼理由"。

第107节(a)的责任和第113节(f)的责任的一个区别是,前者建立在连带责任的基础上,而后者建立在公平原则的基础上。如果连带责任是标准,那么根据在 Burlington Northern & Santa Fe Railway Co. v. United States 案①的判决,责任或许受到分摊,前述第3款C讨论了这一问题。

根据第113节(f),法院在分摊诉讼案中引用了各种不同的因素来公平分摊反应费。举个例子,在 United States v. Davis 案②中,法院认为,确定每一当事人的公平责任份额的主导因素是该方当事人应直接负担的由废物引起的反应费的程度。在 Browing – Ferris Industries of Illinois Inc. v. Ter Maat 案③中,法院认为,"在这一案件中,公平评估责任的真正措施是考虑当事人的行为"。在这些案件中,通过使用"法院采用这样的要素来决定是恰当的"这样的法律语言来要求法院处理案件,表明了对法院的授权是相当的谨慎。

4.7 和解

CERCLA第122条包含了和解条款,该条款被设计用

---

① 129 S. Ct. 1870 (2009).
② 31 F. Supp. 2d 45(D. R. I. 1998).
③ 13 F. Supp. 2d 756(N. D. Ill. 1998).

来督促和激励潜在的责任人,让其能够就危险物质的排放或有排放的威胁获得成本补偿。政府也获得授权与潜在的责任人之间订立协议,在潜在的责任人完成这些补救行为之后,不再追究其责任。① 但是,对于这样的不予追究的协议也存在一个例外,那就是在订立协议的时候,又有新的排放产生。② 为了进一步促使这样的和解,保护潜在的责任人履行其目前和将来的排放责任,第113节(f)为从事这些事务的潜在责任人,提供了免于对其他潜在责任人承担分担责任的庇护,并且支持从事这些事务的潜在责任人有权向其他的潜在责任人进行追偿。③

在所有的潜在责任人中,只有其中的一小部分责任人履行了和解事务,但这绝不能免除其他潜在责任人的法定责任,除非和解协议另有规定。比如协议中规定了"该和解减轻了其他潜在责任人的潜在责任"。④ 虽然这种适可而止的抵消规则好像是允许那些没有参与和解事务的潜在责任人,基于其他潜在责任人的和解行为而获益(和解协议超出了其应当承担的份额),但是,参与和解事务的潜在责任人对超出其应分担的份额,仍然保留着追索的权利。另一方面,如果参与和解的潜在责任人所从事的和解事务低于其应承担的份额,那么,那些没有参与和解事务的潜在责任人可能会被要求支付承担超出其份额的费用,而不能对抗参与和解的潜在责任人。大概,这一设计对于推动潜在责

---

① CERCLA §122(F).
② CERCLA §122(F)(6).
③ CERCLA §113(F)(2),(3)(B).
④ CERCLA §113(F)(2).

任人与政府之间就如何进行和解会产生积极的影响。

在 CERCLA 中有一个专门针对那些被认为是责任非常小的潜在责任人的特别和解条款。第 122 节(g)规定了两个测试,这两个测试主要适用于在整个反应费用中所占份额非常小的潜在责任人的一个快速和解。第一项测试要求潜在责任人就该场所的分摊份额,与该场所的其他危险物质相比,无论在数量上还是毒性上都非常的细微。第二项测试仅适用于那些在不动产安装了设施的财产所有者——这样的一类潜在责任人,并要求该所有人在该不动产上没有"从事或者许可"任何危险废物活动,也没有促成排放或有排放的威胁。而且,该所有人"在购买该不动产时,不知道也不应当知道该财产被用来生产、运输、储存、处置或放置任何的危险物质"。[①]另外,针对整体的排放反应费用而言,最小排放和解必须是只占其中的一小部分。按照 CERCLA 的和解标准,最小排放和解使参与这些活动的潜在责任人免于向其他的潜在责任人承担分摊的份额。[②]

近些年来,政府与潜在责任人之间进行和解谈判的时间旷日持久,而且谈判的复杂程度也与日俱增,这使得原本想通过这种比政府的执行行动更加快捷的和解方式,来实现危险物质的清理这一目的落空。然而,2009 年 9 月,环境保护局宣布了一项新的政策来推动和解活动变得更快捷。这项新政策将有力地推进政府与潜在责任人之间就具

---

① CERCLA § 122(g)(1).

② See CERCLA § 122(g)(5); Dravo Corp. v. Zuber, 13 F. 3d 1222 (8th Cir. 1994).

体的清除活动进行和解谈判的进程,并且在和解行动无法推进的时候,授权环境保护局的地区官员可以采取单边的行政命令。

4.8 保留条款

在 CERCLA 中包含了一个保留条款,该条款明确规定,个人有权基于州法就任何有关危险物质排放到环境中的事件提起侵权诉讼。CERCLA 第 310 节(h)规定如下。

这一章的规定不影响或者损害任何人基于联邦、州或者普通法上的权利……

这一节的规定清楚地表明,CERCL 并不是想要排除个人在他受到伤害或财产损失的时候,寻求通过私人诉讼予以救济的权利。因此,在 CERCLA 中的救济方案与州法下的侵权救济方案各自独立。

4.9 公民诉讼

遵循其他联邦环境法规的先例,CERCLA 也包含了一个公民诉讼条款,允许"任何人"针对那些"被宣称违反了 CERCLA 的任何标准、规定、条件、要求或命令的人"直接提起诉讼。[1] 此外,也可以针对政府官员(包括环境保护局的官员)未按照该法案的要求履行其法定的职责或义务提起诉讼。[2] 术语"个人"是指一个公司或一个政府实体,以

---

[1] CERCLA §310(a)(1).
[2] CERCLA §310(a)(2).

及一个自然人。在该条款下,公民无权提起一个私人的金钱损害赔偿诉讼。相反,可以利用的救济是执行标准或规定的禁令性或强制性的救济,就第310节(a)(1)规定的公民诉讼而言,主要是指民事罚款。

公民诉讼条款允许个人充当私人检察官,对那些基于法案的其他条款的规定应当予以追究而没有追究的违法行为予以纠正。就其本身而言,在许多方面它其实是对公共妨害诉讼的联邦法定补充。它是公法补救措施与私法补救措施的相互交融在毒物侵权领域的一个显著的例证。然而,公民诉讼并没有授权公民去强制实施污染物的清除,而是让公民有资格去寻求对政府清除命令的执行。另外,CERCLA进一步限制了公民介入某一特定场所的矫正措施的资格。[①]

法规规定了特定的门槛来限制公民诉讼的提起。第一,在违法行为被起诉前至少60天,被宣称违法的通知必须送达环境保护局、州和被宣称的违法者。[②] 第二,如果政府基于CERCLA的规定,"已经着手并勤勉地提起诉讼",在此情况下,不允许提起公民诉讼。[③] 第二条限制的目的是让执行机构不受干扰地履行其职责,以及防止政府机构的执法行为与公民诉讼之间发生潜在的冲突。

在联邦环境法规这一背景之下,大量的解释公民诉讼范围的判例法已经形成。就CERCLA而言,也产生了许

---

① See CERCLA §113(h)(4).(该条规定,当在某一场所正在实施一个矫正措施(清除污染物)的时候,对于这样的一个清除行动,不可以提起公民诉讼。)
② CERCLA §310(d)(1).
③ CERCLA §310(d)(2).

多相似的问题。在 Steel Company v. Citizens for a Batter Environment 案①中,最高法院认为,在一个公民诉讼中,如果原告有资格提起诉讼,那么原告必须证明以下三个要素:(1)损害的事实;(2)该损害是由于被告的行为所引起;(3)寻求救济弥补该损害的可能性。Steel Company 案涉及一个公民针对一起过去违反了《紧急计划与公众知情权法案》(EPCRA)②提起了诉讼。法院认为,寻求的禁令性救济主要是用来阻止将来违反《紧急计划与公众知情权法案》的行为,而不是用来对已经完全发生的违法行为进行纠正。因此,Steel Company 案的逻辑结果就是,要求提起公民诉讼的原告,必须证实有正在持续着的违反相关法规或命令的行为,即禁令性的救济主要是确保将来的遵守。最高法院根据《清洁水法案》③关于公民诉讼的规定,还就"正在进行的违法"的含义进行了明确。法院认为,对于一个恰当的公民诉讼来说,"违法"必须是正在进行或者持续发生的,而不是孤立的、过去的事件。④

---

① 523 U.S. 83(1998).

② 42 U.S.C.A. §11046(a)(1) (West 2010).

③ 33 U.S.C.A. §§1251—1387 (West 2010).

④ Gwaltney of Smithfield v. Chesapeake Bay Foundation, 484 U.S. 49 (1987). See also Coalition for Health Concern v. LWD, Inc., 60 F.3d 1188 (6th Cir. 1995)(法院认为,CERCLA 的公民诉讼条款要求的指控是"持续的或者断断续续的违法"。)

第5章 雇主责任

工作场所有毒物质暴露的问题就是一个公法和私法规范相互交融的典型例证。第二章所讨论的产品责任理论当然会适用于工作场所这一情形。但是,也正如本章所揭示的,产品责任也只是为受伤工人在雇佣关系之外提供的一项选择。本章主要阐释因雇佣关系本身所产生的责任。然而,适用于工作场所的那些法律中,有许多的规则并不是来自于侵权法。工作场所主要是公法的舞台,在这里,强行性规制以及行政法庭在调查有毒物质的影响和解决与有毒物质有关的诉讼方面扮演着重要角色。

5.1 工伤赔偿

5.1.1 历史观点

随着人们对工作场所硅肺病患者的关注,美国在20世纪30年代开始对职业病感兴趣。然而,还是存在着这样一种偏见,即反对把职业病视为一种合法的值得赔偿的损害。起初的忧虑是:担心潮水般的与职业病有关的诉讼会对工业经济产生破坏,因而,导致立法者不愿意为职业病受害者提供救济机制。①

20世纪早期工伤赔偿制度得到发展,事实上,到20世纪20年代,基本上每个州都制定了他们的工伤赔偿制度,但是,最初的这些立法并不包含职业病补偿办法。工伤赔偿的出现是与工业革命直接相关的工厂事故不断增加的结果。作为对工伤赔偿制度的一项替代安排,职业病补偿办法规定了对在雇佣过程中受伤的员工提供无过错的补偿方案,免除了雇主对他们的员工承担工伤赔偿之外的与工伤有关的责任,该制度把工人所受的伤害看作是一种可以分散到这些产品的最终消费者身上的工业成本。② 最终,职业病索赔被写进工伤赔偿制度中,但是,仍留有一些矛盾需要解决。工伤赔偿只是规定了赔偿员工的医疗费、误工费和一点点法定的赔偿额,它并不包括肉体和精神损害的救济。

尽管工伤赔偿禁止基于同一事件向赔偿请求人的雇主提出单独的索赔,但是允许针对第三方的侵权诉讼,比如生产过程中使用设备的制造商。现在常见的情形是,石棉绝缘材料工人受伤就是一个恰当的例子。在这些案例中,根据《工伤赔偿法》,工人们通常不可以起诉他们的雇主,但是

---

① See generally Arthur Larson, Occupational Diseases Under Workmen's Compensation Laws, 9 U. Rich. L. Rev. 87(1974); Richard Robblee, The Dark Side of Worker's Compensation: Burdens and Benefits in Occupational Disease Coverage, 2 Indus. ,Rel. L. J. 596(1978).

② See 1 Arthur Larson, Larson's Workers' Compensation Law § 1.04 (2) (2009).

可以向含石棉产品的第三方制造商提起诉讼。①

由于相对于意外受伤,工伤赔偿制度往往对职业病的回应不太积极,并且由于大陪审团对侵权索赔案件做出的裁决更容易引起人们的关注,所以工人们试图寻找准许他们向雇主提起侵权诉讼的法律漏洞,即使他们的案件属于工伤赔偿的范畴。然而,必须记住,在民事诉讼中证明被告行为的可归责性的难度,使得工伤赔偿成为一种很有吸引力的基本救济方法。

5.1.2 职业病法规

由于工伤赔偿法规要求损害发生在雇佣过程中,而要证明疾病与职业有关又非常困难,所以职业病诉讼已经遭受怀疑。在这一背景下出现两个具体问题。第一,职业病与那些存在于公众身上的疾病是相同的,而非索赔者的职业所独有。第二,许多疾病的显现与该疾病具有相当长的潜伏期有关,这就导致要证明该疾病事实上与职业有关,而不是其他原因介入的结果,变得十分困难。

这种怀疑导致大多数州的工伤赔偿法对职业病采取限制态度。对职业病索赔诉讼的限制比比皆是。比如,某些州的法律规定,只有当员工长时间地暴露在工作场所的有毒物质中时,才允许患职业病的工人提起赔偿诉讼。或者,一些州的法律要求在提起工伤赔偿诉讼案之前已经长时间受雇用。② 而且,一些州要求,疾病必须在员工最后暴露于

---

① See generally Borel v. Fibreboard Paper Prods. Corp., 493 F. 2d 1076 (5th Cir. 1973).

② See, e. g. Cal. Lab. Code § 5500.5(West 2009). (受雇 4 年,但是 2010 年草案将其改为 1 年。)

所指控的物质或员工受雇于雇主的最后日子之后的指定时间内显现出来。① 很明显,这些限制不能为所有的职业病情形提供公平的适用规则,而且这些限制所体现的案件的特性往往非常主观。

通常,职业病法律要求可赔偿的疾病并不是生活中的普通疾病,而必须是与员工的具体职业有联系。② 为了确保这些,一类职业病法规提供了可赔偿疾病的名单。③ 这些预设的疾病是典型的与具体暴露有关的疾病,又被人们称作"签名疾病",例如石棉疾病。如果原告就清单上所列的某一种疾病提起索赔诉讼,这种疾病将会被推定与工作场所紧密相关,在该工作场所中原告暴露于刺激物质,从而满足了该疾病与工作相关的要求。如果该疾病是员工的职业所独有的,大多数法规允许提出职业病索赔诉讼,不管是所列疾病的单独要求,还是所列疾病的补充要求。④ 对于与暴露在有毒物质有关联的疾病来说,确定原告的疾病是否属于这一定义存在问题。尤其是当所指控的疾病有一段长的潜伏期或出现在普通大众的身上,更是如此。"大众疾病"是指普通公众暴露于原告工作场所之外所引发的疾病,这种疾病得不到赔偿,即使原告能合理地证明他或她患上

---

① See, e.g. 820 Ill. Comp. Stat. 310./1(d) &.(f)(2008).(最后暴露的两年内); S.C. Code Ann. §42-11-70 (2008)(最后暴露的一年内。)

② See, e.g. 820 ILL. Comp. Stat. 310./1(d) (2008); Md. Code Lab. &. Empl. §9-101(g)(2009).(在判例法中有所诠释。)

③ See, e.g. Pa. Stat. Ann. tit.77, §1208 (West 2009).

④ See, e.g. Mich. Comp. Laws Ann. §418.401 (2)(b) (West 2009).

的疾病是工作场所暴露的结果。① 但是,被赔偿的疾病和不被赔偿的疾病之间的界限往往非常的模糊。

在职业病索赔案中,一个经常被忽视的限制为必须是员工本人受到损害。特别是在生殖和遗传损害领域,这一限制好像特别明显,那些与员工有关的人,比如员工配偶或者孩子,可能会诉称他们的损害是由于该员工在雇佣中暴露于有毒物质的结果。举个例子,一个员工的孩子患有生理缺陷,其控诉是由于该员工在他或她的雇佣过程中暴露于一种物质而引发的。这些第三方当事人可能将只限于侵权法为其提供救济,然而,由于侵权法比工伤赔偿法对因果关系的要求更严格,侵权法可能会为这些被提起的诉讼提供救济,也可能不提供救济。② 更重要的是,这些第三方将不会被工伤赔偿制度的专属性所限制,可以自由地提起他们的侵权索赔,寻找可得的侵权救济。③

5.1.3 救济的专属性

作为一种专属性救济,工伤赔偿禁止员工因与工作相关的疾病向其雇主提起侵权诉讼。反过来,员工不需要证明雇主存在过失就可以迅速获得赔偿。而且,员工也不必受共同过失、自担风险和同事过失规则这些传统侵权理论

---

① See, e. g. Pa. Stat. Ann. tit. 77, § 1208(West 2009).

② See generally Jean Macchiaroli Eggen, Toxic Reproductive and Genetic Hazards in the Workplace: Challenging the Myths of the Tort and Workers' Compensation Systems, 60 Fordham L. Rev. 843(1992). (其在侵权法或劳动赔偿法下讨论了第三方家庭成员所面临的问题,证明有毒暴露和损害恢复之间存在充分的因果关系。)

③ Cf Snyder v. Michael's Stores, Inc., 945 P. 2d 781(Cal. 1997). (该案中,原告的母亲在怀孕的时候暴露在有毒物质中,原告向母亲的雇主提起了侵权诉讼,加利弗尼亚劳动赔偿法的专属性并不禁止此类型的诉讼。)

的限制。但是,职业病索赔看似矛盾之一是,依据工伤赔偿法,员工实际上不需要向被禁止的侵权行为提出索赔。请参见 Cole v. Dow Chemical Co. 案①这个例子。在 Cole 案中,员工们抱怨不育是暴露在化学物 DBCP 的结果。密歇根职业病法规里包含了这类索赔,但是表现为不可赔偿的损害。后来,员工们把他们的雇主起诉到州法院。州法院驳回了他们的诉讼,因为被控诉的损害源于工作环境中的暴露。法院认为,工伤赔偿委员会拒绝赔偿工人是正确的,因为这类损害赔偿与雇主无关。②

然而,相比之下,如果该职业病被认为不属于法规所保护的,就允许原告对雇主提起侵权诉讼。比如,在 McCarthy v. Department of Social & Health Servs. 案③中,法院否定了原告的工伤赔偿诉讼,原因是她的慢性肺病不属于州职业病法规保护的疾病范围,她控诉的疾病是对工作场所烟草环境的严重反应。法院允许她在那基础上继续对她的雇主提起民事诉讼。

Cole 案所呈现的情形表明,许多职业病的原告面临这类问题,这些原告控诉他们的疾病与暴露在工作场所的有毒物质有关。因为这样的索赔面临无数法律障碍,并且遭到雇主和保险公司的强力挑战,这些给定结果的问题可能导致非赔偿损害。像 Cole 案一样,原告在法院并没有直接的资源可以利用,合法地受到损害的员工可能得不到有效

---

① 315 N. W. 2d 565 (Mich. Ct. App. 1982).

② Cf. Akef v. BASF Corp., 702 A. 2d 519 (N. J. Super. Ct. App. Div. 1997).(法院认为,工作场所暴露使得员工不育,那么该员工就永久性部分终身残废,根据劳动赔偿法规这种是可赔偿的。)

③ 759 P. 2d 351 (Wash. 1988).

的补偿和救济。无疑,这样的有毒物质索赔意味着在法律体系内存在重大的问题。精确地决定如何处理这些索赔和平衡各方的利益,将仍然是公法和私法领域的一大主要挑战。

对于决定一种疾病何时与工作有关的适当标准,已经产生了一些问题。许多法院已经采用的最合理的标准是,原告证明工作场所暴露是造成原告疾病的一个"实质性的促成因素"。因此,在 Manske v. Workforce Safety & Ins. 案①中,北卡罗来纳州最高法院运用了"实质性的促成因素"测试,该案中,一位死于肺癌的员工是一个烟民,他暴露在工作场所的石棉中。法院认为,尽管抽烟是疾病的原因之一,但是调查的重点应放在石棉暴露是否构成实质性的促成原因。②

5.1.4 专属性之例外

至少,大多数州都承认专属性存在一些例外,除了工伤赔偿金之外,其允许原告直接向雇主提起诉讼。这些例外除了存在于向第三方提起诉讼的权利中,诸如,雇佣期间所使用的设备或物质的制造商。通常情况下,对于这些例外都做了非常狭义的解释。例外可能出现在州工伤赔偿法或者通过司法解释表现出来。

1. 雇主的故意不当行为

引发特别对待的一种情形是,雇主明知一定会对员工构成损害依然做出该行为。一些司法审判依工伤赔偿法对

---

① 748 N. W. 2d 394 (N. D. 2008).

② Accord Lindquist v. City of Jersey Fire Dept. ,814 A. 2d. 1069(N. J. 2003).

这种情形进行处理,并为雇主的故意不当行为设置了很高的赔偿金。但是,在许多司法审判中,员工可以针对雇主不当行为所引起的损害,对雇主提起单独的民事诉讼。在这些案件中,损害的"相当确定性"是一个典型要求;重大过失或粗心大意不符合例外规定的构成要件。① 关于工作场所暴露,主要的问题是,当员工抱怨雇主具有处理工作场所风险的知识,但却没有对员工进行警示或没有消除危险,在此情况下,员工是否可以向他们的雇主提起侵权诉讼。

Franklin v. Tedford案②是一个以传统的方法解决的范例。该案中,一个家具制造商的员工就故意侵权问题向他们的雇主提起诉讼,诉称雇主有意使他们暴露在神经毒素含量很高的胶烟雾之中。密西西比州最高法院重申了故意侵权专属性的例外,但也重申了州法律要求原告证明"事实上有意伤害员工"的规定。法院裁定这一案件中存在这样的事实问题。

并不是所有的审判法院都采用这样传统的方式来解释故意行为。在Zagorianos v. United Painting Co.案③中,一个喷漆工起诉他的雇主,认为他受到的损害是暴露在含铅油漆粉尘中的结果。该员工诉称雇主故意使员工暴露在含铅油漆粉尘中。法院认为,不要求证明雇主的行为是故意行为。法院解释道,"意图是一种风险系数",而且认为"当工作场所安全是故意缺乏保护,以至于雇主要求原告所

---

① See generally 6 Arthur Larson, Larson's Workers' Compensation Law § § 103-104 (2009).

② 18 So. 3d 215 (Miss. 2009).

③ 1996 WL 682183(Ohio Ct. APP. 1996).

做的工作几乎确定地面临某种损害,在此情况下,法律认为雇主对这样的损害是有意的"。不过,法院驳回该员工的诉讼请求,因为员工没有证明雇主要求他以损害一定会发生的方式去工作。

在 Helf v. Chevron U. S. A. 案①中,犹他州最高法院受理了一起员工起诉雇主的案件,员工诉称,当工作场所的监督者在要求她清理失效的有毒油泥时就已经知道她将会受伤,因为在清理的过程会产生含有剧毒的气体。原告声称她暴露在有毒气体中导致了伤害,这些伤害包括"复杂性部分癫痫、头疼、眼睛发炎、眼帘抽搐、恶心呕吐、嗜睡、四肢无力、定向障碍以及黏膜刺激"。

法院阐述了故意损害的定义:故意损害,要求一种特别的心理状态,在该状态下行为人知道或者期望他行为的损害结果发生。为了证明故意,原告可以证明行为人希望他行为的结果发生,或者行为人相信该结果一定会发生。但是,如果原告仅仅证明了某些损害在当时一定会发生,这并不能构成对故意的证明……雇主必须知道或者期望员工通过做具体的工作将一定会受到损害。在这种情况下,知道和期望损害的发生剥夺了损害发生的偶然性特征,从而将其从过失领域移出去,进入故意领域。②

然后,法院认为原告的控诉满足那样的标准。

在 Cunningham v. Anchor Hocking Corporation 案③中,法院认为,原告控诉雇主将有毒气体转移到工作场所,

---

① 203 P. 3d 962 (Utah 2009).
② 203 P. 3d 974 (Utah 2009).
③ 558 So. 2d 93(Fla. Dist. Ct. APP. 1990).

并且把在工作场所使用的产品上的警告标识都撕掉,如果这些能够被证明,将构成"非法殴打、欺骗和诈骗",这已经不属于工伤赔偿法规定的范围。[1] 在 O'Brien v. Ottawa Silica Company 案[2]中,雇主被控诉隐瞒了员工的职业病医疗信息,法院认为雇主的行为构成故意欺骗。该案中的原告诉称,雇主从公司医生那里得知死者和其他员工在工作场所暴露中患上与石棉有关的疾病。原告进一步诉称,雇主忽视了医生给出的采取预防措施保护死者的建议,并且没有告知死者医生发现的健康问题。法院认为如果这些事实能够被证实,那么其为直接起诉雇主故意不法行为提供了基础,因为损害是"一定会发生"。

然而,许多法院不愿意把有意的不正当行为理解为没有警告或者指示有缺陷的情形。[3] 因而,这些州禁止员工就雇主的以下行为提起诉讼:对危险缺乏警示、没有提供适当的安全设备或者安全培训以及违背工作场所安全规章,而考虑这些行为是不是在明知的情况所做出的。例如,在 DaGraca v. Kowalsky Bros., Inc. 案[4]中,法院认为,故意行为要求雇主知道员工的死是"一定"会发生,疏忽、重大过失和轻率都不符合那样的标准。当死者接受了把下水道的沉积物清除,在没有安全设备的情况下,密封下水道出水口

---

[1] See also Birklid v. Boeing Co., 904 P. 2d 278(Wash. 1995).(该案中,雇主撕掉化学标签,剥夺了获得材料安全数据说明书的机会。)

[2] 656 F. Supp. 610 (E. D. Mich. 1987).

[3] See. e. g. Wilson v. Asten-Hill Mfg., 791 F. 2d 30 (3d Cir. 1986); Miller v. Ensco, Inc., 692 S. W. 2d 615(Ark. 1985); Reed Tool Co. v. Copelin, 689 S. W. 2d 404(Tex. 1985).

[4] 919 A. 2d 525(Conn. App. Ct. 2007).

和进水口时,他已经窒息了。法院认为被控诉的行为不能证明员工的死亡必然会发生。①

这些案例表明,在有毒物质侵权背景下,故意伤害和疏忽大意伤害员工的健康之间的传统区别变得模糊。尽管有一些发展,然而,大部分州仍然狭义地解释着故意不当行为的例外规定。因此,作为一项可供员工使用的、向雇主提起独立诉讼的手段,可能会相当有限,而且也取决于具体的审判实践。

2. 损害的加重

少数州已经承认,如果雇主的行为使员工的损害加重,那么这就属于工伤赔偿专属性的例外。根据这一理论,不是在首次患病时而是在损害加重时员工才能对雇主提起侵权诉讼。适用这一理论的一个主要案例是 Johns－Manville Products Corp. v. Contra Costa Superior Court 案②。加利福尼亚工伤赔偿法包含了故意行为并且如果能证明必要的故意,那么就增加一半的补偿金。在 Contra Costa 案中,员工诉称雇主已经对员工的健康进行监测,并且有意隐瞒了一个员工的不良健康信息。法院认为根据这些情形,雇主应该为员工身体伤害的加重部分承担侵权责任。③

---

① See also Lee v. E. I. du Pont de Nemours & Co., 2008 WL 162894 (Ky. App. Ct. 2008). (法院认为,被告知道和了解在石棉环境中工作和暴露在石棉中存在风险,他没有保护原告免受这些风险,但是,这没有达到故意的程度。)

② 612 P. 2d 948(Cal. 1980).

③ See also Millison v. E. I. duPont de Nemours & Co., 501A. 2d 505 (N. J. 1985). (该案适用了损害加重例外规则,但是要求原告证明隐瞒健康状况是一项"蓄意的公司战略"。)

然而,法院在 Bazzini v. Technicolor, Inc. 案[①]中适用了同样的规则,却产生了不同结果,法院认为原告出示的雇主欺诈性隐瞒的证据不足,不能满足损害加重规则的要求。原告诉称他暴露在工作场所用于冲洗照片的化学物质中,这种化学物质是导致他患上周期性皮疹的原因,而且雇主已经知道这一情况。后来原告的周期性皮疹发展成癌症。原告诉称雇主知道这种皮疹是癌症的前兆,但是却对他隐瞒了该信息。法院不同意原告的这种观点,认为没有证据证明雇主确实了解这种皮疹和癌症之间的任何联系。

3. 双重资格

在有毒物质侵权诉讼中,对这一例外适用进行严格限制。双重资格常常适用于这样的情形:雇主对员工承担一种脱离雇佣关系而独立存在的义务。该义务是一种雇主向公众所承担的义务,而不是雇佣关系范围内的向员工承担的义务。[②] 在 Ashdown v. American Int'l Corp. 案[③]中,员工认为,该公司既是他的雇主又是有毒产品的制造商,有义务就产品的危险性做出警示,法院拒绝了员工的这种身份观点。雇主对其员工的健康进行监测(其是健康保健提供者的一种独立资格),关于是否可以就此向雇主提起侵权诉讼,出现了一些问题。目前为止,双重资格例外规则诉讼还没有扩展到那么远。一般来说,雇主为员工提供了健康监测,其仍然是基于雇主的身份行为。正如判例法所要求的,

---

① 2010 WL 186157 (Cal. App. Ct. 2010).

② See Duprey v. Shane, 249 P. 2d 8 (Cal. 1952). (该案适用了双重资格例外规则,脊椎按摩治疗者的雇主被指控在对待员工的与职业相关的损害上存在过失。)(1982 年法规将该理论的适用限制在很窄一类的诉讼案中。)

③ 100 Cal. Rptr. 2d 20 (Cal. Ct. App. 2000).

他们不是以向公众尽义务的方式而做出行为。

5.2 不安全工作环境的禁令性救济

当员工就工作场所危险的补救是寻求衡平法上的救济,而不是金钱赔偿时,这样的诉讼就不再属于工伤赔偿的范畴,而属于州衡平法院管辖的范畴。法院可能会合理地使用其衡平法上的权力来赋予持续暴露在工作场所而受到伤害的员工以禁令性救济。在 Shimp v. New Jersey Bell Telephone Co. 案①中,员工对环境中的烟草(ETS)过敏,法院发布了禁令性救济的命令。从司法的角度留意一下"香烟烟草的有毒本质并且众所周知其与肺气肿、肺癌、心脏病紧密相关",法院解释了其衡平法上的权力,延伸到赋予受伤员工以救济的程度,法院命令雇主消除法院发现存在的可预防的危害情况。因此,法院命令雇主禁止在诸如公司餐厅和休息区等区域吸烟。②

Shimp 案里所赋予的衡平法上救济,是除了根据该州工伤赔偿法所能适用的任何恢复之外的救济。这种救济与工伤赔偿制度不是冲突反而是互补的。尽管法院通过衡平法上的权力赋予救济以便保证员工工作场所的安全,但是法院适用这种救济的案例很少。这也可能反映了法院对平衡公平的关切,即使员工中只有一人投诉工作场所暴露于

---

① 368 A. 2d 408 (N. J. Super. Ch. 1976).

② See also Smith v. Western Electric Co., 643 S. W. 2d 10(Mo. Ct. App. 1982).

危险物质之中。①

5.3 《职业安全与健康法案》下的规则

1970年,国会制定了《职业安全与健康法案》(OSHAct)②,它的关注是双重的:一是保证员工个体安全与健康;二是降低生产损失以及与之相关的成本增加。《职业安全与健康法案》通过几种相互关联的方法来落实其目标。第一,法案规定职业安全与健康的研究目标是通过制定合适的安全与健康标准来降低工作危险。第二,法案包含了要求提供报告和保存记录,来促使雇主对员工负责并提供必要的数据。第三,法案确立了许多项目并通过这些项目的实施来实现法案的目标,包括授权根据工作场所的危险制定具体制度。第四,法案授权一个行政机构通过运用强制性和惩罚性的措施来实现法案的目标。和《综合环境反应、赔偿与责任法案》一样,该法案没有针对工作场所发生的个人损害创设任何私人诉讼权利。《职业安全与健康法案》的整体推进趋向于工作场所健康安全措施的信息传播、管理和执行。

5.3.1 行政机构

《职业安全与健康法案》设立了一个三方行政机构来监管与职业场所有关的安全与健康事务。其中最为显眼的一

---

① See Gordon v. Raven. Systems & Research Inc., 462 A. 2d 10(D. C. Ct. App. 1983).(法院认为,不要求雇主仅仅为了顺应个别员工的敏感而对工作场所做出改变。)

② 29 U. S. C. A. § § 651-678(West 2009).

个机构是根据该法案所创设的职业安全与健康署(OSHA),该机构设置在劳动部。① 职业安全与健康署的基本职责就是制定标准并予以执行。因此,职业安全与健康署的基本职责就是监管工作场所,颁布强制标准,确定是否符合标准,违反标准时提出适当处罚和补救方案。

另一个根据《职业安全与健康法案》建立的机构是国家职业安全与健康研究所(NIOSH)。② 国家职业安全与健康研究所是一家研究机构,其职责是为职业安全与健康署提供用来制定健康与安全标准的信息。与职业安全与健康署相比,国家职业安全与健康研究所获得隶属于卫生和公共服务部的疾病控制中心(CDC)的支持。一些评论家认为,《职业安全与健康法案》把研究和制定规则功能分开是有问题的。当然,分开的好处是,能够让研究所独立地进行研究,避免为职业安全与健康署可能呈现的任何偏见所干扰,因为职业安全与健康署除了考虑雇员的健康和安全外,还可能考虑经济利益。但是,两机构之间在职业安全与健康问题上缺乏协作给出了人们关注的理由。③

根据《职业安全与健康法案》创立的第三个行政机构是职业安全与健康审查委员会(OSHRC)。④ 职业安全与健康审查委员会是一个准司法审查委员会,用来监督职业安

---

① OSHAct §5(a)(2),29 U.S.C.A. §654(a)(2)(West 2009).

② OSHAct § 22,29 U.S.C.A. § 671 (West 2009).

③ See generally Stephen A. Bokat & Horace A. Thompson III, Occupational Safety and Health Law 695—710 (1988).(其讨论了国家职业安全与健康研究所的法定授权、它的项目和法院监督。)

④ OSHAct §§10(c) & 12, 29 U.S.C.A. §§659(c) & 661(West 2009).

全与健康署签发的违反职业安全与健康署标准的引文。通常,当雇主质疑职业安全与健康署的引文时,职业安全与健康审查委员会就会参与进来。该案首先是由行政法官做出决定,随后由委员会做出最终的裁定。这一制度也规定了在职业安全与健康审查委员会决定之前,可以由法院进行审查。

5.3.2 职业安全与健康标准

1. 标准的内容

《职业安全与健康法案》的第五条(a)款第(2)项要求雇主遵守根据法案颁布的和包含在联邦法典里的任何标准。每一种物质都存在着安全与健康标准,包括石棉、铅和血源性病原体。标准的制定过程经常是旷日持久,而且,常见的情形是,由法院对那些被质疑的标准的合法性进行判定。这些标准为具体物质设置了允许暴露的阈值(PELs)并规定了健康与安全措施。通常,职业安全与健康署可以只根据在目前暴露水平下员工健康受损的风险来发布标准。[1]

通常一项标准包括了要求、标识的规格和个人保护设备。标准也包括要求雇主对暴露在指定物质中的员工进行健康监测。标准建议员工进行体检或者到实验室进行筛查化验,职业安全与健康署不能强制员工进行体检或者化验,但是可要求雇主就员工健康情况进行一切可行的化验。比如,在铅标准里就设置了监测员工血液里铅水平的标准,而且还规定了医疗去除项目,即如果一个员工血液中的铅含量超过安全水平,则将其调整到一个不暴露在铅环境中的

---

[1] Industrial Union Department, AFL-CIO v. American Petroleum Institute, 448 U. S. 607(1980).

工作上,即使其体内的铅逐渐减少,也不允许降低他的工资。①

2.标准范例:血源性病原体规则

血源性病原体标准在1992年开始施行,其主要是人们对艾滋病病毒传播进行关注的结果,艾滋病病毒是通过与医疗工作场所的人类血液相接触而感染。② 该标准要求那些雇用一个或者一个以上的雇主,如果其员工在工作场所存在感染艾滋病病毒或者乙型肝炎病毒的风险,雇主必须制订并提交一份书面暴露控制计划,并且每年更新一次。该计划必须是所有员工都可以获得的。在执行该计划方面,要求雇主必须遵循普通预防措施。这实际上就意味着,根据该标准所规制的物质,都应该以被病原体所污染的方式来对待,而不管病原体是否真的存在。比如,医院里使用的所有针头和尖锐物体都被以病毒的携带者来对待,对它们的使用和处理都有统一严格的规定。

为了遵守普通预防措施,雇主可以实施工程控制——一起消除危险或者实施工作实践控制——通过在危险任务上设置预防措施来降低暴露。因此,针头不可以再被翻新使用,通过降低在从事这些工作中的皮肤被划破的风险,从而降低了暴露的风险。工作实践控制大多数是处置容器、个人保护设备和室内清洁服务,在此过程中要特别注意艾滋病和乙型肝炎病毒研究试验和产品设施。

另外,该标准使得职业暴露在艾滋病病毒的所有员工都可以获得疫苗接种,以及那些被证实感染了艾滋病病毒

---

① See 29 C.F.R. §1910.1025(2010).
② 29 C.F.R. §1910.1030(2009).

的员工可以得到一个后期的治疗。所保存的有关员工的记录必须被保密。

血液病病原体规则是职业安全与健康署在制定标准方面所选择的一个例子。它也展示了在该过程中必须考虑的某些重要的政策问题。关注员工的隐私至关重要,但是识别暴露的途径和收集关于工作场所危险的信息,在推进《职业安全与健康法案》的目标方面也很重要。有时这些种类繁多的政策存在严重冲突。员工可能出于担心被歧视不愿意报告其被感染,也不愿意参与雇主组织的健康体检。管制工作场所歧视的联邦法律可以提供一些救济,但是,将这些法律运用到具体的工作实践中的实施细则,仍然在不断的发展演变之中。

5.3.3 一般责任条款

根据《职业安全与健康法案》的一般责任条款,雇主的义务与遵守职业安全与健康署的标准是有区别的。第五节规定,雇主必须使工作场所免受"公认的危险"(即能引起或者可能引起员工死亡或者严重的身体伤害的物质)的影响。该规定的目的是在职业安全与健康署的标准不能适用的场合提供一个包罗万象的强制义务。这一节还没有被解释为确立了严格责任,并且在每一个案件中,对它的解释可能都有所区别。因此,职业安全与健康审查委员会专门就该条款做了解释,要求雇主必须避免违反根据一般责任条款存在的责任。[1]

一般责任条款概念中要求一个危险必须是"公认的",

---

[1] See National Realty & Construction Co. v. OSHRC, 489 F.2d 1257 (D.C.Cir.1973).

这主要是指它必须是雇主或者至少是雇主的企业在违反该法案的时候知道该危险。这里的"危险"也被做了广义上的解释,包括了不被人类明显感知的暴露。在确定必要的因果关系必须存在的程度以后,许多争论接踵而至,主要的分歧在于是需要盖然性试验还是可能性试验这一点上。

最后,一般责任条款意图是为了应对严重损害,即那些引起或者可能引起死亡或者严重身体伤害的损害。《职业安全与健康法案》里设置了每次违法法定赔偿金,但是,该法案没有规定对个人损害的救济。

5.3.4 危险物质信息标准

职业安全与健康署的《危险物质信息标准》(HCS)和上面讨论的具体物质的标准不同。其一,这个标准不仅适用于所有的化学物质,而且还涉及工作场所,还涉及生产或者进口化学物的当事人。而且,该标准是依靠工人自发的推动而形成。《危险物质信息标准》背后的理论是,给工人提供足够的信息来让他们自己选择在他们的职业环境里所面临的危险物质。对工人自治的认可体现了摆脱家长式的雇主这一陈旧的观念。

《危险物质信息标准》的目标是,规定对适用在工作场所的化学物质进行评估,并提供了一套从生产商到雇主,并最终从雇主到员工的危险物质的信息交流的综合机制。[①]该标准适用于工作场所存在的为人们所熟知的有毒化学物质,该化学物质在工作场所中是以一种"员工在正常使用的情况下就会暴露或者处于一种可预见的紧急情况"方式存

---

① 29 C. F. R. § 1910.1200 (2010).

在。① 它只适用于那种众所周知的能造成健康或者物理危害的化学物质。② "健康危害"是由统计基础上的重要证据确定的,这种证据建立在至少根据已确立的科学原理进行了一次研究的基础上,这种科学原理证明急性或者慢性健康影响可能会发生在被暴露的员工身上。另一方面,"物理危害"由"科学有效的证据"来确定,该物质在其他物质之中具有可燃性、爆炸性或者反应性。

根据《危险物质信息标准》,首先由化学物质的制造商或者进口商来确定危险物质的存在。要求制造商或者进口商为每种有害化学物质制作化学品安全说明书(MSDS),该说明书包含它所代表的化学物质和危险物质的具体详细信息。化学品安全说明书随着化学物质到达雇主——买家的营业地。制造商或者进口商必须适当地为该物质贴上标识。③

职业安全与健康署提议在"标识要求"上做个改变,使得《危险物质信息标准》和联合国《全球化学品分类和标识系统》相协调。2010年3月对该提议举行了听证会。拟议的规则将改变《危险物质信息标准》里面的一些现有标准,包括物理和健康危险物质的定义、标识要求以及化学品安全说明书上显示的信息。④

《危险物质信息标准》详细解释了雇主的义务。它要求

---

① 29 C. F. R. §1910.1200(b)(2) (2010).

② 29 C. F. R. §1910.1200(c) (2010).

③ See Martin v. American Cyanamid Co., 5 F. 3d 140 (6th Cir. 1993).

④ See generally Greg Hellman, Revised Labels Required Under Harmonized Labeling Proposal, Hearing Participants Say, 40 Occup. Safety & Health Rptr (BNA) 198 (Mar. 11, 2010).

雇主制订一份书面的危险信息计划,用来识别工作场所存在的有毒化学物质,并要求雇主制订一份能让员工知道危险物质的计划。书面计划必须向所有员工公开。[1] 化学品安全说明书是危险物质信息交流计划的一个组成部分,并且要求在工作中的员工可以获得化学品安全说明书,并且要求该说明书对员工而言是显而易见的。[2] 对于有毒的化学品应当予以准确、清晰地标注出来。该标准考虑就具体工作操作中的有毒物质的处理提供信息和培训。进而期望雇主能够改进一些方法,通过这些方法,雇主能够决定和控制有毒化学物排放以及员工可以根据这样的环境来采取措施保护自己。[3]

由于信息爆炸,员工可以获得与工作场所危险物质暴露有关的大量信息,这当然是有益的,然而,人们可能还是在想,是否《危险物质信息标准》所确定的员工自治的目标已有效实现。潜伏疾病对员工的威胁有可能是在几年甚至是几十年之后才显现,因此,对于员工在做出雇佣决定上几乎没有什么影响。然而,个体员工的个人经济状况——需要一份工作以及工作上需要晋升或者整体的经济需求——可能会胜过对个人健康问题的关切。而且,对大多数人来说,由于大量信息的存在而变得无所适从。评估和理解一个人不良健康影响的真实风险成为一种艰难的工作,就算是对于专业的风险分析师来说,也是非常的困难。不过,总的来说,《危险物质信息标准》要求评估工作场所的化学物

---

[1] 29 C.F.R. § 1910.1200(e) (2010).
[2] 29 C.F.R. § 1910.1200(g) (2010).
[3] 29 C.F.R. § 1910.1200(h) (2010).

质和披露已知的危险物质,是实现《职业安全与健康法案》保护员工健康目标必要的一步。

5.3.5 职业安全与健康署强制执行

职业安全与健康署负责工作场所监管,但是,对于认定雇主是否违反了强制性标准,以及针对他们的违法行为进行惩罚,则是职业安全与健康审查委员会的职责。民事罚款适用于一次违法,而对于那些故意违反《职业安全与健康法案》的行为,则有着更为严重的处罚。但是,政府对民事罚款的政策摇摆不定,在很大程度上取决于政治环境。因此,还没有出现过单独清晰的使用民事罚款的方法。

刑事处罚也适用于故意违反《职业安全与健康法案》从而导致员工死亡的情形。对于雇主故意违法的"故意"来说,它是指雇主一定知道禁止这样行为的标准或者法规,但是置员工的安危于不顾,"有意识地不理会"该法规,或者表现为疏忽大意或满不在乎地不理会该法规。[1] 根据《职业安全与健康法案》,如果某一公司主管在公司中扮演重要角色,当公司存在违法时,该主管将被作为"雇主"来承担相应的刑事责任。[2] 但是,根据《职业安全与健康法案》,如果一个员工帮助或者唆使雇主从事违法行为,该员工不能被起诉。[3]

在适当的情形下,案件会被提交到司法部来评估和决定是否起诉。这些刑事案件可能会变得非常复杂,并且涉

---

[1] J. A. M. Builders, Inc. v. Herman, 233 F. 3d 1350 (11th Cir. 2000).
[2] United States v. Cusack, 806 F. Supp. 47 (D. N. J. 1992).
[3] United States v. Doig, 950 F. 2d 411(7th Cir. 1991).

及诸多联邦法规。比如,在 United States v. Atlantic States Cast Iron Pipe Co. 案①中,被告公司和公司的一些经理因为违反了《职业安全与健康法案》《清洁水法案》《清洁空气法案》等诸多条款,而被判决有罪,其行为涉及从共谋污染到阻碍职业安全与健康署的调查。

5.4 工作场所安全的国家刑事强制执行

《职业安全与健康法案》被解释为它准许各州出台它们自己的刑事法律来规制工作场所的健康与安全违法行为。比如,在 People v. Pymm 案②中,法院认为,《职业安全与健康法案》没有取代州刑事法律在工作场所健康和安全领域的适用。Pymm 案涉及一家秘密经营汞回收的工厂,该工厂位于一家温度计厂的地下室。法院查明,汞是一种剧毒物质,长期暴露在低剂量中能够引起永久性的神经损伤。职业安全与健康署的各种检查揭露了该厂的员工没有受到足够的保护来防止暴露在汞中所带来的危险。另外,雇主也没有向检查者披露其在地下室有这样的经营活动。有一次,地下室区域被找到并实施检查,发现汞的浓度是职业安全与健康署规定的许可水平的 5 倍。根据州法律,雇主因多次阴谋、篡改工业记录、一级和二级攻击而被指控。

Pymm 法院认为,《职业安全与健康法案》确立了工厂安全的最低标准,因此,《职业安全与健康法案》的处罚是最低一层,各州在此基础上可以制定补充规定并执行它们自

---

① 612 F. Supp. 2d 453 (D. N. J. 2009).

② 563 N. E. 2d 1 (N. Y. 1990).

己的刑事处罚。依靠包含在《职业安全与健康法案》里的保留条款,法院认为,州刑法在那些已经被《职业安全与健康法案》所规制的行为上,依然能够有效适用。该法院认为:

我们不接受上诉者提出——认为国会起草《职业安全与健康法案》的首要目的是确保工作场所健康和安全标准的统一性,个别州的起诉行为是实现该目的的一种阻碍这一观点。该法案的……条款……向我们表明,在员工的安全和健康不受妥协的前提下,国会乐意接受多重的规制方法……

……事实上,根据州刑法的刑事诉讼,通过阻止雇主将来犯罪的事例,对于确保员工的健康和安全的目标似乎是更近一步。

最近,亚利桑那州的一个法院也有类似的裁决:职业安全与健康署不能取代那些违反州职业安全标准的州刑事诉讼。该案中,被告被指控犯有过失致人死亡罪、故意伤害罪和其他一些罪名,因为被告沼气处理设施的有毒沼气致使一名员工死亡和其他员工受伤。[1]

因此,如果雇主为其员工提供了不安全的工作条件,州刑法可以为这种行为提供一种独立的起诉雇主的方法。[2]

---

[1] Arizona v. Far West Water & Sewer Inc., 228 P. 3d 909 (Ariz. App. Ct. 2010).

[2] 对于把刑事司法制度作为处理工作场所健康与安全的舞台的批判,可以参见 Thea D. Dunmire, The Problems With Using Common Law Criminal Statutes to Deter Exposure to Chemical Substances in the Workplace, 17 N. Ky. L. Rev. 53 (1989).

5.5 就业歧视

员工对与工作场所有关的有毒物质的损害的敏感性,可能导致雇主不被允许的就业歧视。这是美国最高法院在 UAW v. Johnson Controls, Inc. 案[①]中的裁决,该案中,电池生产商的员工根据员工保护政策,声称他们受到了就业歧视,该员工保护政策主要是针对暴露在铅环境中的女性员工。对于被告雇主是否遵守了职业安全与健康署有关工作场所的铅含量标准这一问题,没有争议。雇主制定该政策目的是,保护那些怀孕员工正在发育中的胎儿免受母亲工作中长期暴露在低浓度的铅环境中所带来的潜在的有害影响。该案包含一个明显的性别问题:雇主执行它的政策——不允许育龄妇女在需要暴露在铅(一个已知的产生畸形的物质)的工作岗位上工作,这样的政策违反了《联邦反歧视法》Title VII 了吗?法院的回答是一个响亮的"是"。因为从表面看来,生育保护制度是有歧视的,法院适用"实际职业资格"(BFOQ)测试来决定该歧视是否正当。实际职业资格测试要求用性别或者怀孕作为歧视的基础,雇主必须能够证明性别或者怀孕实际上妨碍到员工执行工作的能力。很明显雇主的该政策不符合这个测试的要求。

但是如果没有这样的歧视政策,那么雇主将会面临着因为员工的后代的出生缺陷而导致自己应承担的侵权责任的大量增加,对于这个问题,Johnson Controls 案并没有完全解决。如果是这样的话,可以说,雇主将不得不承担成本

---

① 499 U. S. 187(1991).

的大量增加。尽管法院认为,这样的担心不是 Title VII 歧视诉讼的抗辩,但是法院注意到如果雇主没有过失行为,想必也遵守了职业安全与健康署的标准和 Title VII,并且就雇员和她们发育中的胎儿可能暴露在危险物质的危险性给予了适当的警告,也就不可能对其施加强制性的侵权责任。[1] 然而,显著的问题是关注不断增加的侵权责任的可能性和预期的影响。最高法院在 Johnson Controls 案释放的大量信息中,有这样的信息:假设所有相关的信息都可以获得,那么雇主为避免侵权责任而进行自我保护,就不能以不被许可的职业歧视为代价,在关系到工作场所健康与安全的决策中,工人自治应当受到尊重。

由于员工暴露在工作场所的有毒物质中,另外的一些歧视问题出现了。人们表达出这样的关注,即雇主通过健康或者基因筛选和监测所获得的信息是否可以用在有关雇佣和保留的个人决策中。健康关注涉及这样的程度,即员工可能开始表现出与工作场所暴露有关的潜伏病的早期迹象和症状。另外一类健康关注是员工身上存在传染病,由于艾滋病的传播和一些工作场所暴露的危险性,诸如健康体检和医疗实验室的问题引发许多人的关注。

基因关注包括员工患有某种疾病的遗传体质或者员工天生对工作场所的某一特殊物质比较敏感,从而引起健康问题。关于工作场所基因筛选和监测的复杂课题,包括出

---

[1] cf. Widera v. Ettco Wire & Cable Corp. ,611 N. Y. S. 2d 569 (N. Y. App. Div. 1994).(有这样一个不涉及歧视问题的案例,该案中婴儿诉称母亲的工作服上有化学物质,这些化学物质被带回家后,婴儿暴露在该化学物质中从而引发了损害,法院驳回该婴儿提起的诉讼是合适的,因为雇主对婴儿没有义务。)

现的法律问题,可以参考美国国会技术评估办公室编著的《工作场所基因筛选和监测》(1990)。如今,基因筛选已经变得非常容易实施,因此,对于雇主来说,基因筛选成为其寻求降低员工保险费和生产损失成本的一种诱人工具。

除了 Title VII,国会还制定了好几部有关健康和基因歧视的反歧视法规。《联邦康复法案》[1]适用于政府员工,而《美国残疾人法案》(ADA)[2]适用于私人雇佣场所。两部法规都认为基于残疾而否认个人工作资格,这种歧视是不合法的。最近,国会制定了《2008 年基因信息反歧视法案》[3],关于该部新法案的分析,可以参考 Jessons L. Roberts 的《反歧视:基因反歧视法案的教训》。[4]

---

[1] 29 U.S.C.A. §§701—796 (West 2010).
[2] 42 U.S.C.A §§ 12101—12213(West 2010).
[3] Pub. L. No. 110—233, 122 Stat. 881(2008).
[4] Jessons L. Roberts, Preempting Discrimination : Lessons From the Genetic Information Nondiscrimination Act, 63 Vand. L. Rev. 439(2010).

第 6 章 其他特殊被告

6.1 政府机构

6.1.1 一般主权豁免

有时候基于政府行为而受到伤害的人将试图起诉政府。原告控诉的政府行为或许是属于私人当事人应该承担责任的那种行为。在没有相反规定的情形下,主权豁免一般会使得政府免于包括侵权诉讼在内的许多诉讼。即使政府已经放弃豁免权,但法律通常也规定着各种例外。

除了主权豁免外,无论是在豁免条例里还是在其他法规里,都存在针对政府诉讼的其他限制。比如,各州一般都规定了针对公共部门提起索赔诉讼的通知条款,该条款要求原告在起诉前的特定时期内必须向公共部门提出书面通知。这一期限通常相当短暂。① 而且,针对政府机构侵权行为的诉讼时效可能会更短些。② 决定一个诉因累积到什

---

① See N. J. Stat. Anm. §59:8-8(West 2010).(规定只有 90 天。)
② 与 N. Y. Civ. Prac. L. & R. 214(McKinney 2010).(规定侵权行为的诉讼时效为 3 年)相比,N. Y. Gen. Mun. Law §50-i(1)(McKinney 2010)(针对政府提起的侵权诉讼,诉讼时效只有一年零九十天。)

么时候可以提起索赔诉讼,通常由对诉讼时效进行解释的判例法予以规定。[①]

结果是,起诉政府机构的有毒物质侵权的原告,其起诉政府的能力可能受到实质性限制。

6.1.2 州侵权赔偿法案

一些州通过规定大量的例外来放弃主权豁免,还是很有意义的。Kenney v. Scientific Inc.案[②]就是解释《新泽西侵权赔偿法案》[③]的一个案例。该案中,当原告基于有毒物质侵权索赔起诉政府时,出现数不清的问题。《新泽西侵权赔偿法案》采用例示的方法,对法院在使用许多侵权索赔法案所规定的"例外的例外"这一方法时存在的问题予以说明。Kenney案由居住在两个垃圾填埋场附近的居民所提起,这两个垃圾填埋场中,一个为私人所拥有,另一个由镇政府所有并经营。该案的被告是垃圾填埋场的所有者、经营者,以及垃圾被填埋在这里的数不清的垃圾生产者(包括另外一个小镇)和新泽西州政府(因为新泽西州为垃圾填埋场签发了许可证,却没有尽到合理的检查、管理和监督义务)。和大多数侵权索赔法案一样,《新泽西侵权赔偿法案》保留了严格责任索赔豁免权;因此,Kenney案原告们以过失责任、妨害行为和许多其他理论为由提出索赔主张。

《新泽西侵权赔偿法案》适用于包括州、县、市、公共部

[①] See Kenney v. Scientific, Inc, 497 A. 2d 1310 (N. J. Super. Law Div. 1985).(该案中,将该州的披露规则运用于决定索赔通知截止日期。)具体可参见第七章第二节。

[②] 497 A.2d 1310 (N. J. Supper. Law Div. 1985).

[③] N. J. Stat. Ann. §59:1−1 to 1−7(West 2010).

门在内的所有政府机构。① 尽管说主权豁免是一般规则，但是《新泽西侵权赔偿法案》规定：如果"其公职人员在职权范围内的行为和不履行法律责任从而因引起损害的"，政府机构将与私人一样，以同样的方式来承担责任。② 针对这种责任，《新泽西侵权赔偿法案》规定了许多例外。与Kenney案原告们索赔有关的问题就在这些例外中。首先，政府机构既不对许可垃圾填埋或者许可垃圾运送承担责任，也不对垃圾填埋场未尽到合理的检查、管理和监督承担责任。在Kenney案中，根据该理论，新泽西州和该镇均不承担责任。

Kenney法院更关注一条单独的限制条款，该条款适用于公共财产的危险状况引发的诉讼，很明显成为原告们索赔的理论基础。根据该理论，政府机构在以下情况应承担责任：(1)原告受到损害时，该公共财产处于危险状况；(2)该危险状况是形成该损害的原因；(3)该损害是可以合理遇见的。另外，还必须具备以下两条中的一条：(1)公职人员存在过失和错误行为，或者不履行法律责任；(2)公职人员事实上注意到或者应当注意到危险状况，并且有充足的时间避免损害。而且，除了"明显的不合理"之外，该部门采取的保护人们免受危险状况的措施或者没有采取措施都会导致承担责任。③

该法院拒绝受理涉及新泽西州的索赔，因为原告的诉讼不是由该州财产的状况引发的。但是关于该镇的索赔部

---

① N. J. Stat. Ann. §59:1-3(West 2010).
② N. J. Stat. Ann. §59:2-2(West 2010).
③ N. J. Stat. Ann. §59:4-2(West 2010).

分,法院认为,该镇在垃圾填埋场的所有行为是合理的。

另外一个具有指导性的例子是一起正在进行的大规模的诉讼,"9·11"恐怖袭击事件后,世贸中心的工人(他们中有许多是消防人员和警员)提起该诉讼,其中涉及呼吸道疾病和其他健康问题,这些问题是由于暴露在随后倒塌的世贸大厦所散发出的有毒物质中而引发的。原告对该市、纽约港务局和新泽西州提起诉讼,因为这些实体组织负责世贸中心的运营。纽约州在《法院赔偿法》[①]中几乎已放弃主权豁免,但是,有许多重大的例外在判例法中却得以发展。比如,除非公共部门与原告有着一种特殊关系,否则,公共部门在提供诸如消防灭火、出警保护这类"公共职能"时,对他们的行为享有豁免权。因而,在 Pelaez v. Seide 案[②]中,纽约上诉法院认为,该市及其附近的一个县对孩子们暴露在含铅油漆环境中不承担责任。因为公共部门已经实施一些项目来处理含铅油漆所造成的健康问题。Pelaez 法院认为,公共部门与原告之间不存在特殊关系,因为这些公共部门没有阻止损害发生的权力。

在世贸中心诉讼案中,区法院拒绝驳回针对纽约市的索赔诉讼,理由是有太多的事实问题存在。[③] 在其他许多事情中有一个问题,即是否纽约市通过控制灾难场所和取代环境保护局在室内空气环境方面的主要权力,从而与原告形成一种特殊的关系。

[①] N. P. Ct. Cl. Act §§1—12(Mckinney 2010).

[②] 810 N. E. 2d 393(N. Y. 2004).

[③] See In re World Trade Ctr. Disaster Site Liting. , 456 F. Supp. 2d 520(S. D. N. Y. 2006).

许多独立的豁免法规也被援引到世贸中心诉讼案中。《州国防紧急法案》(SDEA)授予"与民防有关的"且具有以下因素的行为豁免权:"切实执行、遵守或者试图遵守正式发布的任何法律、法规、规章以及根据《州国防紧急法案》公布或者签发的命令。"①《州国防紧急法案》规定以下内容属于"民防"定义的范畴:"遭受攻击后所采取的措施……污染清除程序……必要的废墟清除。"但是,一般来说,采取的措施必须是对紧急状况的立即回应才会引发豁免权,而不是正在进行的活动。②

世贸中心诉讼案中援引的另一部法定豁免权法规是《灾难法》,该法规定,一个"政府机构对任何这样的索赔不承担责任,如果索赔是基于政府官员或者雇员行使或执行,或者没有行使或执行这部法律规定的自由裁量权或者职责"。③ 该诉讼中产生了这样一个问题,即是否《灾难法》免除了公共部门因违法《州劳动法》或者《工业法》引起的损害而应当承担的赔偿责任。原告起诉了这样的违法行为。在Daly v. Port Authority of New York & New Jersey案④中,该案是以世贸中心的基本事实为背景的,法院认为,港务局、纽约市及新泽西州这些公共部门没有做违反法律规定的自由裁量的行为。

这些案例说明有关州主权豁免问题的复杂性。世贸中心诉讼案中的问题表明,法院在适用主权豁免规则方面存

---

① N. Y. Unconsol. Law § 9193(1)(Mckinney 2010).
② In re World Trade Ctr. Disaster Site Litig., 456 F. Supp. 2d 520(S. D. N. Y. 2006).
③ N. Y. Exec. Law § 25(Mckinney 2010).
④ 793 N. Y. S. 2d 712(N. Y. Sup. Ct. 2005).

在困难,而这些主权豁免规则在以大量有毒物质背景的诉讼案中却得到发展。①

6.1.3 联邦侵权赔偿法案

美国政府在有限情况下已经放弃侵权索赔的主权豁免权。《联邦侵权赔偿法案》②规定:政府工作人员在行使职责的范围内由于疏忽或者是不履行法律责任导致人身损害、非法死亡或者是财产损失,联邦地区法院对基于这类型的原因而向美国政府要求经济赔偿的案件拥有专属管辖权。尽管对《联邦侵权赔偿法案》进行解释的判例法,主要形成于有毒物质侵权范围之外,但是许多重要的毒物侵权案件已经涉及对《联邦侵权赔偿法案》的解释。

1. 自由裁量权的例外

目前为止,影响最为广泛也是饱受争议的美国放弃侵权赔偿豁免权的例外,是有关自由裁量权的例外。这一例外规定:"不管所涉及的自由裁量权是否被滥用,美国对任何这样的索赔不承担责任,即索赔的理由是联邦机构或者政府雇员行使或执行,或者没有行使或执行自由裁量权或职责。"③构成自由裁量权的因素并不容易确定。

在 Berkovitz v. United States 案④中,美国最高法院展示了分析的深度,要求确定被起诉的行为是否事关受保护的政府自由裁量权。Berkovitz 案是一起涉及人身损害的诉讼案件,一个婴儿由于摄入一剂口服脊髓灰质炎疫苗

---

① 关于世贸中心诉讼案暴露的所有方面的讨论,可参见 Jean Macchiaroli Eggen. Toxic Torts at Ground Zero, 39 Ariz. St. L. J. 383(2007).

② 28 U.S.C.A. §1346(b)(west 2010).

③ 28 U.S.C.A §2680(a)(West 2010).

④ 486 U.S. 531(1988).

导致人身损害。原告认为,生物学标准部(DBS)作为国家健康署的一个机构,不正确地许可了疫苗。原告进一步宣称,隶属于生物学标准部的食品和药品局发放疫苗的具体剂量不正确,而孩子服用的剂量就是从这里来的。

属于自由裁量权例外范围内的行为必须包含行为者的判断或者选择。[1]而且,该行为必须是自由裁量权例外规定所保护的那些行为,以便防止司法对立法和行政决策的干预。[2]尽管这些原则似乎有些模糊不清,然而,从Berkovitz案的判决还是可以很明显地看出,"当联邦法规、规定或者政策具体规定了雇员应遵循的行为过程时",自由裁量权例外将不再适用。法院也明确申明自由裁量权例外不能自动地适用于公共部门所有的行为。

除了这些一般的指导原则,法院必须密切而具体地审查成为诉讼基础的公共部门的行为。在Berkovitz案中,法院首先审查了生物学标准部关于授予疫苗许可的职责。结论是按照原告的诉讼理由,需要更多的具体行为。如果原告诉称生物学标准部首先没有就疫苗是否遵守规定标准做所需要的测定,那么该诉讼涉及的不是自由裁量权规定而是强制规定,而且是具有可诉性。从另一方面来说,如果原告诉称生物学标准部不正确地做了遵守测定并且该测定刚好符合政策判断,那么自由裁量权例外将会对这种行为给予庇护。

关于疫苗量的发放,法院做出不同的分析。首先,法院称任何对生物学标准部决定发放的疫苗量是否合适提出质

---

[1] Delehite v. United States 346 U.S. 15(1953).
[2] United States v. Varig Airlines, 467 U.S. 15(1953).

疑的诉讼,都应该从该机构所具有的自由裁量权这一角度来予以判断。然而,最后法院认为,Berkovitz案原告的诉讼不属于例外规定,原因是该机构是按照它对发放量的强制政策发放了疫苗量。由于政府职员违反该强制政策没有自由裁量权,而这样的行为能够成为起诉政府的基础。因此,尽管关于量的检查而制定政策最初属于自由裁量的范围,但是,一旦该局将强制政策付诸实施,那么就要求所有员工都必须遵守,该机构在发放疫苗量的行为上不属于受保护的自由裁量权。

对律师来说,Berkovitz案是一个复杂的案子,有更重要的经验教训。它表明法院需重点而详细地分析被诉行为的每一面,然后才能就自由裁量权例外的适用做出裁决。然而,生物学标准部的内部政策的教训是,最初表现为自由裁量的强制性活动可能会转变为非自由裁量的行为。在Berkovitz案后,各机关不敢再把严格的安全政策付诸实施,因为担心承担责任。在 C. R. S. By D. B. S. v. United States案[1]中,一个军人起诉他在部队医院输血时感染了艾滋病病毒。医院遵循了由美国血库协会和食品与药品管理局发布的现行血液指南。法院认为,政府对没有制定更严格的指南不负责任。法院的判决结果是正确的。但是,当它们认为有很好的理由来这样做时,Berkovitz案可能会阻止政府机构或者部门采取更为严格的安全措施。

第十巡回法院运用 Berkovitz 案所确立的规则,为美国政府在 Aragon v. United States 案[2]中提供庇护。该案

---

[1] 820 F. Supp. 499(D. Minn. 1993).

[2] 146 F. 3d 819(10th cir. 1998).

中,居住在空军基地附近的土地所有人提起过失诉讼,起诉美国政府污染他们的饮用水井。因为空军基地驻扎在该地方时,部队用三氯乙烯(TCE)清除飞经核爆炸点的飞机机身上的残渣和尘埃。而三氯乙烯是一种有毒的有机溶剂。法院首先注意到相关的行政命令和空军手册没有规定基地冲洗操作后废水的处理程序。随后,法院认为,由于决定特定时点的军事紧急状况的关系,包括相关工业废物的处理在内的空军基地操作决定都以政策为基础。因而,法庭判决《联邦侵权赔偿法案》中的自由裁量权例外的规定适用本案,从而免去美国对原告的赔偿。[①] Aragon 案表明,Berkovitz 案可运用于一类完全不同的案件。尽管法院仔细审查了涉及空军废物处理的文件,但法院似乎授予部队更多做自由裁量决定的余地。类似地,Oxendine v. United States 案[②]是另一起涉及一个空军基地的三氯乙烯排放案,法院认为在法律或者法规没有对三氯乙烯的强制性规定的情况下,部队可在政策范围内自由地进行设备的日常操作。而对于如何就军事活动做出决定,则被认为事关政策分析。

在一起没有直接涉及军事行动的案子中,法院在 Shea Homes Ltd. Partnership v. United States 案[③]中认为,自由裁量权例外规则保护美国政府免于对涉及其努力减少前空军垃圾填埋场的甲烷排放的侵权赔偿。在过去的几年里,美国陆军工兵部队已经采取各种措施来减少甲烷排放,

---

① See also Andrews v. United States, 121 F. 3d 1430 (11th Cir. 1997). (该案将自由裁量权例外运用于美国海军聘请承包商清理军事基地产生的家用和工业垃圾这一情形。)

② 2009 WL 3757517(D. S. C. 2009). (slip op)

③ 397 F. Supp. 2d 1194(N. D. Cal. 2005).

但是法院裁定这些措施中没有一种是法律规定的。而且,加利福尼亚州的法规要求当空气中的甲烷达到某种程度时,设施的运营者要采取必要措施来保护公共健康。法院认为加利福尼亚州的法规没有规定任何具体措施,而是把它留给运营商自己裁量。

相比之下,第九巡回法院在 Whisnant v. United States 案[①]中复审了起诉美国过失案。在该案中,私营企业的一个雇员诉称每周给海军基地送货时,都会使他暴露在有毒的模具中,从而受到人身伤害。法院借用 Berkovitz 案的特质宣称,尽管政府依据它选择的安全程序所实施的行为能够免于被诉,但不能对政府在实施其选择的程序时的过失责任予以豁免。法院进一步认为,清理众所周知的对健康和安全有害的危险物质不是政策问题而是安全问题,所以例外规定不保护这种违规行为。

在 2009 年一个具有深远影响的重大决定中,一个联邦法院认为,在卡特里娜飓风之后,新奥尔良附近的居民能够对美国提起损害赔偿诉讼。[②] 该诉讼的基础是,美国陆军工兵部队在维护和运营密西西比河湾通道(MRGO)时实施了违法行为。设计该密西西比河湾通道的目的是为新奥尔良和墨西哥湾之间的商业船只提供一条更近的运行线路。但是,密西西比河湾通道的一个特征就是改变了河湾的原有结构,而工兵部队在一开始就意识到了这一点。结果,随着河道的自然加宽,由于飓风的不利影响,河道两边

---

① 400 F. 3d 1177(9th Cir. 2005).

② In re Katrina Canal Breaches Consol. Litig. , 647 F. Supp. 2d 644(E. D. La. 2009).

的堤坝和环境发生了显著退化。法院认为,工兵部队维护和运营密西西比河湾通道的这一做法特征是"短视",认为工兵部队"简单地选择忽视航道的影响,其仅仅测试了保持航道畅通的影响,而不考虑该活动对于环境和周围社区的影响"。因此,法院的理由是,"一旦工兵部队运用其自由裁量权开辟了一条航道,那么它就有义务确保航道不会破坏周围的环境,也不会对生命和财产构成危险"。这种义务包括告知国会潜在的生命和财产的重大损失,以便于获得充足的资金帮助。因此,法院总结道,"因航道结构变化而导致灾祸横行的这种正在进行的工程决定"不是自由裁量权例外规则所保护的那种决定。

2. 费雷斯学说和兵役

《联邦侵权赔偿法案》关于有毒物质侵权诉讼中所体现的另外一个显著的例外就是费雷斯学说(Feres doctrine)。费雷斯学说在橙色剂诉讼案中起了非常重要的作用。当越南老兵和他们的家人就在越南战争中暴露于除草剂(又称橙色剂)引发人身损害而开始联邦集团诉讼的时候,他们没有将联邦政府列为被告而将除草剂的生产商列为被告。从诉讼中删掉政府的一个重要原因是老兵们的诉讼恰恰属于《联邦侵权赔偿法案》的一个被认可了的例外。在 Feres v. United States 案[①]中,最高法院认为,武装部队的成员在"服役期间因军事活动或者军事活动以外的原因"而受到损害的,不能就损害向政府提起损害赔偿。基于政策的考虑会支持法院的这一判决。首先,越战的老兵通过军人管理局的武装部队受伤人员的赔偿机制可以获得赔偿;其次,

---

① 340 U.S. 135(1950).

如果允许起诉政府,将会对军事纪律不利;最后,政府和武装部队人员是独特的同盟关系。

在橙色剂诉讼案中产生了这样的一个法律问题,该法律问题与被告试图起诉政府这一事实有关,被告认为,他被要求向原告支付的金钱应该由美国政府向被告赔偿。法院根据 Stencel Aero Engineering Corp. v. United States 案①的规则(其扩展了费雷斯学说),他认为,如果该案的原告不能直接起诉政府,是不能够要求政府补偿该案的被告的,因为,作为集团诉讼的原告是武装部队成员,不允许其直接起诉政府,Stencel 案阻止了被告就这些诉讼向政府要求补偿。这也适用于衍生出的家庭成员的索赔诉讼。

然而,就流产和胎儿畸形居民家庭成员诉讼案而言,法院认为,Stencel 案背后的原理及 Feres 下面的政策都不适用,政府应作为第三方被告而承担责任。② 这些家庭成员独立请求赔偿案最终失败的几个理由就包括了因果关系和自由裁量权例外规则。③ 然而,最近联邦法院对居民家庭问题采取了一种限制措施。同其他联邦上诉法院一样,第四巡回法院禁止孩子们起诉美国政府。这些孩子们起诉称在波斯湾战争中,他们服兵役的父亲们暴露在有毒化学物质中从而引起了他们的出生缺陷。④ 在该案中,法院适用了费雷斯学说,原因是这些孩子和他们的母亲们的起诉是

---

① 431 U.S. 666(1977).

② See In re "Agent Orange" Prod. Liab. Litig., 580 F. Supp. 1242(E.D.N.Y 1984).

③ See Adams v. United States, 818 F. Supp. 201(2d. Cir. 1987); In re "Agent Orange" Prod. Liab. Litig., 603 F. Supp. 239(E.D.N.Y 1985).

④ Minns v. United States, 155 F. 3d 445(4th Cir. 1998).

"建立在与潜在军人的诉因相同的事实基础上的"。

6.2 政府承包商

橙色剂诉讼案涉及一个与《联邦侵权赔偿法案》的运行有关的更深层次的问题。政府命令被告生产除草剂供军事使用。因此,这些政府承包商们辩称他们按照政府的具体要求生产除草剂,所以他们应该受到保护。①

至少在某种情况下,政策原因倾向于允许政府承包商在因与政府签订的合同引起的损害赔偿诉讼案中获得豁免权。如果施加给政府承包商这样的责任,将会影响到军事采购进程,而军事采购进程又特别强调对军事效率、避免延迟和成本控制的关注。因为政府制定了产品的具体要求,政府承包商按照政府的要求来生产产品以供使用,政府对产品的控制似乎在支持对承包商实施豁免这一点上起作用。从另一方面来说,法院需要进一步确信政府至少意识到引起原告起诉承包商的产品存在着危险。

能够为法院所接受的政府承包商的抗辩有以下几个方面:②

(1)政府对该产品制定了相关的具体要求;
(2)承包商在所有重要方面都遵循了政府的要求;
(3)承包商就所有相关的危险已经向政府做出过警告。

---

① See In re "Agent Orange" Prod. Liab. Litig., 818 F. 2d. 187(2d Cir. 1987).(这是一起橙色剂集团诉讼案中成为被告的制造商针对政府所提起的诉讼。)

② See Boyle v. United Technologies Corp., 487 U.S. 500(1988).

在 Boble 案中，联邦最高法院认为，政府承包商的抗辩由联邦普通法予以规制。法院裁定政府承包商抗辩所提出的问题是联邦普通法授权创设的独立的联邦利益。法院的推理是，由于自由裁量权例外规则，政府对军事产品设计的选择不承担责任，所以允许承包商分享这一豁免权是合理的。

在橙色剂诉讼案中，第二巡回法院允许被告承包商坚持政府承包商的抗辩主张，法院发现被告承包商的行为符合上述要素的前两条，该产品不存在向政府传达的危险信息。① 关于除草剂有害的消息现在才显现出来。重申了在早期橙色剂诉讼案中的抗辩主张，第五巡回法院在 Miller v. Diamond Shamrock Co. 案②中认为，承包商只需要警告政府其在那个时期所知道的危险就可以了。

Boyle 案判决的另一方面是，认为只有政府本身根据《联邦侵权赔偿法案》的自由裁量权例外规则而获得豁免权，承包商才可以使用政府承包商抗辩。最近的一场诉讼涉及最初的橙色剂诉讼案中的政府行为，第二巡回法院认为，在越南战争中政府选择使用除草剂是一种自由裁量权行为，因为它涉及在"更大的安全和更强的战斗力之间的抉择"。③ 该案的原告也属于早期共同诉讼中得到安置的那些成员，只是他们的病症是在安置期满后才显现的。

用最高法院在 Boyle 案中的话说，怎样就构成了政府

---

① See In re "Agent Orange" Prod. Liab. Litig., 818 F. 2d. 187 (2d Cir. 1987).

② 275 F. 3d 414 (5th Cir. 2001).

③ In re "Agent Orange" Prod. Liab. Litig., 517 F. 3d. 76 (2d Cir. 2008).

批准的"合理准确的规格要求"呢？在2008橙色剂案中原告提出的主张之一就是，政府依照常规在承包商制定的规格要求上盖了章。法院拒绝了原告的这一主张，并援引Boyle案的话说，政府信赖承包商在其所订购的产品的制作规格方面的专业知识。在In re FEMA Trailer Formaldehyde Prods. Liab. Litig. 案[①]中，该案是一个大规模诉讼案的一部分，墨西哥湾的居民诉称，在卡特里娜和丽塔飓风之后，当他们居住在临时安置的活动房屋时，受到活动房屋产生的有毒物质暴露而引发人身损害。法院判决政府承包商抗辩"貌似不适用"被告承包商中的某一人，因为政府已经把安装活动房屋的重大决策留给该承包商全权决定。

6.3 继任者和前辈

6.3.1 企业接班人

由于有毒物质暴露具有很长的潜伏期，因此，一些应当承担责任的当事人失踪、破产或者转手等情况很常见。传统的规则认为，企业的接班人不承担他们前辈的责任，包括侵权责任，除非出现下列情形之一：

(1)有明示或者默示的协议；

(2)出让公司和受让公司之间是一种事实上的整合和合并；

(3)受让公司是出让公司的延续；

(4)具有欺诈或者其他逃避责任的意图。

出于对商业债权人和股东的关心，以及处理各种税法

---

① 2009 WL 3241579(E.D.La.2009)(slip OP.)

和合同法问题,这套相当狭窄的法规得以出台。相应地,这些作为传统的无责任规则的例外规定,适用起来通常也相当狭窄。《重述:III－产品责任》(1998)第12章也包含了这一传统规则。

因此,当出让公司的股东和受让公司的股东是同一群人时,事实上的合并规则才能适用。"单纯的延续"这一例外规则需要原告能够证明"资产并购后出让公司和受让公司之间在管理、股东、员工、地理位置、资产和一般商业运作方面都存在延续"。① 没有这些其他因素,只是出让公司一般业务的延续,不能适用这一例外规则。

在产品责任诉讼案不断增长的那段时期,传统规则因为其过于狭窄的适用范围而为人们所批评。② 一些法院针对传统规则——同一生产线的延续者不需要承担责任,创设了一条独立的例外规则。根据这一规则,如果公司的继任者继续使用同一生产线,使用同一设计、人员和场所,那么他就要承担前任生产者生产的产品而引发的产品责任。在 Ray v. Alad Corp. 案③中,法院认为该规则具有如下特征:"一个当事人取得了某一生产业务,并且继续沿用该生产线从事产品的生产,在此情况下,该当事人就要承担这一生产线的先前的制造者和销售者因产品缺陷导致的严格侵权责任。"因此,这一规则适用于这样的事实,尽管继任者明确表明不承担他的前任的责任,也不生产引起原告损害

---

① Ramirez v. Amsted Industries, 431 A. 2d 811 (N. J. 1981).

② See generally Ramirez v. Amsted Industries, 431 A. 2d 811 (N. J. 1981).

③ 560 P. 2d 3(Cal. 1977).

的那种产品。对于法院来讲,要承认产品生产线例外规则,必须满足下列因素:(1)由于继任者获得该业务,从而使得原告起诉最初生产商的所有补救方案都被破坏了;(2)继任者实际上继续生产同种产品;(3)继任者处于扩散风险的位置;(4)继任者从原产品生产商的生产线的声誉中获益。

责任扩张的潜在政策基础在于,在产品生产线得以延续的情况下,继任者被认为具有前任的技术和经验,并且与消费者相比,继任者处于承担成本和评估风险的优势位置。被告们批评这一例外给商业交易制造了障碍,因为潜在的收购者(公司受让人)将无法确定可能出现的责任数量。不过,采纳了这一例外规则的法院注意到那未知的潜在的责任,要么被认为是并购的一部分,从而通过降低收购价格或者签订部分赔偿协议予以处理,要么通过保险来处理。①

《重述:Ⅲ》拒绝接受生产线例外规则,也有一些法院持相同的看法。② 在 Tabor v. Metal Wave Corp. 案③中,犹他州最高法院拒绝生产线例外规则,而是接受了传统的无责任规则,只承认那四种传统的例外规则。该法院认为,它坚信传统的例外规则能有效地保护消费者,但是如果增加一项例外规则确有道理,那也应当是由立法机关来确立。

6.3.2 之前的所有权持有人

当一位当事人试图使之前的所有者为财产污染承担严格责任时,就会出现完全不同的一个问题。在 T & E In-

---

① See Ramirez v. Amsted Industries, 431 A. 2d 811 (N. J. 1981).
② See Restatement (Third) of Torts: Products Liability §12, cmt. g (1998).
③ 168 P. 3d 814(Utah 2007).

dustries, Inc. v. Safety Light Corp. 案①中,原告 T & E 是被镭尾矿污染了的一个场地的当前所有者。美国镭公司(USRC)拥有这一场地直到 1943 年,多年来该公司一直在这一场地处理镭。美国镭公司的直接继任者没有意识到与镭尾矿相关的危害,还把它的工厂的一部分建在镭尾矿上。后来,这一场地又被多人转手,并最终于 1974 年由一家电子元件制造商,也就是原告 T & E 所购买。依据 1978 年联邦关于选矿厂尾矿的规定,1979 年 T & E 被命令排除污染或者遗弃该场地。T & E 然后试图依据严格责任规则,使美国镭公司对不正常的危险活动承担责任。

尽管传统的"买者自负"规则适用于这样一种情形,但是 T & E 法院认为,这一案子属于一种例外规则的范畴。这一例外规则设置在《重述:Ⅱ》第 353 条以及体现在判例法之中,如果财产对人身构成一种不合理的危险,而销售者却积极隐瞒或者消极地不披露这种状况,那么这一例外规则允许销售者为此承担责任。本案中,遥远的销售者意识到了风险,在法院看来,与财产的购买者相比,销售者处于评估风险和阻止进一步损害的优势地位。这一例外规则的目的不是要阻止销售者和购买者之间进行不动产交易,除非风险得以披露,而且购买者自愿承担该风险。

T & E 案代表了一些远离传统的"买者自负"规则的案件。在这一事例中,作为购买者的原告是一个商业实体。这种减轻"买者自负"规则的趋势表明,负有保证责任的实体对自己的行为负责,而不是由无辜者埋单。

---

① 587 A. 2d 1249(N. J. 1991).

6.4 承保人

保险公司是毒物侵权诉讼案的重要参与者。当被告设法对他们的责任保险协议尽可能做扩大解释,以便为那些可能涉及诉讼的有关活动提供保险保障的时候,他们的保险公司也设法限制赔偿的范围,将责任转移给与案件有关的其他当事方和其他保险公司。因此,当一个患有与石棉有关的疾病的石棉工人起诉了20个石棉产品的制造商时,每一个被告制造商的保险公司都试图将损害的全部责任转移给其他被告。而且,如果从暴露到疾病显现的这段时间内,多个保险公司逐一为一个被告提供保险,那么每个保险公司会设法将全部损害责任施加于其他保险公司。这些问题既反映了诉讼抗辩责任,又反映了赔偿责任。

在毒物侵权案中的保险问题,通常源于对综合(或者商业)责任(CGL)政策的解释问题。作为制定法上的一个问题,维护被保险人的责任比赔偿责任更广,但是法院可能会兼顾两方面。尽管对综合责任保险在毒物侵权案中引发的所有问题的讨论已经远远超出了本书的范畴,但是,在这里对一些问题做简短的回顾还是具有积极意义的。[1]

6.4.1 保险责任

1. 偶发事件

被保险的一方使用或者处理有毒物质引起人身伤害或

---

[1] 关于毒物侵权诉讼里的保险责任问题的一般介绍,可以参见 Medaglia & von Mehren, Beyond Asbestos and Environmental Litigation: Coverage Disputes in the Twenty−first Century, 33 Tort & Ins. L. J. 1023 (1998).

者财产损害,从而遭到起诉,在这种情形下,保险责任问题就出现了。综合责任保险把引发这种保险责任的事实称为"事件"(改变了早期的术语"意外事件")。事件的定义既包括单独的偶发的排放,又包括持续的暴露。事件不必是预期的或者是故意而为的。对于一个故意而为的事件而言,伤害一定是故意策划出来的,而不仅仅是单纯的行为结果。因此,除非被保险人没有打算将有害废物设施迁移到居民区附近的饮用水供应系统,从而引起了寻求保险责任的诉讼案,否则有意地处理有毒物质的场所应当受保险保障。如果被保险人意识到他的行为可能引起损害或者被保险人有理由知道引用水供应系统会因该场所而受到污染,依然继续在这一场所处理有毒物质,那么保险责任就会被排除了。①

产品责任诉讼案也会引起"事件"问题。在 In re Silicone Implant Insurance Coverage Litig. 案②中,明尼苏达州最高法院认为,当一个妇女接受植入物时,一个保险事件就已经发生。法院适用事实上的损害规则,认为当硅胶植入的时候,身体损害就会发生。

2. 潜伏疾病

正如明尼苏达案所表明的一样,有毒物质侵权诉讼中的一个主要保险责任问题是涉及对保险人或者被要求承担责任的保险人的确认问题,尤其是当一个案件中的原告在暴露于有毒物质几年或者几十年后,才出现了人身损害,然

---

① See American Mutual Liability Insurance Co. v. Neville Chemical Co., 650 F. Supp. 929 (W. D. Pa. 1987).

② 667 N. W. 2d 405(Minn. 2003).

后向被保险人提出索赔请求之时。一般来讲,综合责任保险要求身体的损害发生在保险期间内。一个保险人是否应当承担责任,取决于所使用的保险责任触发机制。而这种触发机制通常是发生在保险期间内的某些事件,从而形成保险责任的基础。

暴露的时间就是这样一种触发机制。这一触发机制的潜在理论基础是,在许多情况下,我们能够断定原告在暴露的那段时间内就已经遭受了某种身体上的伤害,即使这种疾病在当时还没显现出可察觉的症状,而是在很久之后才显现。这是 In re Silicone Implant Insurance Coverage Litig. 案①背后的基本理论。在 Insurance Company of North America v. Forty-Eight Insulations 案②中,法院认为,在保险期间暴露于石棉纤维之中,这能够被视为是立即引发了疾病,因此,引发了暴露时期的必要的身体伤害。对于是否现有的科学文献一定支持"在暴露的时期内发生损害的设想"或者是否支持"暴露本身产生亚临床损害的设想",人们对此有不同的理解。在一些正在进行的案件中,诸如工作场所暴露,至少一些法院将最后暴露的时期定为触发机制。③

相比之下,一些法院开始采用一种发现机制。根据这一规则,人们认为在疾病显示出它的客观症状的时候,发生

---

① 667 N. W. 2d 405(Minn. 2003).
② Inc. 657 F. 2d 814(6th Cir. 1981).
③ See IBM v. Liberty Mutual Insurance Co., 363 F. 3d 137(2d Cir. 2004).(适用纽约法)。

身体损害。① 发现规则与那些因有毒物质暴露引起的个人损害在法定诉讼时效期间上的变革是一致的。② 对保险人来说,发现规则比暴露规则更难考虑进去,因为,被保险人的活动以及在疾病暴露的时候已经受保护的风险可能与引起诉讼发生的活动不是同种活动。因此随着时间的推移,预测潜在的责任变得越来越困难。

在 Zurich Insurance Co. v. Northbrook Excess & Surplus Insurance Co.案③中,法院采取了一个折中的方法,即通过适用"分开触发"规则。这一规则要求,由暴露时的损失进行承保的保险人和发现疾病时进行承保的保险人共同分担保险责任。

然而,对人身损害要求做最为广义上的解释,则是多重的或者持续的触发机制,该机制在首次暴露到疾病显现的整个时间段内,提供有效的保险责任保障。④ 这一机制背后的理论基础是,在潜伏疾病的案例中,身体损害发生于首次暴露,然后一直持续到疾病显现,实际上贯穿了整个过程。这种机制对被保险人有利,因为它提供了最大程度上的保障。由于许多保险人常常保障这种风险,所以设法给予被保险人许多必要的保障来补偿损失,当然每种保障都已高达政策的上限。因此,在 Associated Aviation Under-

---

① See Eagle－Picher Industries, Inc. v. Liberty Mutual Insurance Co., 829 F. 2d 227(1st Cir. 1987) (asbestos).

② 参见第七章第二节。

③ 494 N. E. 2d 634(Ill. App. ct 1986).

④ See Keene Corp. v. Insurance Co. of North America, 667 F. 2d 1034(D. C. Cir. 1981).

writers v. Wood案①中,法院适用了持续触发理论,法院认为,如果在保险期间内的任何时候,原告饮用了含三氯乙烯的饮用水,从而患上了与三氯乙烯有关的疾病,或者表现出与三氯乙烯有关的疾病症状,那么就可以要求保险人承担保险责任。因此,该机制还包括细胞损伤这样的人身伤害在内(有时,在毒物侵权保障讨论中,这是一个争议性的问题)。

当诉讼中涉及多个保险人和持续触发机制时,保险人之间赔付比例的分配变成一个问题。许多州没有适用连带责任,而是采用了按比例分配法。比如,马萨诸塞州最高法院在Boston Gas Co. v. Century Indemnity Co.案②中就这一问题的处理做了裁决。该案是一起宣称环境污染的诉讼,该污染起始于20世纪早期,并一直持续到1995年才被发现。法院认为处理该案中多个保险人的问题,最公正的办法是每个保险人按比例承担清理场地的花费。法院说道,除非可以精确地评估每个保险人在其保险期间内的损失,否则就用时间风险法(time－on－the－risk)来确定每个保险人应承担的比例份额。③

3.财产损害

综合责任保险规定也涵盖着财产损害责任,又叫保险期间有形资产的损失或者毁坏。有时给财产损害下定义并不是那么容易。废除在建筑物中使用石棉,所引发的案件

---

① 98 P. 3d 572(Ariz. Ct. App. 2004).

② 910 N. E. 2d 290(Mass. 2009).

③ Cf. Viking Pump Inc. v. Century Indemnity Co., 2009 WL 3297559(Del. Ch. 2009).(法院认为,综合责任保险规定允许被保险人从其选择的保险人处获得全额保障,即使州法将另外施加按比例分配。)

汹涌而至，就是这样的事例。建筑物的所有者们提起诉讼，要求赔偿检查建筑物及修补逐渐恶化的石棉状况所支出的费用。保险人则辩称，财产没有发生物理性损伤或者毁坏，因此对这样的损失不予赔付。因此，在 Great Northern Insurance Company v. Benjamin Franklin Federal Savings & Loan Assn 案①中，法院认为，根据"直接的物理上的损失"这一保险政策，保险人不需要赔付石棉修补费。在 United States Fidelity & Guaranty Co v. Wilkin Insulation Co. 案②中，法院认为，建筑物中含有石棉构成财产损害，属于保险政策的范围内。保险人则主张，如果一种损失仅仅是一种无形的经济损失，那么就需要证明财产价值减少了多少。法院反对这种观点，认为因为石棉对健康的不良影响众所周知，又由于石棉潜在的有毒影响，法律要求房屋所有者清除石棉，它的存在就构成真正的财产损害。③

财产损害案中保障的触发机制与人身损害案中的保障触发机制不同。法院往往在这一问题上进行具体问题具体分析。结果有可能取决于损害的持续性。④

6.4.2 多重事件的保险赔付

许多毒物侵权案件是在损害发生后一段时间要求赔

---

① 793 F. Supp. 259(D. Or. 1990).

② 578 N. E. 2d 926(Ill. 1991).

③ Cf. Pirie v. Federal Insurance Co., 696 N. E. 2d 553(Mass. App. Ct. 1998). （法院认为，根据一个国家机关的命令，清除含铅油漆的费用不构成保险政策所保障的"物理上的损失"，相反地，构成了"内部缺陷"，而"内部缺陷是不能上升到物理损失的水平的"。）

④ See M. Stuart Madden & Gerald W. Boston, law of Environmental and Toxic Torts 865－903(3d ed. 2005). （该书讨论了环境和毒物侵权范围内的各种保险责任问题。）

偿。不管诉讼是由工作场所暴露,诸如石棉、消费产品、处方药还是由水或者土地污染引起的,都会是这样。在Hiraldo v. Allstate Insurance Co.案[①]中,一个纽约上诉法院被要求解决这一问题。法院认为,持续暴露在含铅油漆中是一个独立的触发事件,并把保险责任限定在每年的保险期间内。如果保险内容非常明确、具体,就能够有效管理。但是,如果保险术语模棱两可,这就有可能存在问题。

与多重事件有关的另一个问题是当涉及多个原告时,这些原告的损害都是由同一行为所引发的。当保险为每一事件规定金钱上限时,这一问题就变得突出了。American Red Cross v. Travelers Indem. Co.案[②]就是这类案件。该案中,被保险人向保险公司提出索赔请求,理由是有一些声称已注射了艾滋病病毒污染的血液制品的人起诉他要求赔偿。

保险人认为,所有的起诉都符合保险考量范围内的独立触发机制,并受独立触发机制上限的约束。然而,法院认为,这些诉讼是各自独立的,因为发生了独立的行为或者遗漏,并且损害是由于不同的原因。因此,被保险人有权要求多重赔偿,即对每一起诉讼都进行赔偿,而不是只有一次性的赔付。正如该案所表明的,法院将着眼于被保险人寻求索赔的绝对数量,从而根据整体的情形和因果关系来决定是否构成单一的事件还是多重的事件。

6.4.3 污染除外条款

污染除外条款出现在综合责任保险中已有好多年了。

---

① 788 N. Y. S. 2d 50(App. Div. 2004).

② 816 F. Supp. 755(D. D. C1993).

该条款已被适用于与土地相关的责任和以产品为基础的责任。作为一个历史问题,随着时间的流逝,有关除外责任的措辞也在不断发生变化。特别是在20世纪70年代发生了大量的诉讼,为阐明该除外条款的意图起到了巨大的推动作用。最初,污染除外条款豁免了排放到土地、空气或者水之类的有毒物质的责任,但不适用于"突然的、意外的泄漏"。对有毒物质侵权诉讼来说,这些古老的保险条款很重要,因为法院常常被要求对在更早时期的有效的保险政策做出解释。

对于什么就构成"突然的、意外的"泄漏,在判例法中占据重要的篇幅,20世纪80年代中期,综合责任保险的修订本不出所料就污染排除条款的术语解释做出了新的规定。污染物的实际排放、扩散、释放或者漏出,或者污染物被宣称的排放、扩散、释放或者漏出引起的人身伤害或财产损害不适用于排除条款。新的污染物排除条款删除了先前的排除条款里的"突然的、意外的"例外规则,并删除了要求排放入"土地、大气或者任何水道和水域"这样的短语。这种术语的排除规则也适用于政府清理责任。

果然,使用该保险语言的大量案件接踵而至,在一些不适用环境污染的传统模式的案件里,法院对污染除外条款的理解存在很大的差异。室内排放就是一个例子。在NGM Insurance Co. v. Carolina's Power Wash & Painting, LLC案[1]中,法院适用了南卡罗来纳州的法律,认为绝对污染除外条款不适用这样一起案件,该案中被保险人被指控当其给建筑物的内部涮油漆的时候,其使得人们暴露

---

[1] 2010 WL 146482(D.S.C.2010).

在油漆味中。① 相反,在 Reed v. Auto-Owner Insurance Co.案②中,乔治亚州最高法院认为家里的一台有故障的加热器释放出的一氧化碳属于污染除外条款的范畴,从而排除了保险责任。

含铅油漆诉讼案是另外一个不符合污染的传统观念例外案件。处理含铅油漆的问题的大部分法院都认为,通过对污染除外条款的合理解释,将能得出结论是,污染除外条款不适用于这样的诉讼案。在 Sphere Drake Insurance Co. v. Y. L. Realty Co.案③中,法院认为,一般的投保人能理解将除外条款适用于工业或者环境污染,但是,不能将之适用于随时间流逝在住宅内的含铅油漆脱落的情形。如果污染除外条款所使用的语言存在模棱两可的情形时,法院根据建筑的固有规则来对条款做出对保险人相当不利的解释。④ 在 Byrd v. Blumenreich 案⑤中,法院说道,典型的污染除外条款的语言被理解为适用于如此情况——"含铅油漆不知不觉掉皮或者脱落,不是由行为或者物理事件引起的,而是在相当长的一段岁月之后发生的自然效果"。⑥

---

① See also Belt Painting Corp. v. TIG Insurance Co. , 795 N. E. 2d 15 (N. Y. 2003). (paint and solvent fumes).

② 667 S. E. 2d 90(Ga. 2008).

③ 990 F. Supp. 240(S. D. N. Y. 1997).

④ See, e. g. , Insurance Co. of Illinois v. Stringfield, 685 N. E. 2d 980 (Ill App. 1997); Sullins v. Allstate Insurance Co. , 667 A. 2d 617 (Md. 1995); Atlantic Mutual Insurance Co. v. McFadden, 595 N. E. 2d 762(Mass. 1992).

⑤ 722 A. 2d 589 (N. J. Super. Ct. 1999).

⑥ Accord Herald Square Loft Corp. v. Merrimack Mutual Fire Insurance Co. , 344 F. Supp. 2d 915(S. D. N. Y. 2004).

保险人在其综合责任保险中常常包括独立的、具体的除外条款,这些条款与发霉和铅有关。这些条款都已经产生了他们自己的解释问题,并且某些解释似乎具有强制性。[1] 当缺乏发霉排除条款时,一个保险人提出污染排除条款进行抗辩,发霉索赔也存在问题。由于发霉在环境中自然发生,一些法院认为,污染除外条款不能适用。因此,在 Keggi v. Northbrook Property & Casualty Insurance Co.案[2]中,法院认为,发霉不能适用有关污染者的一般界定。

　　这些简短的事例表明,没为被综合责任保险的起草者所关注的新的问题还会持续产生,这就要求对保险单的语言进行详细的解释。而且,虽然污染排除条款的语言发生改变,但是,在有毒物质侵权的背景下,法院可能被要求对旧版本和新版本的条款都进行解释。当原告声称因暴露所致的潜伏疾病可能发生在许多年前,有多个保险人和保险单有可能会被涉及,实际上取决于所使用的保险责任启动机制。相应地,在毒物侵权诉讼里,大量复杂的保险责任问题经常有机会被提出。

---

　　[1] Compare Alea London Ltd. v. Rudley, 2004 WL 1563002(E. D. Pa. 2004).(法院认为,漏水洗衣机引起发霉直接导致财产损害,被保险单中的发霉除外条款排除在外。) with Home Insurance Co. v. McClain. 2000 WL 144115(Tex. Ct. App. 2000).(法院认为,由于屋顶漏水引起的发霉导致损害,不能适用保险单中的发霉除外条款。)

　　[2] 13 P. 3d 785(Ariz. Ct. App. 2000).

6.5 不确定的被告

有毒物质侵权的独特的特点之一是,原告经常不能确切地识别出引起他们损害的被告或者被告们是谁。有毒物质侵权的因果关系的现实从某一方面就能说明这一困难。这些不确定性的问题可能源自于各个方面。比如,在受雇的过程中,石棉原告暴露在无数含石棉的产品中,但是时隔多年后不能确定准确的生产商。或者是一个当地的废物处理场污染了地下水引起人身损害,但提起诉讼的人们又不能确定堆放在处理场的具体哪种物质引起了他们的损害。而且,成百上千的废物生产者在这里处理类似的有毒物质,这样的话,要想准确地识别侵权人是不可能的。

然而,不确定被告的问题在乙烯雌酚(DES)案中经常出现。从1947年到1971年,乙烯雌酚是一种给许多妇女服用的处方药,用于阻止早产或者其他情况。但是,乙烯雌酚与阴道腺癌的增多存在联系,而且,当母亲在怀孕期间服用了乙烯雌酚时,其后代因暴露在子宫里的乙烯雌酚,而出现其他的一些疾病。这些疾病通常出现在他们青少年期或者成年之前。

乙烯雌酚的不确定问题源于在生产该药的那几十年里,所具有的独特的市场销售环境。首先,该药品基本上是以"通用的"方式进行生产,这就意味着不同的药品公司就该药品而言,没有什么区别。生产商之间就药品的设计和配方完全相同。其次,在那段时间内,大约有300家公司生产或者销售乙烯雌酚。市场的特性是"流动性",这就意味着无论是公司的产品进入市场还是退出市场,没有什么规律可循,因而,原告很难精确地指出他(她)的母亲到底是服用了哪一家生产商生产的药品。最后,随着时间的流逝,从暴露在药品环境中到最后疾病的显现需要较长的时间,再结合从药品生产到最终销售之间的这段长时间,许多公司已经丢失了许多有关乙烯雌酚生产的重要记录,因而,很难确定他们生产的乙烯雌酚是哪一种。而且,原告自己的记录也常常是不完整的。①

乙烯雌酚案中的原告要求用各种法律学说来克服由不确定被告问题所引发的问题。然而,一般情况下,法院既不愿意使用传统的集体责任理论,又不愿意使用革新的集体责任理论来减轻这种情形下的乙烯雌酚案原告的负担。②因此,大部分法院拒绝受理那些被告无法确定的案件。

6.5.1 替代责任

一些乙烯雌酚的原告要求适用 Summer v. Tice 案③创立的替代责任规则。Summers 案涉及一场狩猎事故,两个猎人同时射击,击伤了原告。原告不能确定是哪一个猎人的子弹引起了自己的损害,于是便将两个猎人列为共同被告。法院允许该案继续审理,并采用《重述:Ⅱ》的第 433 节 B(3)部分,宣告如下规则。

两个或两个以上的人实施了侵权行为,如果能证明原

---

① See generally Collins v. Eli Lilly Co., 342 N. W. 2d 37(Wis. 1984)(该案描述了与市场相关的背景情况,以及食品与药品管理局许可的乙烯雌酚。)

② See generally Burnside v. Abbott Laboratories,505 A. 2d 973(Pa. Super. 1985)(该案提出了标准规则,如果原告不能确定应为损害承担责任的被告时,那么这样的案件必须驳回。)

③ 199 P. 2d 1(Cal. 1948).

告的损害是由其中一人的行为所引起,但不能确定是他们中的哪一位,那么将由每个行为人来承担证明该损害不是由其所引起的。

因此,被告有义务证明他们的行为没有引起原告的损害。替代责任规则的确立是由这一事实所支撑:即使被告的行为是独立的,但是,被告也处于澄清被诉事件的事实和具体情况的优势地位,从而有利于确定造成该事件的特定原因。然而,一般来说,法院拒绝在乙烯雌酚案中适用替代责任规则。① 拒绝在乙烯雌酚案中适用这一理论的基本理由是,乙烯雌酚的生产商在确定是谁的乙烯雌酚引发所诉损害上,并非必然比原告处于更为优势的地位。第二个理由涉及替代责任理论下的假设,即所有过失方将被送上法庭。然而,在乙烯雌酚案中,情况会有所不同,法院通常会设法降低有责任的当事人承担责任的可能性。

不过,至少有一个法院在乙烯雌酚案中适用了替代责任理论。在 Abel v. Eli Lilly & Co. 案②中,法院要求原告将所有潜在的侵权人告上法庭。一旦这样做,将要求原告证明:(1)所有的被告生产或销售了相关的乙烯雌酚产品;(2)原告的母亲服用了乙烯雌酚;(3)服用的乙烯雌酚是在密歇根州销售的;(4)服用的乙烯雌酚引起了原告遭受的损害。然后被告证明他没有生产或者销售原告的母亲所服用的乙烯雌酚,从而为自己开脱责任。

6.5.2 协同行为和民事共谋

乙烯雌酚原告设法在不确定被告案件中使用协同行为

---

① See Collins v. Eli Lilly Co., 342 N. W. 2d 37(Wis. 1984).
② 343 N. W. 2d 163(Mich. 1984).

理论,但未能获得成功。协同行为要求在被告之间存在一个共同计划或者方案,乙烯雌酚原告认为,乙烯雌酚的各个生产商共同协作获得了食品与药品管理局对该药的许可,随后销售该药构成所要求的共同设计。① 原告声称,在不确定地测试药物或者提示药物有害性方面,乙烯雌酚的生产商之间存在默契。法院认为,原告并没有确切的证据证明存在这种宣称的默契。尽管生产商之间存在着并行行动,但是,他们的行为没有达到共谋的层面。②

在乙烯雌酚诉讼案中,大部分法院在处理不确定被告问题上,同样拒绝适用民事共谋理论。该理论要求原告证明,被告知道该药用于妊娠是不安全的,但依然联合起来销售该药。和协同行为一样,乙烯雌酚生产商的并行行为不支持被告共谋的指控。③

6.5.3 企业责任

企业责任又叫全行业的责任,其概念是在 Hall. v. E. I. dupont de Nemours & Co. 案④中被阐明的。Hall 案涉及原告被被告们根据行业安全标准所生产的雷管所伤害。法院认为,由于被告共同控制雷管所呈现的危险,因而,以行业应受谴责的行为为基础来对侵权责任进行分配。因此,致力于制定行业安全标准的每一个被告都将承担责任。然而,在乙烯雌酚案中,不存在行业监管的安全标准。相反,食品与药品管理局应为设定标准负责。生产商参与食

---

① See Restatement (Second) of Torts § 876 (1979).
② See generally Tigue v. E. R. Squibb & Sons. Inc. 518 N. Y. S. 2d 891(N. Y. 1987).
③ See Collins v. Eli Lilly Co., 342N. W. 2d 37(Wis. 1984).
④ 345 F. Supp. 353 (E. D. N. Y. 1972).

品与药品管理局许可的过程不能等同于行业监管安全标准。[1]

6.5.4 市场份额责任

由于现行的集体责任理论在处理乙烯雌酚案问题上的不足,一些法院转向了市场份额责任。市场份额责任里程碑式的案件是 Sindell v. Abbott Laboratories 案[2],这一理论根据每一被告所参与的乙烯雌酚的市场销售情况,在被告之间分配责任。Sindell 案的第一个要求是原告参加诉讼,被告在与案件有关的区域占"很大市场份额"。如果原告提供了一些除了能确定引起损害的具体被告之外的一些初步证据,那么证明责任将转移给被告。被告只能证明自己没有生产或者销售造成原告损害的乙烯雌酚来为自己没有责任辩护。余下的被告承担与他们所占市场份额相当的损害比例责任。有责任的被告只承担单独责任,且被告们不承担严格责任。[3] 这种方法背后的理论基础在于,市场份额反映了某一个特定的被告引起所诉损害的可能性。

尽管 Sindell 案所确立的市场份额责任的某些版本在少数州被采纳,但是,其在乙烯雌酚诉讼案中还没有被普遍接受,主要是由于存在着与该方法有关的许多问题。首先,定义相关市场和确定所代表的市场份额已被证明是问题重重,特别是在乙烯雌酚的背景下,生产商参与市场的记录非

---

[1] See Collins v. Eli Lilly Co., 342 N. W. 2d 37 (Wis. 1984). But See Naomi Scheiner, Note, DES and A Proposed Theory of Enterprise Liability, 46 Fordham L. Rev. 963(1978).(该书认为,企业责任是乙烯雌酚案因果问题的最好办法。)

[2] 607 P. 2d 924(Cal. 1980).

[3] Brown. v. Superior Court,751 P. 2d 470 (Cal. 1988).

常不充分。其次,一些批评者认为,这会造成事实上的不公平,因为,根据市场份额责任理论,市场的一个主要参与者没有过失,但是最终却要承担一大份责任;相反,占市场份额小,但有过失的被告就逃避了重大责任。最后,有人担心市场份额责任的广泛采用将阻止新产品的发展,因为参与市场的生产商不管他们是无辜的或者有责任的,都需要就损害支付一定份额的赔偿费。①

基于这样的考虑,其结果是,那些已经采纳市场份额责任的法院通常想办法对该方法进行一定程度的变动,来使其更加合理可行。因此,在 Collins v. Eli Lilly Co. 案②中,法院运用了风险贡献责任理论。Collins 法院设计了一个方法,通过该方法,原告只需要说出被告是能够引起损害的某一类产品的众多生产者中的一员,而不需要考虑其市场份额有多少。像 Sindell 案一样,被告或者名义上的被告只要有证据表明其所生产的乙烯雌酚不可能引起原告的损害,那么他就可以免除责任。Collins 法院只是把市场份额作为综合衡量被告创造或者参与引起原告最终风险的众多因素中的一个。这些因素包括:(1)被告在获得食品与药品管理局许可的过程所起的作用有多大;(2)被告的市场份额;(3)被告是否在该产品领域居于领导地位或者积极行事;(4)被告是否就乙烯雌酚的危险提出过警示;(5)在了解到这些危险后,被告是否继续生产乙烯雌酚;(6)被告是否

---

① See generally Sutowski v. Eli Lilly & Co. 696 N. E. 2d 187 (Ohio 1998).(该案中,在联邦地区法院已认定的问题上,俄亥俄州法院认为在乙烯雌酚诉讼案中,不适用市场份额责任。)

② 342 N. W. 2d 37(Wis. 1984).

采取过任何措施来削减损害的风险。因此,法院所提出的这些测试主要聚焦于被告就该产品的风险控制的程度,以及被告采取的削减风险的具体措施。

在市场份额责任方面,纽约上诉法院采用了一种不同的方法。在 Hymowitz v. Eli Lilly & Co. 案[①]中,法院要求原告列出在全国乙烯雌酚市场占据相当大市场份额的被告。以具体被告所占市场份额为基础分配责任。与 Sindell 案的一个重要不同是,除非在原告母亲怀孕期间被告没有销售乙烯雌酚,否则不允许被告为自己开脱。Sindell 案的这个变化是重要的,因为被告在原告母亲怀孕时销售了乙烯雌酚但原告的母亲没有服用被告生产的药,因为被告没有在相关的地区销售却依旧要承担责任。

6.5.5 超越乙烯雌酚案的市场份额责任

由于乙烯雌酚案独特的环境所限,因此,即使法院愿意采纳市场份额责任,通常也仅限于乙烯雌酚案。[②] 对于在其他种类的有毒物质诉讼案中能否适用市场份额责任,在法院之间存在着不同的意见。但是,通常来说,法院在采纳市场份额责任理论时都非常的小心谨慎。

在 Shackil v. Lederle Laboratories 案[③]中,新泽西州最高法院在一个被宣称有缺陷的百白破疫苗(DPT,日咳、白喉、破伤风混合疫苗简称"百白破疫苗")案中拒绝适用市场份额责任。法院通过将该案与乙烯雌酚案进行对比,注

---

① 539 N. E. 2d 1069(N. Y. 1989).

② See Hymowitz v. Eli Lilly & Co., 539 N. E. 2d 1069(N. Y. 1989). (纽约把市场份额责任明确限定在乙烯雌酚案中。)

③ 561 A. 2d 511 (N. J. 1989).

意到乙烯雌酚产品的通用的生产方式是乙烯雌酚市场销售的重要特征,而百白破疫苗不存在这样的特征。就原告的陈述来看,也只是原告所注射的那批特定的疫苗存在缺陷,这是事实。而且,法院认为,"在该案中施加集体责任理论会威胁到所需药品的继续供应,损害安全疫苗的发展前景,从而会阻碍对重大公共政策和公共健康的关注"。①

同样,大部分法院在石棉个人损害案中处理该问题时,拒绝适用市场份额责任。比如,Celotex Corp. v. Copeland案②就呈现出一种极为常见的情况,即工人能确定一些含石棉的产品的生产商,但并不能确定所有含石棉产品的生产商。法院查明,不同的石棉产品在产品的类别、数量和相关毒性方面是不同的,因此含石棉的产品和通用的乙烯雌酚是不同的,因此,法院拒绝适用市场份额责任。由于石棉诉讼案数量极为庞大,对于是否适用集体责任理论,最好还是留给立法机关来解决。

在涉及暴露于有毒物质的许多案件中,如果原告不能确定是谁的物质引起其损害时,法院拒绝适用市场份额责任。在Matter of New York State Silicon Breast Implant Litigation案③中,一审法院拒绝适用市场份额责任理论,因为与乙烯雌酚不同,乳房植入物不可替代,而且其生产商能够确定。Bly v. Tri—Continental Industries, Inc.案④涉

---

① But cf. Morris v. Parke, Davis & Co., 667 F. Supp. 1332(C. D. Cal. 1987). (在百白破疫苗案中适用了市场份额责任,该案中生产缺陷被诉称为整个行业的特征。)

② 471 So. 2d 533(Fla. 1983).

③ 631 N. Y. S. 2d 491(N. Y. Sup. Ct. 1995).

④ 663 A. 2d 1232(D. C. App. Ct. 1995).

及一起长达20～30年暴露在含苯的汽油烟雾中的事件。在该案中,法院拒绝市场份额责任理论,因为没有证据表明所诉的有害产品是根据同一标准制定的,"一项按照市场份额来确定责任……无法被找到"。另外原告并没有表明他们找不到产品的生产商。同样,在 Sanderson v. International Flavors & Fragrances 案①中,法院不允许由香水产品中的醛引发的损害案中使用市场份额责任理论。原告并没有诉称这些香水产品是完全相同的,而且专家也承认不同的醛有不同的健康影响,并且原告没有将许多制造商生产的同种产品作为攻击目标,法院发现这些事实都是很重要的。

还有其他一些超越乙烯雌酚案的案件,在这些案件中法院大胆采用市场份额责任理论。然而,这些案件并非没有争议。加利福尼亚州的一个上诉法院在一起石棉案中适用了市场份额责任理论,该案是由原告暴露在含有石棉纤维的刹车片中引发的。在 Wheelet v. Raybestos－Manhattan 案②中,法院认为,在制造商的产品不是不可替代的这类案件中,市场份额责任可以适用。在 Wheeler 案中,制造商生产的含石棉纤维的刹车片不是"绝对的可互换的"。然而,法院认为,为了适用 Sindell 案的理论,刹车片里含有"相当数量的单一石棉纤维和温石棉",这就够了。③

在一些艾滋病病毒污染血液制品的案件中,法院也接

---

① Inc. 950 F. Supp. 981(C. D. Cal. 1996).

② 11 Cal. Rptr. 2d 109 (Cal. Ct. App. 1992).

③ But See Goldman v. Johns－Manville Sales Corp., 514 N. E. 2d 691 (Ohio 1987).(法院认为,不能够适用市场份额理论,理由是由于不同的制造商生产的产品中石棉含量不同,因而产品是不可替换的。)

受了市场份额责任理论。在 Ray v. Cutter Laboratories 案[①]中,法院认为,可以把市场份额责任理论适用于血友病患者提起的过失诉讼案件,血友病患者们从一种凝血产品中感染了病毒,而成千上万的献血者的血浆被制作成为凝血产品。原告已不能确定是哪个产品批次的血引起他们的疾病。从暴露在血液到疾病的显现这段潜伏期使病情更加恶化,因此,法院认为,运用市场份额责任是恰当的。Smith v. Cutter Biological, Inc. 案[②]是另一起凝血产品的案件,法院不但采用了市场份额责任理论,而且适用了 Hymowitz 案所确立的以整个美国市场作为分配责任的基准。法院指出,凝血产品与乙烯雌酚不同,不是一个通用的产品;也就是说,凝血产品只有在捐献者个人的血液是安全的时,它才是安全的;而乙烯雌酚则天然就是有害的。尽管如此,法院认为,基于公平的考虑,适合了市场份额责任。

相反,在 Doe v. Cutter Biological, Inc. 案[③]中,法院在凝血因子案中拒绝适用市场份额责任理论。法院认为,凝血因子和乙烯雌酚不同,理由是凝血因子产品不是可替代产品。而且,法院断定,如果原告保有记录的话,能够追踪到凝血因子具体的生产商。因此,法院认为,在这类案子中不适合采纳市场份额责任理论。

在凝血因子案件中,很明显原告不能理清复杂的捐赠方案和制作方案,而复杂的捐赠方案和制作方案正是凝血因子产品所具有的特征。然而,被告在确定产品受到污染

---

① 754 F. Supp. 193(M. D. Fla. 1991).
② 823 P. 2d 717 (Haw. 1991).
③ 852 F. Supp. 909 (D. Idaho 1994).

的环境和第一时间控制这种情况方面,居于优势地位。这或许有助于说明法院愿意在这些案件中适用市场份额责任的原因。

另一类被认为需要认真考虑市场份额责任的案件是含铅油漆诉讼案。Skipworth v. Lead Industries Association, Inc.[①]是一起典型的司法阻止在含铅油漆案中适用市场份额责任的案件。这一案件涉及居民家里暴露在含铅油漆中,该居民的房子大约建于1870年。宾西法尼亚州最高法院认为,含铅油漆产品和乙烯雌酚不同,因为每个制造商的每种油漆都有不同的化学配方,并且涉及的时间段已长达100年。不同的油漆有不同的化学成分,从而导致铅利用率的水平不同,也就潜藏着不同的毒性。法院审查了这些证据并总结如下:由于这些油漆在利用度方面存在差异,要估算一个特定的被告应对其油漆引发的损害承担多少责任,要完成这样的任务是不可能的。因为市场份额责任理论的基本前提是:每个制造商的最终责任是估算他对他自己的产品引发的损害所应承担的责任。这些特殊情况使得市场份额责任理论不适合在含铅油漆中使用。值得注意的是,宾西法尼亚在乙烯雌酚案中没有采用市场份额责任理论,所以它在以含铅油漆为背景的案件中采用限制的方法,也就不足为奇了。

相反,威斯康星州把在 Collins v. Eli Lilly Co. 案[②]中所采用了集体责任的风险贡献理论,扩展到含铅油漆诉讼

---

① 690 A. 2d 169(Pa. 1997).
② 342 N. W. 2d 37(Wis. 1984).

案中。在Thomas v. Mallett案①中,威斯康星州最高法院认为,尽管制造商的油漆的化学成分是不同的,但它们的功能是可以互换的,并且它们里面都含有铅。

一个法院建议,含铅油漆案的原告可要求使用有关妨害公共利益理论的某些版本的集体责任来提出自己的主张,而不是非得使用产品责任理论。② 法院指出,该州只需证明每个被告的行为是所诉妨害公共利益的原因,以便在全州范围内就建筑中所包含的铅颜料的集体行为进行救济。当罗得岛州最高法院在拒绝State v. Lead Indus. Association案③中适用妨害公共利益理论时,这一理论的命运已经被决定了。法院称不能单单地因为社区许多人声称有危害,就把这些的干预视为是一个公共行为。但是,更低一级的法院就有关妨害公共利益的集体责任表达出一个有趣的概念,这需要恰当的案例来做进一步探讨。

这些案件表明,如果一个法院认为情况合适,那么就可以超越乙烯雌酚案,市场份额责任理论或许能够很好的适用。但是大多数情况下,法院不愿意动摇传统的侵权法的基本理论来为不确定的被告问题提供补救措施。

6.5.6 混合产品的市场份额责任

在In re Methyl Tertiary Butyl Ether(MTBE)Prods. Liab. Litig.案④中,法院认为,某些原告可以依靠"混合产品责任理论"。许多州的原告的地下水受到甲基叔

---

① 701 N. W. 2d 523(Wis. 2005).

② See Rhode Island v. Lead Indus. Association, 2005 WL 1331196 (R. I. Super. 2005).

③ 951 A. 2d 428(R. I. 2008).

④ 379 F. Supp. 2d 348(S. P. N. Y 2005).

丁基醚(一种汽油添加剂)污染或者污染的威胁,因此,寻求诉讼上的救济。被告要求法院驳回这些诉讼,理由是:原告不能确定是哪个被告的产品引起他们的具体损害。法院分析了所涉及的各州的集体责任的方法,并裁定只要在一定程度上,这些方法得到个别州的承认,各种形式的集体责任就能够适用。

法院的观点是,甲基叔丁基醚所呈现的情况和能够引起市场份额责任理论的乙烯雌酚相类似。法院注意到,与乙烯雌酚相似,含有甲基叔丁基醚的汽油"是一种不可分开的液态商品,即使在运送的过程中和其他产品混合,不同批次之间在外观上也不会有什么变化"。而且,原告起诉称,"当它们被排入环境中时,它们也缺乏一种能够识别的化学标识"。最后,原告称,即使只有一点点的甲基特丁基醚都能引起被诉的损害,因此,一个特定被告的汽油里的甲基特丁基醚的浓度是多少,与损害并没有必然的关系。

对于一些原告来说,法院决定相关的州将接受"混合产品理论",法院的论述如下。

当原告能证明许多供应商的某种气态或者液态产品(如汽油、液态丙烷、酒精等)在损害的危险发生的那一时间和地点,呈现出一种完全混合或者混杂状态时,该混合产品引起了一个看不见的损害,那么,就应被视为是每一种产品都引起了损害……根据这一理论,每一个提炼者实际上都引发了损害。因此,如果被告的不知名的产品出现在污染区并且和其他供应商的产品混合,那么所有的供应商都要对污染事件引发的任何损害承担负责。[1]

---

[1] Id. at 377—78.

原告只需列出他们深信的引起他们损害的被告。被告若证明在相关的时间内,他的产品没有出现在那个地点就可以为自己开脱责任。法院将会根据危险发生时被告所占的市场份额来对责任进行分配。

第7章 抗辩

前面几章已经陈述了一些抗辩权,这些抗辩或者直接在实质上否定了原告主张的特定事由(例如,在指示缺陷的产品责任中提出的开发风险抗辩),或者限制对一些特定群体的被告提起诉讼(例如,主权豁免和公共部门)。在本章主要讨论其他一些可能会阻止原告主张的抗辩事由。

7.1 优先适用

私法与公法的相互交融是有毒物质侵权的基本特征之一。在一个私人提起的有毒物质侵权诉讼中,当事人所诉称的大多数行为,在某种程度上却被公法所规定,这体现在法律或行政法规上。在很大程度上,私人的诉讼权利独立存在于成文法体系之外。但是,也存在一些偶然情况,并且这种偶然情况在不断增长,那就是公法特别是联邦法设定的义务与那些州普通法所设定的义务存在相互交叉或重复。当这种重复规定出现矛盾,或者创造了实质上容易引起分歧的义务,被告就能够以公法上的义务优先于普通法上的义务来提出抗辩。

当事人提起优先适用的抗辩时,法院就被要求做出如下决定:立法意图是否允许普通法在某些领域适用,或者有冲突的普通法标准是否应当被排除。当法律中包含规定此问题的优先适用条款,并且如果这个条款非常的明确具体,那么法院就会很容易做出决定。但是,当法律规定比较含糊,或者没有规定,那么法院就要分析立法语言,或者推断立法意图,在这种情况下,法院的任务就困难多了。

法院已经采取两种基本方法来应对优先适用问题,即明示优先适用与默示优先适用。作为一般的规则,当然存在着对抗优先适用的规定。明示优先适用源于立法语言,在这些立法语言中直接包含了体现国会意图排除适用州法的证据。有时,在法规中也会包含一些保留条款,明确保留普通法之下所有的权利,这样,法院的任务就会相对容易。[①] 尽管在立法语言中明确表明了联邦法律优先适用于州法的意图,但是,对于优先适用的具体范围,立法语言可能是模糊的或者不明确的。当立法未规定时,法院必须要决定:(1)立法机关意图通过立法来排他性地"规范这一领域",以至于在这一领域没有州法适用的空间;(2)州法事实上与联邦立法体系存在冲突。某一法院可能会发现存在"实质上的冲突"——这一冲突使得既遵守州法又遵守联邦法的要求成为不可能,或者州法可能成为实现立法目标的障碍。明示优先使用与默示优先适用的准确界定并非清晰明确,尤其是在产品责任案件中。[②]

---

① See e. g., CERCLA §310(h). (明确规定,除了一些特定的情形,CERCLA"并不影响或者减损任何人在联邦、州、习惯法之下所有的权利"。)

② 要一览有关的案件与标准,See Jean Macchiaroli Eggen, The Mature Product Preemption Doctrine: The Unitary Standard and the Paradox of Consumer Protection, 60 Case W. Res. L. Rev. 95(2009)。

7.1.1 联邦环境案件

好几起重要的案件已经就联邦环境法律的立法条款与普通法的规定存在重复交叉的情况下,对个人诉讼权利存在的问题进行了处理。美国最高法院对联邦环境法律在这些案件中的优先适用做了扩张性的解读。所以,在 Milwaukee v. Illinois 案①中,法院认为,根据联邦普通法,一审原告(二审被告)伊利诺斯州不能因为密尔沃基城和其他公共实体不合理地将污水排放到密歇根湖中的行为威胁到了密尔沃基的居民的健康,而对其提起诉讼。因为,《联邦水污染控制法案》(《清洁水法案》)中的排放条款优先适用于先前存在于联邦普通法中可以就排除妨害提起诉讼的条款。法院认为,国会在制定《清洁水法案》②时,水污染的综合规制项目已经占据了这一领域。③ 关于在州法之下的诉讼能否得到支持这一的问题,Milwaukee 法院持开放态度。在 International Paper Co. v. Ouellette 案④中,法院认为,涉及州际间水污染的基于州法的诉讼主张,很明显被《清洁水法案》的保留条款所保有。

7.1.2 产品责任:明示优先适用

在产品责任的优先适用领域,美国最高法院表现得非常积极,因为很多案件都起因于毒物或者与毒物有关的侵

---

① 451 U. S. 304(1981).

② 33 U. S. C. A. §§1251-1387(West 2010).

③ See also Middlesex County Sewerage Authority v. National Sea Clammers Association,453 U. S. 1 (1981).(《清洁水法案》和1972年的《海洋保护、探索和避难所法案》的综合条款优先适用于联邦普通法关于妨害的规定。)

④ 479 U. S. 481(1987).

权诉讼。在明示优先适用和有毒物质侵权的判例中,开创性的案件是 Cipollone v. Liggett Group, Inc. 案[①]。虽然,Cipollone 案只是按照州侵权法对那些关系到各种香烟标识的影响进行直接和狭义的处理,但是,本案的决定却远远超出了其理论范畴。事实上,Cipollone 案的重要性不仅在于它触及到香烟诉讼的所有方面——从吸烟者的诉讼到非吸烟者对二手烟的诉讼,再到对香烟广告中的吸烟建议的挑战,而且对除了香烟之外的其他产品的侵权诉讼也产生了影响。

1. Cipollone 案和《香烟标识法案》

Cipollone 案中涉及一个已故者,其代理人声称,她因为吸了被告公司生产的香烟而患有肺癌。她在 1942 年开始吸烟,一直到其去世的 1984 年。此诉讼的所有主张都是基于州法规定的严格产品责任、疏忽大意、明示担保和欺骗性地虚假陈述而提起。被告提出优先适用的抗辩,认为原告的主张可以被规范香烟标识和广告的联邦法所排除。

最初的《香烟标识法案》(1965)的要求之一是,所有的香烟包装上都必须标有"注意!吸烟可能会损害您的健康"。这个法案包含了明示优先适用条款,禁止其他的州香烟标识要求,但并不影响州普通法的规定:"在吸烟广告上,并没有关于吸烟和健康的声明要求"。法院解释了该"声明"意味着在关于香烟包装标识上,州所实施的积极颁布法律的行为。但是,在 1969 年,警告和优先适用条款发生改变。立法机关将标识修改为"警告!外科医生建议,吸烟有害健康"。优先适用条款也从"声明"的禁止到任何"在州法

[①] 505 U.S. 504(1992).

之下关于香烟的广告或促销的要求或禁令"的禁止。最高法院在解释新条款时认为,该条款不仅包含了普通法之下的义务,而且也包含州成文法之下的任何规定或标识要求。

然后,法院审查1969年的优先适用条款对本案诉讼当事人的特别主张会产生何种影响。在本案中,时间是至关重要的因素,因为已故者恰好在最初的法案颁布之前开始吸烟,并在颁布之后继续吸烟。法院独立地审查了每一个诉求。首先,关于1969年之后的期间,即优先适用条款的语言发生改变的时间,法院认为能够对指示缺陷诉讼适用优先适用条款。并且,法院进行了重要区分,认为优先适用条款将不适用于那些仅仅源于生产者的试验、研究或其他与香烟广告或促销无关的活动的诉求。

其次,对于违反商品质量明示担保的主张,不得优先适用。法院将商品质量明示担保视为私人当事人附加的要求,而不是基于州法规定的要求。所以,任何商品质量明示担保的主张既不适用1965年法案中优先适用条款的语言,也不适用1969年法案中优先适用条款的语言。在法院看来,所诉称的明示担保可能是基于广告还是正式的书面形式,其实都不重要。

再次,法院认为,在欺骗性虚假陈述的主张中,一部分可以优先适用,而其他的却不可以。法院认为,如果生产者是以一种弱化健康警告的方式为其香烟做广告,对这样的主张可以优先适用,因为这能够被视为是指示缺陷的一种情形。但是,与此相反,原告声称生产者隐瞒与健康相关的实质性信息的主张并不能优先适用。法院的理由是,与这种主张相关的被告的义务是不欺骗的一般性义务,而不是与吸烟和健康相关的任何义务,所以,法院将此类主张排除在优先适用条款之外。

最后,法院认为,共谋歪曲或隐藏重大事实的主张,不得优先适用。这些主张的基础与故意欺骗性的主张相同,所以,为了实现优先适用的目的,它们应当被一视同仁对待。

像之前法院对虚假陈述的主张所做的分析那样,在一个优先适用条款中,宽泛或模糊性语言的使用已经被解释为包含在优先适用范围之内,但是州侵权法的主张并不必然导致每个州普通法主张的优先适用。对于对抗优先适用的推论的理解,所有普通法主张的优先适用很明显将不会被支持。相反,Cipollone 案清楚地表明,原告具体的主张和潜在的陈述,一定要与特定的联邦法的优先适用条款的适用范围认真对比。原告在一起指控中对于其诉讼主张所做的描述很难被控制。例如,原告可能将主张描述为指示缺陷,但主张事实上可能是疏忽大意(这可能最终导致未能充分警示产品的危险)。在 Cipollone 案中,基于测试和研究的主张将会成立,然而,特定的警示主张(1969 之后)将会被优先适用。

在之后的烟草诉讼案中,Cipollone 案判决的一些方面也被原告代理人采纳来支持自己的主张。在 Cipollone 案之后不久,一个集团诉讼案件在路易斯安那州的联邦地区法院被提起,原告代表六千万美国烟民的潜在团体来起诉烟草生产者,因为烟草中含有的尼古丁容易使人上瘾。在 Castano v. American Tobacoo Co. 案[①]中,原告主张的焦点是,烟草产业的研究和测试实践表明,被告明知香烟中

---

① 870 F. Supp. 1425(E. D. La. 1994).

的尼古丁是众所周知的易上瘾物质而继续为之。为了反驳原告的主张,被告基于优先适用条款,采取了简明扼要的判断行动。被告认为,所有的集团诉讼在本质上都是警告类的诉讼主张,无论原告使用什么样的词语去描述它。地区法院并不同意被告的观点,并引用了 Cipollone 案,否定了这种判断。Castano 案中的指控也包含默示担保的主张,这一主张在 Cipollone 案中并未被处理。法院支持了默示担保的主张,认为这些主张并非由香烟的广告和促销所引起,因此要被排除在《香烟标识法案》(1969)的优先适用条款的范围之外。

最近几年,非烟民对烟草公司提起的个人伤害诉讼有所增长,并且声称,其所遭受的疾病与二手烟(ETS)密切相关。一个早期的案例就是在佛罗里达州法院被航空乘务员提起的集团诉讼,诉由是工作场所二手烟的弥漫造成了众多的伤害。[①] 这些诉讼并未受到 Cipollone 案的影响。因为在 Cipollone 案中,优先适用的主张被限定在《香烟标识法案》的范围之内——香烟标识和香烟广告,在法律规定中的优先适用条款并不适用于二手烟诉讼主张。相反,二手烟的原告声称,其并非自愿暴露在二手烟烟雾中,所以,无论是香烟包装的标识法案,还是有关香烟广告的管制规定,在其诉讼中都不起多大作用。

2008 年,美国最高法院又一次就 1969 年《香烟标识法案》的优先适用条款的范围进行明确。在 Altria Group,

---

① See Broin v. Philip Morris Companies, Inc., 641 So. 2d 888(Fla. Ct. App. 1994). (诉中和解。)

Inc. v. Good案①中,焦点问题是原告的主张——被告香烟生产企业违反了州法中的欺骗性的规定,就所谓淡烟的健康危害欺骗了消费者,是否被优先适用。法院认为,原告的主张不符合《香烟标识法案》中的明示优先适用条款,法院重述了Cipollone案在产品优先适用理论中更广的适用范围中的重要性。特别是,法院强调了国会意图的重要性,并重述了在某些法律中,例如侵权法,这在传统上是州警察权范围之内的,能够对抗联邦法优先适用的规定。

2.医疗设备:洛尔和瑞盖

美国最高法院关于明示优先适用的两个重要案件,都包含了食品、药品、化妆品的《医疗设备修正案》(MDA)。《医疗设备修正案》将医疗设备划分为三个等级,划分依据是医疗设备对于人体的侵入程度,并且对这些医疗设备的规制强度也在与日俱增。大多数优先适用的规定都包含了第三等级的医疗设备,例如心脏起搏器、人工晶状体和胶原注射等。所以,这些设备可能引起损害的方式涵盖了从机械性伤害到化学性伤害,这往往与有毒物质侵权的定义相吻合。考虑到设备的安全性,第三等级的设备要遵守上市前审批程序(PMA)。上市前审批程序并非只针对设备本身,还要求第三等级设备的生产者向食品与药品管理局提供设备的具体信息,如产品的设计、生产、使用、标识等。一个优先于上市前审批程序的是第510(k)部分的"实质性等效"设备。这些设备如果要通过市场审批,只需要证明它们与1976年《医疗设备修正案》颁布时市场上的设备是"实质性等效"即可,并且不受《医疗设备修正案》新规定的限制。

---

① 129 S.Ct. 538(2008).

《医疗设备修正案》包含优先适用条款的规定:"任何州……都不可以设定……关于为人类所使用的设备的要求——这要求不同于,或者在《医疗设备修正案》要求的规定之外,并且此要求与设备的安全性、有效性相关……"①《医疗设备修正案》中,优先适用条款的范围在某种程度上要大于《香烟标识法案》中类似条款的范围,因为美国食品与药品管理局有权对产品的标识进行规制,而且也可以对产品的设计进行规制,这也反映在优先适用条款的语言中。

　　除此之外,美国食品与药品管理局也公布了解释优先适用条款的规则。② 法定解释的规则表明,如果法律的语言清晰明了且切题中肯,法院就可以不考虑食品与药品管理局的解释。③ 否则,食品与药品管理局的解释将占据主导地位,但前提是该解释是合理的,且不与国会的立法意图相冲突。美国食品与药品管理局相关解释如下。

　　基于法案规定,对于某一特定设备,只有当食品与药品管理局确立了明确的相反规定,或者存在其他一些特定的要求,才能优先适用于州或地方的要求,因此,如果州或地方对某一设备的要求不同于食品与药品管理局对该设备的要求,那么州或地方的要求就会被优先适用。④

　　而且,食品与药品管理局的规定指出,优先适用条款包含了任何州的要求,包括法律、条例、规定以及普通法上的

---

① 21 U.S.C.A. 360k(West 2010).
② See 21 C.F.R. §§808.1-808.5 (2010).
③ Chevron v. Natural Resources Defense Council, Inc., 467 U.S.837 (1984).
④ 21 C.F.R. §808.1(d)(2010).

诉因。①

(1) Medtronic, Inc. v. Lohr 案

Medtronic, Inc. v. Lohr 案②是一个女人和她的丈夫提起的诉讼,诉由与被告公司生产的心脏起搏器造成的个人伤害密切相关。依据《医疗设备修正案》,起搏器被划归为第三等级的设备,并且被标记为 510(k)"实质性等效"设备。原告的主张中包含过失设计和测试、欺骗性设计的严格责任、过失生产以及指示缺陷。最高法院认为,上述主张中,都不需要适用《医疗设备修正案》的优先适用条款。法院密切关注了医疗设备进入市场过程的本质,强调本案中 Medtronic 公司受争议的起搏器是一个 510(k)所称的"实质性等效"设备。这就意味着,对这个设备的市场审批过程仅仅是等效性的判断,而并非是安全性的判断。相反,法院指出,经历过上市前审批程序的设备有一个"更严格的"审查。

通过对明示优先适用进行分析,法院认为,虽然明示优先适用条款包含州普通法的侵权主张,但立法机关的意图并非优先适用原告的任何主张。首先,法院认为,原告的设计缺陷主张不能适用《医疗设备修正案》的优先适用条款,因为质疑的设备已经被标记为 510(k)"实质性等效"设备。法院的理由是,在 510(k)的审查程序中,并没有对设备的安全性和有效性进行审查。所以,食品与药品管理局并未对生产者设定任何明确的设计要求。

其次,法院解释了 Lohr 案中可能包含和食品与药品

---

① Id. § 808.1(b).

② 518 U.S. 470(1996).

管理局的规定不相符的主张。法院认为,任何这样的主张,不能优先适用《医疗设备修正案》,因为它们并非"不同于或者在《医疗设备修正案》的要求之外"。

最后,关于生产与标识的主张不能优先适用,则采取了一个完全不同的理由。虽然食品与药品管理局已经公布了关于医疗设备生产与标识的规定,但该规定包含了适用于所有设备的一般性的语言,并非针对任何特定的设备。在这一点上,法院参考了食品与药品管理局对优先适用条款的解释,认为在缺乏食品与药品管理局适用于特定设备的特别规则的情况下,关于医疗设备生产与标识的主张不能被优先适用。适用于 Lohr 案中心脏起搏器的生产与标识的规则在本质上是普遍适用性的,而并非针对特殊设备。

(2)Riegel v. Medtronic, Inc. 案

在 Lohr 案中,有一个重要的问题未被提起,那就是《医疗设备修正案》的优先适用条款是否能适用于一个已经通过充分的上市前审查程序的医疗设备的产品责任主张。Riegel v. Medtronic, Inc. 案[1]是一起与第三等级的心导管有关的个人伤害诉讼,在该案中,法院就这一问题做出决定。本案的诉讼主张与 Lohr 案类似,但是,法院发现了510(k)"实质性等效"与上市前审查程序的实质性区别,法院认为,本案的主张是可以适用优先适用条款的。随着对 Lohr 案进行细致分析,法院也审查了食品与药品管理局对优先适用条款的解释,优先适用条款适用于"只有当食品与药品管理局制定了明确相反的规则,或者在一些特殊的设

---

[1] 552 U.S. 312(2008).

备上存在其他特定的要求……"① Riegel 案的法院认为,上市前审查程序实质上就是对"适用于特殊设备的特定要求"。如果是这样,法院认为,因为食品与药品管理局要求一种设备要充分接受上市前的审查程序,并且要与其批准的申请条件几乎没有偏差,在这个理论基础上,食品与药品管理局决定,审查程序提供了设备安全性与有效性的合理保障。相反,食品与药品管理局并未对"实质性等效"的设备进行类似的安全审查。

除此之外,法院对与 Cipollone 案和 Lohr 案有关的明示优先适用的部分理论进行了深入、透彻的研究,法院认为,州普通法不仅仅适用于本案中所称的产品责任诉讼,而且基于普通法的侵权责任诉讼也不会被优先适用。进而,法院指出,"被优先适用的州的要求仅仅是那些相关的设备,或者仅仅是医疗设备,而不是所有的产品和所有一般意义上的诉讼"。

更进一步,法院做出了一个与联邦立法中明示优先条款有关的所有案件的更为广泛的说明。聚焦这个事实,即"要求"一词出现在许多联邦法律的优先权适用条款中,法院讲道,"国会有权利知道法院对经常出现在立法中的词条的解释的含义。在缺乏其他证据的情况下,指出州的'要求'包含其普通法的义务"。这个对"要求"标准化提出的统一定义,限制了原告提出这样的主张,即认为国会的意图并不一定要使那些基于州普通法的诉讼都为联邦法律优先适用。

---

① 21 C. F. R. §808.1(d)(2010).

(3) Bates and Pesticide Cases

杀虫剂的标识和包装被《联邦杀虫剂、杀真菌剂和杀啮齿动物剂法案》(FIFRA)[①]所规定,此法案是一个有关标识的法律。联邦环境保护局依据此法案而发布的规定,仅仅包含一般的标识要求,并未规定明确具体的标识语言。此《联邦杀虫剂、杀真菌剂和杀啮齿动物剂法案》的第136v(b)规定了明示优先适用条款,该条款规定"对于那些不同于或者在本章规定的要求之外的标识或包装要求,州不能规定或者使之继续生效"。

在经历多年法院内部相互矛盾的裁决之后,美国最高法院在 Bates v. Dow Agrosciences LLC 案[②]中回答了《联邦杀虫剂、杀真菌剂和杀啮齿动物剂法案》优先适用的很多问题。本案的原告是一位种植坚果的农民,其声称庄稼的损害与被告生产的除草剂有关。法院推翻了第五巡回法院的判决,也否定了大多数联邦上诉法院的立场。

法院认为,"起诉有毒物质生产者的侵权诉讼有着漫长的历史,这就为对抗优先适用的基本推论增加了动力"。法院注意到,《联邦杀虫剂、杀真菌剂和杀啮齿动物剂法案》"授权一种相对分散的方案,这样就为州法的适用预留了相对宽广的空间"。参考第136v(b)的语言,法院说道,陪审团的裁定并非必然是在此条款含义之内的"要求",但这个条款也可能包含着适当的普通法义务。法院指出,"要求"的解释并非是三年前在 Riegel 案中法院所支持的绝对的解释。在《联邦杀虫剂、杀真菌剂和杀啮齿动物剂法案》的

---

① 7 U.S.C.A. 136(West 2010).
② 544 U.S. 431(2005).

优先适用条款中,仅仅当州法的规定是有关"标识和包装"的要求时,并且还一定要附加一种"不同于或在法案要求之外"的要求时,才可以优先适用。所以,法院认为,制造缺陷、设计缺陷、过失测试和违反明示担保等主张,都不是标识和包装的要求,不能被优先适用。在标识中出现明示担保也是毫不相干的,因为法院将此看作潜在的、自愿的、双方协议的对产品的担保。

相反,法院认为,在优先适用条款之下,欺诈和指示缺陷的主张可以优先适用,因为这些主张实际上声称,产品的标识违反了州的标准,其包含了错误的信息和不充分的警告。法院强调,对这些主张优先适用的条件是,它们必须包含"法案要求之外或有别于法案的要求",即与法案的要求不符合。如果存在这样的情形,法院将会对这样的诉讼要求做出发回重审决定。

7.1.3 产品责任:默示优先适用

美国最高法院对于默示优先适用的态度并不明确,这就导致在实践中就此类案例出了很多问题。法院间的决定有时似乎是矛盾的,但是,在有毒物质侵权中,特别是在药品诉讼案件中,对于默示优先适用的作用已经为法院所充分了解。

1. Wyeth v. Levine 案

2009 年,美国最高法院分析了默示优先适用在药品责任案件中的适用。Wyeth v. Levine 案[①]涉及《食品、药品、化妆品法案》适用于新药品的条款,但是,它却对其他提出默示优先适用主张的产品责任案件产生深远的影响。在该

---

① 129 S. Ct. 1187(2009).

案中,原告声称,一家诊所在将被告的非那根药物通过静脉注射的方式注射到她的体内时,却意外地注射到其动脉之中,导致原告前臂截肢。虽然药品标识中标明,应当注意避免将药物注射到动脉中,但其并未包含任何有关静脉注射方法的明确警示。但是,被告提出了相互冲突的优先适用的主张——对于被告来说,不可能既遵守州侵权法的规定,又遵守新药品标识要求;并且,州法的规定也为《食品、药品、化妆品法案》目标的实现设定了障碍。

在《食品、药品、化妆品法案》中,适用于药品的那一部分并未包含明示优先适用的条款。法院在分析国会的立法意图时发现了它所具有的重要意义。事实上,法院注意到,在《食品、药品、化妆品法案》颁布之前,国会就该法案指出,此法案只是为了补充州法规定,而非代替州法。这种情形在《食品、药品、化妆品法案》颁布后持续了很长时间,直至2006年食品与药品管理局突然转变了这一态度。于是,承认州法在那些与处方药有关的案件中的作用的漫长历史的前提下,说服法院州侵权案件是联邦立法和规定的重要的组成部分。

Wyeth案的第一个主张是,其不能既遵守州侵权法的标准,又遵守新药品标识要求。Wyeth公司认为,一旦食品与药品管理局批准了药品标识,没有经过食品与药品管理局的批准,Wyeth公司就不能改变药品标识。法院不同意这个观点,并引用了一个条款来论证,此条款规定,在等待食品与药品管理局批准标识改变的过程中,允许Wyeth公司单方面强化标识。第二个默示优先适用的主张是,州侵权法的规定为联邦药品标识要求的有效管理设立了障碍。Wyeth公司认为,国会已经做出决定,只有食品与药品管理局有权平衡药品的风险与利益,而州在审判中,用陪审团的判断来代替食品与药品管理局的专业判断是不合适的。法院也拒绝了其第二个主张。法院查明,在优先适用条款缺位的情况下,国会也意识到州侵权法在与药品安全有关的侵权案件中所发挥的作用。所以,法院总结道,"国会并非意图让食品与药品管理局的监督成为保证药品安全有效的唯一方式"。

Levine 案的判决具有重要意义,特别是法院对州法在侵权诉讼中作用的评价。但是,依然有很多问题没有得到解决。其中的一个问题就是在未注册的药品案件中,优先适用的作用。例如,第五巡回法院认为,1984 年为了弥补规制一般药品的《食品、药品、化妆品法案》的不足所出台的《哈奇－韦克斯曼修正案》(Hatch－Waxman Amendments),以及食品与药品管理局的规定,并不能优先适用于原告起诉药品生产商存在指示缺陷的诉讼主张(引自 Levine 案)。①

2. 欺骗食品与药品管理局的主张

美国最高法院说明,不论是明示优先适用条款,还是保留条款,都不能设定假定对抗默示优先适用。② 这就使得法院在 Buckman Co. v. Plaintiffs' Legal Committee 案③中界定了《医疗设备修正案》的默示优先适用的范围。Buckman 案涉及由 AcroMed 公司生产的整形外科骨骼螺旋设备被植入到原告的脊柱中。此螺旋设备是第三等级的

---

① See Demahy v. Actavis, Inc., 593 F. 3d 428(5th Cir. 2010).
② Geier v. American Honda Motor Co., 529 U. S. 861(2000).
③ 531 U. S. 341(2001).

医疗设备,已经通过了《医疗设备修正案》设定的510(k)部分的"实质性等效"程序。食品与药品管理局两次拒绝了应用于脊柱的螺旋设备入市的申请,理由是其缺少等效性与安全性的检测。在其第三次申请中,生产者对此设备的两个不同的组件分别提起510(k)的"实质性等效"程序的申请。除此之外,AcroMed公司也不再进行应用于脊柱手术的设备的申请;然而,其要求通过在胳膊或腿的较长的骨骼上植入的申请。1986年,食品与药品管理局批准了这两项申请。原告声称,AcroMed公司和其顾问Buckman公司,在上市前审查程序中,特别是在设备用途方面,对食品与药品管理局做了虚假陈述,所以,是欺骗性地获得了市场批准。

最高法院认为,原告所声称的被告欺骗食品与药品管理局的主张,可以适用《医疗设备修正案》与《食品、药品、化妆品法案》的默示优先适用条款,因为依据州法的诉求与《食品、药品、化妆品法案》所设立的批准与实施标准存在冲突。更重要的是,法院认为对抗优先适用的推论不能适用于本案,因为在此之前,联邦的规范体系授权食品与药品管理局对任何宣称的欺诈投诉实施调查和做出决定。法院强调,在独特的联邦规制领域,关于医疗设备的申请应当被《医疗设备修正案》与《食品、药品、化妆品法案》中设立的标准予以规制,而不是由大量的州法所规制。对法院的分析起到重要作用的是《食品、药品、化妆品法案》中的此条规定:要保护医生合理地"不按标识"使用药品与医疗设备的特权。换句话说,如果一个医生有理由相信这样做是安全有效的,那么,医生就可以在脊柱上使用骨骼螺旋仪,即使这种设备被批准应用于胳膊和腿的较长的骨骼上。很明显,这是 AcroMed 公司所希望发生的。但是,对于 AcroMed 公司向食品与药品管理局申请的行为是否构成欺骗呢?这是一个独立的问题,法院认为,这仅仅是在食品与药品管理局裁判权的范围之内。①

7.2 诉讼时效的法律规定

众所周知,诉讼时效的规定将会禁止在一个特定的时间段之后才开始提起的诉讼。这样规定的合理性在于,通过为诉讼附加一个最后期限,从而保护被告免于被陈旧的诉讼主张所困扰。允许原告可以提起诉讼的诉讼期间通常是从诉由发生之日起计算。在很多有毒物质侵权案件中,传统的诉讼时效的观念已经被证明是不充分的。什么时候开始起算诉讼时效呢?在潜伏疾病的案件中,什么时候是损害实际发生的时间呢?是暴露在有毒物质之时,还是在潜在的疾病显现之时呢?立法机关与法院就这一问题的处理常常存在冲突,并着手实行各种各样的方法。

7.2.1 传统的显现规则

提起一起非故意的侵权诉讼,法定诉讼时效一般是从伤害之日起 2～4 年。对于潜伏疾病的诉讼案件,传统的方法是从(有毒物质)最后暴露的时间开始起算。所以,如果一个人的疾病从(有毒物质)最后暴露之后很多年都未显现——就像在很多与石棉有关的案件中一样,原告的诉讼

---

① This case is examined in a broader context in Jean Macchiaroli Eggen, Shedding Light on the Preemption Doctrine in Product Liability Actions: Defining the Scope of Buckman and Sprietsma, 6 Del. L. Rev. 143 (2003).

将会被因诉讼时效问题而受阻。[①] 由于这种结果存在不公平性,考虑到在传统的伤害理念之下,直到疾病显现,原告才具备提起诉讼的基础。法院与立法机关采取行动来修正诉讼时效的规则,来适应有毒物质侵权诉讼。

7.2.2 司法发现规则

到目前为止,对于大多数起因于药品、化学品和石棉的暴露的潜伏疾病的诉讼,无论是基于立法授权还是基于司法裁判,几乎每个审判法院都在修正传统显现规则遗留下来的问题。Urie v. Thompson 案[②],是美国最高法院早期的一起案件,在该案中,法院详细地阐明了将发现规则适用于潜伏疾病案件的正当理由。本案的诉因是依据《联邦雇主责任法案》,原告发生与工作相关的硅肺病,提起赔偿的诉求。法院认为,在原告有理由知道疾病之前而禁止其诉求,这是不公平的。

这一基本原理已经被各州所接受。在 Louisville Trust Company v. Johns – Manville Products Corp. 案[③]中,与 Bassham 案不同,本案是一起有关石棉侵害的案件,法院规定,此案诉讼时效的起始日期并非从石棉的最后暴露之日起计算,而是从原告知道或者应当知道伤害之日起计算。法院认为,"只有当原告遭受事实上的不公正之时,诉讼时效才开始起算",并且,事实上的不公正要被一些损失或者损害所证明。法院将发现规则适用于那些建立在过

---

① See Bassham v. Owens – Corning Fiber Glass Corp., 327 F. Supp. 1007(D. N. M. 1971). (基于其他理由做出判决。)
② 337 U.S. 163(1949).
③ 580 S. W. 2d 497(Ky. 1979).

失或者产品责任理论基础上的案件。这个发现规则是对那些已经适用于其他一些疑难案件的司法审判中发现规则的修正,例如,欺诈案件和外国医疗设备治疗不当的主张。

在抵制了很长一段时间之后,阿拉巴马州最高法院终于在 2008 年接受了发现规则。对于之前的 Griffin v. Unocal Corp. 案①,州法院仍然坚持将最后暴露规则适用于本案,除非州立法机关另有相反的规定。随着法院内部人员组成的转变,法院以 5∶4 的多数表决推翻了 Griffin 案所适用的判例法,并且指出最后暴露规则将在本州不再适用,法院认为,"只有当前的伤害出现之时,诉讼时效才开始起算"。阿拉巴马州司法与立法的角力也说明了,对于发现规则的优点在认识上仍然存在着不一致,适当地指定授权规则,在某些州仍然存在。

7.2.3 法定的发现规则

一些州的立法机关已经制定了法定的发现规则,试图解决有毒物质侵权诉讼中的主要问题。然而,发现规则并不排除司法干预的必要性。纽约州的发现规则适用于个人伤害或财产损失主张,这些伤害或损害是"由于暴露在有毒物质或者其合成物质所产生的潜在影响,这些有毒物质或者其合成物质以各种形式作用于身体或财产之上或者之内"。② 法律规定,三年的侵权诉讼时效是从发现伤害之日,或通过"合理地注意实践"应当发现伤害之日起开始计算。这个立法语言似乎要求原告在开始怀疑疾病与早期的物质暴露之间存在联系之后,应当采取一些调查行动。在

---

① 990 So. 2d 291 (Ala. 2008).
② N. Y. Civ. Prac. L. & R. 214-c(2)(McKinney 2010).

了解疾病的起因上,纽约州的立法对原告的时间设定了一些限制。此规定设置了分层体系,即允许原告发现疾病之后的一段合理时间内去查明造成疾病的原因,但是,在给定的特定时间段一旦过去,原告必须说明在当时的那个时间,有关因果关系的科学知识无法获得。但是,在最后,如果从发现疾病之日起五年内,原告还未发现疾病的原因,诉讼将会被禁止。

关于何种物质被规定在发现规则之内,纽约州的法律语言规定并不明确。它仅仅是提到"物质",并且将"暴露"界定为"通过吸收、接触、服用、吸入、灌输或注射等直接或间接地暴露"。① 在 Prego v. City of New York 案②中,法院将第 214 条 c 款适用于本案,本案的原告声称,在医院的某个位置,她被一个随意丢弃的针头所刺伤,因而感染了艾滋病病毒。被告辩称,此案诉讼时效已经届满,因为艾滋病病毒并不属于本法律规定的"物质"范围。法院不同意被告的观点,法院认为,"潜伏疾病生物性地传播"符合本法律有关于"物质"的定义。并且,法院相信,在颁布该法律之时,立法机关已经意识到艾滋病病毒传播途径的多样化,如果立法机关真有被告所宣称的意图,那么立法机关就会明确将艾滋病病毒或者其他生物有机体排除在规定之外。

另一个需要寻求答案的问题是,第 214 条 c 款第四项规定的延长原告发现疾病事由的时间是否只适用于潜伏疾病的诉讼。在 In re Ephedra Prods. Liab. Liti. 案③中,法

---

① See N. Y. Civ. Prac. L. & R. 214-c(1)(McKinney 2010).
② 541 N. Y. S. 2d 995(N. Y. App. Div. 1989).
③ 2006 WL 944705(S. D. N. Y. 2006).

院认为,原告 Giordano 的诉讼应当因诉讼时效届满而败诉,因为根据纽约州法律的言中之意,他所遭受的中风并不是一个"潜在的后果"。原告认为,直到四年之后他中风了,他才意识到自己使用麻黄属植物与中风之间可能存在联系。正是如此描写,在 Giordano v. Market American Inc. 案①中,第二巡回法院已经向纽约州上诉法院证实了这一问题,与此相关联的另一个问题是,就该法律的立法目的而言,在有毒物质暴露 24 小时或 48 小时之后发生了不利的健康影响是否能构成"潜伏"。

7.2.4 发现的时间

无论发现规则是由司法设定还是为立法所设定,在原告被认定为已经发现或者应当有理由发现其所声称的损害时,决定这个问题存在很多争议。因为潜伏疾病一般发病较慢,且伴有多种循序渐进的症状,案件的焦点在于,在发病的过程中,原告什么时候就具备了充足的证据来启动诉讼程序。同样地,其他一些问题也会产生,即当疾病发生之时,但原告并不知道疾病发生的准确原因。对于发病原因,原告需要有多大程度的怀疑才能引发诉讼时效的起算呢?

一般来说,诉讼时效的起算日期是原告知道损害或者知道可能的原因的日期。但在原告知道生病了,但却不知道具体的发病原因的情况下,这一日期从何时起算呢?为了获得疾病的原因,原告通过咨询医生或专家的建议,来调查疾病可能的原因,那么这种被要求的调查需要达到何种程度呢? 在 Evenson v. Osmose Wood Preserving Compa-

---

① 599 F. 3d 87(2d Cir. 2010).

ny of America, Inc.案①中,原告被诊断为患鼻息肉和过敏性鼻炎超过三年,在这之前,一个医生建议他这种病可能与工作场所的化学物质有关。然后,他提起诉讼。在进行治疗的早些年,其他医生也怀疑过该疾病可能与工作场所有关,但在进行临床检验后,发现化学物质并非是疾病的原因。如果最初的症状和怀疑引起了两年诉讼时效的开始起算,那么原告的诉讼将会因诉讼时效而败诉。

Evenson案的法院拒绝适用明确的界限,法院认为诉讼时效要在这种情况下开始起算,即原告知道特定的有毒物质的暴露是引发疾病症状的原因,应当具有"合理的可能性"。基于本案的事实,法院指出"一个合理的可能性,要小于很可能,但要大于没有专业或医疗知识的外行(如本案的原告)所具有的纯粹的怀疑"。所以,直到最后一个医生明确表达了工作场所是引发原告疾病这个观点之后,原告才意识到工作场所可能是其疾病的原因具有"合理"的可能性,所以,此案仍在诉讼时效期间内。

宾夕法尼亚州的上诉法院在 Simon v. Wyeth Pharmaceuticals, Inc.案②中也表达了相似的观点,这是一个非工作场所的产品责任案件。1992 年,原告因为其更年期症状开始进行激素取代疗法(HRT),结果在 2002 年 3 月被诊断为患有乳腺癌。原告既没有摄入大量的药物,诊治医生也没有警告过激素取代疗法有任何患乳腺癌的风险。2002 年 7 月 9 日,美国国家卫生研究所(NIH)发表了一篇激素取代疗法与乳腺癌关联性的研究报告,原告也从报纸

---

① 899 F. 2d 701(7th Cir. 1990).
② 989 A. 2d 356(Pa. Super. 2009).

上简单了解到这个研究报告。2004年7月1日,她提起诉讼。这是由于原告对诉讼时效的顾虑,因为从研究报告发布之日起已经快两年的时间。宾夕法尼亚州的司法发现规则中规定的诉讼时效是两年。法院认为:"一个完全缺乏医疗知识的外行,能够在发布研究报告之前了解激素取代疗法与乳腺癌之间的逻辑关系,这是完全不合理的。"同样在Pettit v. Smithkline Beecham Corp.案[①]中,原告主张,在其怀孕期间使用帕罗西汀药物(drug paxil)而导致她女儿先天性的心脏缺陷,以至于十年后夭折,法院认为她可以就此提起诉讼。法院认为,"不应当要求原告去研究八年前开给他们的药方的药理"。另一方面,"也不应当要求原告对其接受关于损害原因的明确认可存在一个合理的注意"。[②]

通常情况下,诉讼时效的起算日期是一个难以确定的疑难问题,对于相似的案情,法院也可能会做出不同的决定。在Kullman v. Owens-Corning Fiberglas Corp.案[③]中,法院认为,当原告怀疑其在工作场所吸入的灰尘可能会导致其患上呼吸系统疾病之时,原告应当知道其可以进行诉讼,即使在七年之后,他才被诊断为石棉沉滞症。所以,他的诉讼时效已过。相反,在Joseph v. Hess Oil案[④]中,法院认为,原告的疾病,加上其明知自己暴露于石棉之中,并且其明知石棉的危害,这都不足以满足"知道或应当知道"的条件。

---

① 2010 WL 1463479(S. D. Ohio 2010)(slip op).
② Cannon v. Minnesota Mining & Mfg. Co., 2009 WL 350561 (D. Utah 2009)(slip op.).
③ 943 F. 2d 613(6th Cir 1991).
④ 867 F. 2d 179(3d Cir. 1989).

有时候,更多可能的诊断结果要归责于原告。在Wetherill v. Eli Lilly & Company案①中,原告在出生之前就被暴露于乙烯雌酚(DES)中。在 1978 至 1979 年,她被诊断为先天性子宫颈癌症。直到1989年,在其经历多次流产,发现子宫畸形,进行子宫粘膜手术,被诊断为机能不健全子宫之后,她才意识到自己患有乙烯雌酚暴露的"典型症状"。在 1992 年她提起诉讼。纽约上诉法院认为,在其着手进行诉讼之前,诉讼事由发生已经超过三年,所以,应当被诉讼时效所禁止。在解释了 N. Y. Civ. Prac. L. & R. §214-c(在前述第三部分已经进行过讨论)之后,法院认为,"发现伤害"的语言意味着明确发现当前状况或疾病或由此而引发的症状,而并非是可能的原因。法院认为,在1988 年之前,原告有足够的信息清楚地明白其所遭受的伤害。法院拒绝了原告依据纽约州法规定的延长诉讼时效规定而使用宽限期的主张,因为她在 1988 年之前应当知道其症状与乙烯雌酚之间的关系。

乙烯雌酚的暴露可能会对健康造成不利后果,这个知识被广泛传播,也应该为公众所知晓,因此,法院将此案归咎于原告。②

第三巡回法院指出,通常情况下,发现规则所显现的问题要以事实为依据,反对在简单判断的基础上进行处理。

---

① 678 N. E. 2d 474(N. Y. 1997).
② Accord Whitney v. Agway Inc. , 656 N. Y. S. 2d 455(N. Y. Sup. Ct. App. Div. 1997).(法院认为,在这个杀虫剂暴露案件中,诉讼的提起时间要不迟于原告意识到她的症状与杀虫剂的暴露"有可能的联系",并且说道,这种充分地意识到这种联系并不引起诉讼时效的起算。)

在 Debiec v. Cabot Corp. 案①中,法院参考了一些依据宾夕法尼亚州的诉讼时效法律而宣判的较为可信的案件。在其中一个案件中,法院指出,虽然原告被期望实施合理的注意义务,来调查其症状与可能的原因之间的关系,然而在一些情况下,他们可能会过于依赖被证明是错误的医疗诊断。在 Debiec 案中,原告的医生告诉她,她不可能患有慢性铍病,但事实上她却死于这种疾病。法院认为,由于存在重大的事实问题,对被告进行简单判断是错误的做法。②

在偶然情况下,法院也会发现被告试图阻止原告发现其病因的恰当时机。Johns v. United States 案③是一起由美国海军陆战队造成水源污染而引发疾病的诉讼主张。法院强调在查明病因上原告有"合理调查"的要求,结论是法院认为,原告的诉讼可以进行。在移居海军陆战队后 20 年,原告被诊断出患有该疾病。法院发现,原告的疾病与"海军部门不愿意提供与基地污染有关的消息,或者不愿意提醒原居民注意"有关。所以,原告接触必要信息的途径受到限制。

一个与此相关的问题是,由于暴露于一种有毒物质下,而引发多种不相关的疾病或症状,此时,原告发现疾病的日期该如何起算呢?例如,在 Kemp v. G. D. Searle & Company 案④中,第五巡回法院适用宾夕法尼亚州六年诉讼时

---

① 352 F. 3d 117(3d Cir. 2003).

② Accord Keller v. Armstrong World Industries, Inc., 107 P. 3d 29 (Or. Ct. App. 2005).(法院认为,应当归责于"有合理的机会去查明所有事实"的原告,从而改变了对被告的简单评判。)

③ 2010 WL 668262(E. D. N. C. 2010).

④ 103 F. 3d 405(5th Cir. 1997).

效的规定,认为原告由于不孕不育而起诉宫内节育器生产者的诉讼,已过诉讼时效。法院分析了宾夕法尼亚州关于潜伏疾病的法律规定,即原告应当自发现或通过合理调查应当发现其伤害之日起六年内提起诉讼。在被诊断为输卵管受损之前,原告已经患骨盆炎(PID)大约八年的时间,而输卵管受损是其不孕不育的直接原因。原告称,骨盆炎的主治医生告诉她,骨盆炎可能会导致输卵管受损,但他并不建议进行诊断试验,除非在试图受孕 12 个月之后原告还未成功怀孕。而事实上,上述事实却已发生。法院驳回了原告的主张——不孕不育是独立于骨盆炎的症状,其诉讼时效应当有独立的起算日期。法院认为,不孕不育应当与骨盆炎一样,都是"因果关系链条"上的一部分,即使在多年前尚未诊断出不孕不育,但对于宫内节育器的诉讼时效应当从发现骨盆炎开始。

Kemp 案指出了这种潜伏疾病案件真正的问题所在。当尚未知晓输卵管开始受损时,原告将被迫因为不孕不育在早期就向被告提起诉讼。这个结果要求原告对受伤害的程度进行推测。允许原告在发现自己不孕不育时起诉,这将会提供更为准确的、寻求赔偿的伤害的途径。更为重要的是,在发现不孕不育之时,改变或提高现状而进行的医疗诊断的可行性将会更加精确。

Kemp 案的法院也对那些包含两种独立的、不同的疾病的案件进行对比。在这种情况下,原告可以依据后来诊断的疾病或较后的症状来起算日期。例如,在 Abrams v. Pneumo Abex Corp. 案[①]中,宾夕法尼亚州最高法院指出,

---

① 981 A. 2d 198(Pa. 2009).

宾夕法尼亚州已经意识到"两病规则"将近二十多年,并且认为,之前由于其患有非恶性的与石棉相关的疾病而提起诉讼的两个原告,可以由于同种有毒物质引起的疾病而提起诉讼,并且不会受到诉讼时效的禁止。① 同样的,在 Schiro v. American Tobacco Company 案②中,即使作为烟民的原告已经患有肺气肿多年,法院也允许其由于肺癌而采用较迟的诉讼时效起算日期。区别就在于原告是否患有相同疾病过程的不同症状(如骨盆炎和不孕不育),或者不同的疾病(如石棉沉滞症与间皮瘤)。在同一问题上,在 Grisham v. Philip Morris U. S. A., Inc. 案③中,加州最高法院在确认了第九巡回法院的问题的基础上指出,原告较早地意识到吸烟易上瘾的特点,并不会启动之后患上与吸烟有关的疾病的诉讼时效的起算。

7.2.5 财产损害的诉讼主张

在一些州,发现规则的诉讼时效规定不仅适用于个人伤害案件,也适用于财产损害案件。④ 所以,在 Harry Stephens Farms, Inc. v. Wormald Americans, Inc. 案⑤中,法院适用了发现规则,认为本案事实的真正问题在于:原告何时知道其财产受到来自邻近被告的化学工厂漂移过来的物质的污染。关于其他的事情,法院认为,追溯 20 世纪 90 年代中期的可能的环境污染,原告对其"无可争辩的担心和

---

① Accord Wilson v. Johns-Manville Sales Corp., 684 F. 2d 111(D. C. Cir. 1982).

② 611 So. 2d 962(Miss. 1992).

③ 151 P. 3d 1151(Cal. 2007).

④ See, e. g., N. Y. Civ. Prac. L. & R. 214-c(McKinney 2010).

⑤ 571 F. 3d 820(8th Cir. 2009).

关注",并非是进行概括判断的恰当证据。在 Harry Stephens Farms 案中,原告的主张是基于过失、妨害与非法侵入他人财产。

在妨害诉讼的背景之下,法院对永久妨害与持续妨害进行了相当细致的区分。永久妨害是指妨害不能被中断,且会无限期地持续下去。大概所有与永久妨害有关的损害都会同时发生,并且会在一个独立的案件中被评判。所以,永久妨害要遵从固定的诉讼时效法律规定,且从妨害产生之日起算。① 例如,在 Dombrowshi v. Gould Electronics Inc. 案②中,法院认为,为了实现诉讼时效的目的,对空气、土壤、地下水的铅污染构成了持久侵犯或妨害。法院认为,诉讼时效自原告第一次应当发现因铅污染致其财产贬值之日起算。③ 相反,持续妨害具有更加零散的与不连续的特征。提起持续妨害诉讼主张的原告有可能会提起连续不断的诉讼。

一些案件表明,消除石棉的诉讼主张可能不适用发现规则的诉讼时效规定。在 MRI Broadway Rental, Inc. v. United States Mineral Products Co. 案④中,纽约上诉法院认为,在消除石棉的诉讼中,诉讼时效的起算是从石棉被安装之日起计算,而不是在十年后污染程度超过政府规定的标准起算。同样的,在 Corporation of Mercer University

---

① See Phillips v. City of Pasadena, 162 P. 2d 625(Cal. 1945).
② 954 F. Supp. 1006(M. D. Pa. 1996).
③ See also Gomez v. Montana, 975 P. 2d 1258(Mont. 1999).(工人由于工作场所油漆的暴露而提起的诉讼主张,并不构成持续侵权,诉讼时效从原告首次知道或应当知道构成妨害的事由之日起算。)
④ 704 N. E. 2d 550(N. Y. 1998).

v. National Gypsum Co. 案①中,法院在确定了乔治亚最高法院的问题后,法院认为,为了在建筑中消除石棉,针对石棉生产者提起的财产妨害主张并不适用于人身伤害的发现规则的诉讼时效规定。

7.3 除斥期间

在实践中,除斥期间以不同于诉讼时效的方式发挥作用。这些规定与诉讼时效的规定相结合,共同给予被告最大限度的保护,使其免于过期的诉讼主张。原告的主张要及时,既要在除斥期间内,也要在诉讼时效期间内。除斥期间禁止那些在特定的案件中,超过一定的期间而提起的诉讼。这在产品责任诉讼中最为明显。

在 Braswell v. Flintkote Mines, Ltd. 案②中,法院将《印第安纳产品责任法案》适用于本案——一个关于石棉的案件,此法案规定了两年的诉讼时效和从产品交付之日起十年的除斥期间。③ 所以,如果十年的除斥期间过了,即使诉讼时效可能还未过期,该诉讼也要被禁止。法院发现,该法律规定与除斥期间的目标是相协调一致的,都是"给予原告一个合理的期间来主张自己的权益,保护被告和法院免于处理证据缺失、难以查明真相的案件"。

在 Baughn v. Eli Lilly & Co. 案④中,在产品的"安全

---

① 877 F. 2d 35(11th Cir. 1989).
② 723 F. 2d 527(7th Cir. 1983).
③ See Ind. Code Ann. §34-20-3-1(b)(2)(West 2010).
④ 356 F. Supp. 2d 1166(D. Kan. 2005).

保质期"结束之时,除斥期间也届满了。① 法律规定,"安全保质期是从产品生产之日起,向后延续的一段时间,在此期间,产品应当以正常的方式来使用,或以安全的方式来保存"。原告声称的损害,从生产之日起,已经发生了十多年,这就引起一个假设,即产品的安全保质期已经过期。Baughn 案是一起涉及乙烯雌酚的案件,法院认为,关于原告是否适用十年时效的例外规定,存在着事实问题。原告声称,她属于"持续暴露于有毒物质之下"的例外情况,或者其发生的损害直到十年期间届满时才被发现。②

Montgomery v. Wyeth 案③是一个减肥药产品责任案件,在本案中,一个更为严厉的结果降临在原告身上。法院适用了田纳西州除斥期间的规定,即原告须在产品"预期寿命"届满后一年内提起诉讼。④ 原告主张,除斥期间并不能禁止其诉讼,因为其所购买的产品上并没有保质期。法院拒绝了原告的主张,并且认为除斥期间"并不要求购买者知道保质期,而是要求生产者在其产品之上附上保质期"。法院的理由是,除斥期间的立法意图就是为了禁止这样的诉讼,不论受损害的一方是否知道保质期。⑤

除斥期间的规定并非仅仅适用于产品责任案件。通常

---

① Kan. Stat. Ann. §60-3303(2009).

② See id. §60-3303(b)(2)(D).

③ 580 F. 3d 455(6th Cir. 2009).

④ Tenn. Code Ann. §29-28-102(West 2010).(将"预期寿命"界定为产品的保质期。)

⑤ Cf. also Spence v. Miles Laboratories, Inc., 37 F. 3d 1185(6th Cir. 1994).(法院认为,原告声称凝血产品感染艾滋病病毒的诉讼可以被除斥期间所禁止,并且在此基础上进行判决,而不是在保护血液的法律基础上进行宣判。)

情况下,该规定也出现在与不动产有关的案件中,将诉讼限定在对不动产实施改良之后的特定时间段内。[①] 在 Risch v. Paul J. Krez Company 案[②]中,法院将除斥期间的解释适用到不动产的建造或装修上。法律规定,侵权诉讼提起的期间要在被声称的错误行为或疏忽行为发生后十年之内。原告逝去的那些亲人曾经在 20 世纪六七十年代,被暴露于石棉管道的覆盖之下;在 1992 年,他们知道患上了间皮瘤。原告声称,被告的安装行为仅仅是其销售石棉产品主营业务的一小部分,并且这种销售并不在除斥期间的适用范围之内。法院使用了"行为分析法",认为被告要被十年除斥期间的规定所保护,因为被告已经实质性地参与到工作场所石棉产品的安装之中。

就像这些案件所展示的那样,潜伏疾病案件对除斥期间的适用提出了新的挑战。在 Risch 案中,除斥期间很明显是针对那些财产损害与事故的主张,而非疾病主张。同样的,在产品案件中的除斥期间也都主要关注的是事故,也并非疾病。在法律中缺乏明确的例外规定时,法院倾向于更加严格地解释除斥期间的规定。所以,在 Klein v. DePuy Inc. 案[③]中,第七巡回法院拒绝将北卡罗来纳州的除斥期间的规定适用到疾病案件中,并且认为,除斥期间的主要目的在于保护制造商免于无限期的责任。在阿拉巴马州,法律新的发展可能预示着在人身伤害侵权案件中适用除斥期间的条件将会放宽。阿拉巴马州的除斥期间禁止那

---

① See, e.g., Md. Code Ann., Cts. & Jud. Proc. §5—108(2010).
② 678 N.E.2d 44(Ill. App. Ct. 1st Dist. 1997).
③ 506 F.3d 553(7th Cir. 2007).

些在"应当提起诉讼之后"超过二十年还未提起诉讼的案件。在 Owens－Illinois v. Wells 案①中,阿拉巴马州最高法院认为,在有关石棉的人身伤害案件中,只有当"诉讼的所有关键要素,包括损害等条件都已经具备,使得原告能有根据地提起诉讼时,二十年的除斥期间才开始起算。除斥期间并不仅仅是依赖于被告的行为"。在本案中,在二十年的期间之内,原告的疾病还未显现出任何症状。

7.4 既判力

在有毒物质侵权诉讼中,既判力或者诉讼排除,经常会对原告与法院造成进退两难的困境。这是因为有毒物质的损害,并不同于传统损害的显现方式。以与石棉有关的疾病为例。一个石棉工人,明知自己暴露于这种物质之下,并且明知与此有关的危害,首先可能会认为,自己可以由于害怕感染与石棉有关的疾病而提起诉讼,也可以由于感染石棉疾病的风险增加而提起诉讼,这两种诉讼将在第九章进行讨论。这个工人的肺部可能显现出无症状的胸膜斑块,这是一种与石棉暴露有关的症状。结果,这个工人患上石棉沉滞症,最后,也许会患上间皮瘤,这是石棉工人高发肺癌的一种形式。如果这个工人选择在其患有石棉沉滞症,但还未患有间皮瘤的时候提起诉讼,那么,由于间皮瘤而提起的诉讼能否被既判力理论所禁止呢?

既判力原则通常允许原告只能就某一损害事实提起一次诉讼。当在一个特定的诉讼中,法院已经做出合法的最

---

① 2010 WL 1640962(Ala.2010)(还未公开).

终判决时,既判力的原则就会阻止基于同样主张的之后的诉讼,有一个例外是在第一次诉讼中原告获得了胜诉。这是反对将诉讼进行分割的一般规则。那么,怎样才构成一个主张呢?现代的方法是通过相互联系的事务分析法。大多数的法院都遵循《侵权法重述:Ⅱ》第24节的判断:

一项已决的诉讼主张将排除原告对抗被告以寻求补救的所有权利,这些权利可能是基于原告与被告之间的所有事务或者任何一部分,或者一系列有关联的事务……要实事求是地评判一个主张,就要多考虑这些事实在时间、空间、起因或动机上是否相关,它们是否形成一个便利的审判单元,将它们作为一个整体进行处理是否符合当事人的期待或商业习惯。

所以,相互联系的事务分析法包含了不同的证据、理论、损害与补救。

虽然,既判力原则存在一些例外,但是在有毒物质侵权中,例如石棉侵权这一情况,存在的主要问题是相关联的事务范围的界定,也就是被排除的诉讼范围的界定。诉讼分割在何种程度上被允许呢?这个问题与诉讼时效的起算问题紧密相关。假设司法机关采用发现规则,并且禁止诉讼分割,那么原告的整体诉讼(包括由于有毒物质的暴露而引发的后来的疾病)就会从首次发现受伤之日起计算。然而,为保证诉讼效率,在原告知道疾病之前,原告提起诉讼的行为将会被禁止。这就类似于法院面临的关于除斥期间的困境。因为在诉讼排除事项与诉讼时效之间存在紧密联系,所以在诉讼时效的背景下已经出现了很多关于此问题的判例法。尽管这并不直接影响诉讼排除案件,但假定法院愿意对时效起算规则与诉讼排除规则协调理解,那也是比较安全的。

传统的既判力原则和诉讼排除规则的严格适用,将会禁止任何起因于同种情况的、之前已经被裁决过的诉讼主张。[①] 然而,目前出现的新趋势是,允许原告在某些情况下对其诉讼主张进行拆分。

在 Wilson v. Johns－Manville Sales Corp. 案[②]中,法院思考了诉讼时效起算规则背后的合理性,特别关注了随着时间的流逝,证人与证据的不断消失的问题。法院说道,潜伏疾病的案件要求"对诉讼的方方面面进行更加细致的描述",导致被禁止的诉讼范围更加狭窄。法院密切关注了有毒物质侵权诉讼的特征,"在潜伏疾病的诉讼之中,关键问题在于疾病的存在,以及最可能的原因与损害性的后果。在潜伏疾病案件中,随着时间的流逝,与这些问题相关的证据才慢慢形成,而非消失"。

Wilson 案的法院也从另一个方面审视了诉讼分割。传统的侵权法规则允许原告从被告所实施的行为中,恢复所有的伤害,不论是过去的、现在的,还是将来的。法院也注意到,传统的观点认为,将来的损害要被合理的确定,且能从中恢复。然而,在证明将来疾病存在合理的确定性方面,有毒物质侵权案件中的原告存在困难,这影响了法院更加倾向于允许诉讼分割的规则。

就像 Wilson 案所表明的那样,既判力的相关问题与法院是否应当意识到原告在将来感染疾病的不断增长的风险

[①] See Gideon v. Johns－Manville Sales Corp., 761 F. 2d 1129(5th Cir. 1985).

[②] 684 F. 2d 111(D. C. Cir. 1982).

问题息息相关。出于对原告们投机本质的慎重考虑,法院对原告提起类似诉讼的反应也非常强烈。允许这种诉讼的提起,如果法院对各方都非常负责的话,在相关的审判中,法院将会密切地依靠诉讼分割规则与诉讼时效的起算规则。对于风险增长的主张将在第九章第二节进行讨论。

关于既判力原则,橙色剂案提出了一个不同的问题。1984年,橙色剂集团诉讼案审结。案件的结果是,为申请伤害赔偿的集团诉讼成员设立基金,此基金的有效期是十年。在Stephenson v. Dow Chemical Co.案[①]中,一个集团成员因为生病向橙色剂的生产者提起诉讼,此时,设立的基金已经过期数年,并且该被告也是当年集团诉讼的当事人。被告依据既判力原则来对抗原告,并且认为,作为集团诉讼中的成员,他们应当接受集团诉讼的结果,并且之后不能再以伤害为由提起诉讼。第二巡回法院认为,既判力原则并不约束原告。法院指出,"一般来说,既判力原则也会对缺席的集团成员产生约束,除非这样做违背程序正义"。集团诉讼中,充分代表所有成员的意志对于程序正义来说是至关重要的,并且一定要通过诉讼程序进行检验。法院认为,"因为之前的集团诉讼意在解决将来的所有的问题,但是却只为1994年之前发现死亡或受伤的人提供救助,因此,原告与集团代表的冲突就变得非常明显。由于当时所制定的解决条款没有考虑到那些在1994年之后个人伤害才显现的原告,并且当时设立的基金到1994年也终止了。所以,在之前的橙色剂诉讼中,原告的意志并未被充分代表"。

在2003年,美国最高法院通过一个势均力敌的法官分

---

① 273 F. 3d 249(2d Cir. 2001).

歧意见,确认了该第二巡回法院的判决。[①] 所以,虽然没有美国最高法院的明确指引,第二巡回法院的观点成立。

第二巡回法院的决定,既符合集团诉讼判例法的长远发展,也与最高法院在最近的 Amchem 案和 Ortiz 案中的判决相一致。这些案件将在本书第十章予以讨论,在这些案件中,法院再次强调了在集团诉讼中,集团成员内部冲突的可能性,因为集团内部既包括已经受伤的人,也包括暴露于有毒物质之下还未发现伤害的人。

另一个受到高度关注的案件也包含了既判力的原则。1998 年,大多数州与主要的烟草公司签订了一份协议,用来解决本州居民即将发生或未来发生的、由于烟草疾病而产生的公共赔偿支出。这份协议,就是众所周知的烟草大和解协议(Master Settlement Agreement,简称 MSA),协议要求烟草公司支付 2060 亿美元,用于支付各州 25 年的赔偿支出。作为回报,州同意放弃对烟草公司惩罚性的损害赔偿的诉讼主张。在 Brown & Williamson Tobacco Corp. v. Gault 案[②]中,Gault 是一个烟民,也是乔治亚州的居民,乔治亚州也是签订协议的一个州。Gault 对协议另一方的烟草公司提起诉讼,主张补偿和惩罚性的损害赔偿。乔治亚州最高法院认为,大和解协议使得被告免于惩罚性损害赔偿,这对本州的个体烟民也具有约束力,因此,这个惩罚性主张的诉讼不能进行。法院声称,在大和解协议中,州代表了本州全体居民的利益,所以,居民也应当受到协议的约束。

---

① Dow Chemical Co. v. Stephenson, 539 U.S. 111(2003).
② 627 S.E. 2d 549(Ga. 2006).

7.5 原告可归责的行为

随着侵权法改革运动的兴起,比较过失、共同过失也被提起,人们开始更加关注原告的疏忽行为,因为一般来说,发现原告存在共同过失并不会禁止原告提起诉讼,而是根据原告的过失在整个过失中的比重,相应地减少原告所获得的赔偿。但是,在一些州,只有当原告可归责的行为达到一定程度的时候,才会进行某种形式的禁止。①

作为产品责任的抗辩权,原告可归责的行为在本书第二章第五节第五部分已经进行过讨论。在妨害案件中,当原告可归责的行为被提出时,会产生一些不同的问题。为了判断共同过失是否构成妨害案件中的抗辩,有必要注意所声称的潜在行为是基于过失、故意、鲁莽,还是异常危险的行为。根据《侵权法重述:Ⅱ》,共同过失在以故意和鲁莽行为为基础的妨害案件中,不能作为抗辩事由。② 当妨害案件所主张的行为是过失行为时,共同过失可以作为抗辩事由,在某种程度上,这可以在任何过失案件中作为抗辩事由。③ 关于在严格责任基础上的妨害主张,"只有当原告自愿且不合理地将自己暴露于危险下时,共同过失才能成为抗辩事由"。④ 当被告能够证明原告明知危险和危险的程度,而去自愿面对时,对风险的预测就可以构成妨害案件的

---

① See, e.g., Minn. Stat. Ann. §604.01(West 2010).(规定如果原告的过错大于被告的过错,那么其所寻求的补偿将不能弥补其损害。)

② Restatement (Second) of Torts, §840B(2)(1997).

③ Id. §840B(1).

④ Id. §840B(3).

抗辩事由。①

《侵权法重述：Ⅲ——责任的分配》(2000)尽量避免分散化的规定。于是，法律重述中的分配是指"责任"在当事人之间的分配，而不是根据过错的分配，《侵权法重述：Ⅲ》第八部分也设定了一些大多数案件中决定分配的因素。

---

① Id. § 840C.

第 8 章 因果关系

8.1 毒物侵权的因果关系问题

8.1.1 简介

传统观点认为,因果关系包括两个要素,即事实上的因果关系与法律上的因果关系。一般来说,在这两个因果关系中,事实上的因果关系因为其仅仅要求对导致损害结果的一系列事实事件进行识别,因而被认为更容易获得人们的认同。而法律上的因果关系,是建立在政策基础上,而非事实基础上。法律上的因果关系的政策基础要求法院对于什么样的事实事件能够被认定为损害的法定原因进行识别。毒物侵权在各方面都对传统的因果关系分析方法提出了挑战。

在毒物侵权案件中,最让人头疼的现实是原告不能在被告的行为或产品与其所声称的损害之间建立起直接的事实联系。作为毒物侵权典型的潜伏疾病案件,就与传统侵权案件中典型的外伤或急性伤害(例如机动车交通事故)非常的不同。以 Allen v. United States 案[①]为例,本案中,法

---

① 588 F. Supp. 247(D. Utah 1984).

院面对的是原告白血病或其他疾病的诉讼主张,原告声称,这是由美国政府主导的原子能测试项目而释放出的放射物所引起的。法院对本案中的毒物侵权的因果关系与标准的因果关系进行了如下区分比较:在大多数案件中,被告的行为与原告的损害结果之间的事实联系不存在真正的争议。通常情况下,因果关系是很明显的:A 的机车撞了 B,伤害了他;A 产品的瓶子爆炸了,伤害了 B;A 财产中存储的水流到 B 的土地上,立即引起了损害。本案中,将被告作为原告伤害和死亡的起因,这之间的事实联系是存在很大争议的。由于原告所遭受伤害的本质……因果关系原理的本质……异乎寻常的时间因素与其他可变因素……使得本案中事实上的原因及其因果联系的判断变得非常复杂。

在 Allen 案中,暴露在放射物与疾病的显现之间存在着潜伏期,这是使问题复杂化的一个因素。由于暴露在放射环境下与疾病的产生的联系并不非常明显,因此,问题由此产生,即暴露在放射环境下与疾病的产生之间存在着其他可能的介入因素,这些介入因素有可能引起或导致伤害的产生,从而取代了起初提出的放射暴露主张。

在 Allen 案中,使问题复杂化的第二个因素是原告所声称的癌症"并不具有特别的特征",原告的癌症不仅仅出现在原子能项目测试期间受到放射物辐射的人群,也出现在一般的人群身上。原告的癌症与一般人群所患的癌症在临床上并没有区别。更重要的是,虽然暴露在辐射中与原告所声称的疾病有关,但是众所周知,暴露在其他物质中也与那些疾病有关。所以,到底是何种物质引起了事实上的损害,并没有确切的答案。

一个与此相关的问题是,科学家在确定很多疾病的准确原因方面无能为力。关于人类的致癌原因、基因突变和畸形发育等,科学研究至今还未达成确定无疑的、综合性的结论。并且,从原告的主治医生到医疗专家,关于疾病的确定无疑的临床证据还严重缺乏。这样的现实阻碍了原告证明其主张的必要因素。就疾病起因的科学研究和因果关系的法定证据之间的联系,已经产生了科学证据可容性标准的紧密分析,这将在第二节予以讨论。

8.1.2 一般因果关系与特殊因果关系

每一个因果关系分析,如果不明显,都暗含着一般因果关系与特殊因果关系的判断。一般因果关系(在一些判例法中有时被称为"种类因果关系")指的是,在原告所声称的情形下,特定危险物质的暴露会引起原告所声称的伤害。下一步是分析特殊因果关系,即这种暴露事实上确实引起了本案中原告的伤害。[①] 在传统的侵权案件中,这种二元分析方法通常被压缩了。例如,在一个交通事故中,原告的头撞到了挡风玻璃,他的头部遭到打击,能够引起原告所声称的脑震荡。这次交通事故事实上引起了原告的脑震荡,这就被事故的发展逻辑所证实,并且有充分的证据证明原告的头部在某一外力的作用下撞到了挡风玻璃,并且这种症状与脑震荡相一致,这在之后被立即显现出来。

但是,在毒物侵权案件中,这种分析方法被弱化并被分成两支。然而,某些种类的案件却比其他案件的分析更为容易。例如,石棉暴露案件就是毒物侵权案件因果关系分

---

① See generally Sterling v. Velsicol Chemical Corp., 855 F. 2d 1188 (6th Cir. 1988). (一般因果关系是从原告整体的角度考虑,特殊因果关系是从原告个体的角度考虑,这是审判中存在的两种因果关系分析路径。)

析中较为容易的案件。科学研究已经表明,暴露于石棉纤维之下,可能会引起肺功能的退化,被称为石棉沉滞症。在数年或数十年的潜伏期后,疾病最终以客观的症状显现出来。那么,受到伤害的人如何证明多年前暴露于石棉之中引起了特定疾病的出现呢?石棉沉滞症被认为是暴露于石棉纤维之下的"签名疾病",因为临床试验已经证明石棉暴露是这种疾病确定无疑的引发因素。所以,原告身上石棉沉滞症的精确判断为其提供了特定因果关系的必要证据。因为"签名疾病"的准确诊断的存在,石棉案件的原告比其他种类疾病案件的原告更为容易完成因果关系的证明任务。

然而,大多数宣称因有毒物质暴露而引起的疾病,无法与上述"签名疾病"一样,能够被证明与特定程度的暴露紧密相关。回过头来看 Allen 案的主张,原告所患有的癌症与一般人所患的癌症并没有区别,因此要证明特殊因果关系是不可能的。原告至多能够证明这种物质的暴露会产生疾病,换言之,即一般因果关系。很多法院都严格适用因果关系,如果原告提交一般因果关系的证据,而没有特殊因果关系的证据,法院就会驳回其主张。[①]

作为一般的规则,在民事案件中,证明因果关系的标准是优势证据。对毒物侵权的原告来说,要证明其主张,却不能证明特殊因果关系,这可能是一个难以逾越的障碍。原告提起主张的可行性可能要依靠法院对证据的接纳程度,这些证明被告的行为或产品造成了原告的损害的证据是建

---

① See, e.g., Cagle v. Cooper Cos., 318 F. Supp. 2d 879(C. D. Cal. 2004).(法院驳回了基于聚氨酯泡沫膜植入胸腔的主张。)

立在可能性基础上,而非法律确定性基础上的。

8.1.3 频繁性、规律性和接近性

在因果关系中,更为复杂的问题是,很多原告都难以识别出造成其损害的特定的被告。[①] 本书第六章第五节已经讨论过不确定的被告这一情形。当原告不能识别出引起损害的具体被告,但依据公共政策原则,要把所有具备此类情形的商业主体都列为被告时,问题就会产生。在另一种共同的情形下,原告的损害源于连续、累积地暴露于不同的有毒物质下,却不能识别出该损害是由哪个被告的产品事实上引起的。在早期的 Borel 案中,法院面临这个问题,在石棉诉讼中,这个问题也是共性问题。

在 Borel v. Fibreboard Paper Products Corp. 案[②]中,本案主要的因果关系问题是原告是否能够证明每个被告的石棉绝缘材料的生产者都是事实上造成原告损害的原因。在回答这个问题的方式上,法院进行了具有重要意义的总结,"石棉沉滞症具有累积性"。虽然法院知道,对原告来说,"完全确定地指出哪个被告的石棉产品的暴露造成了其损害",这在技术上是完全不可能的,但是,这种石棉疾病的累积性的后果使得陪审团发现,"每一个被告都事实上引起了 Borel 的损害"。当然,这个规则的前提是原告有充分的证据证明,他不同程度地暴露于每个被告的产品之下。

暴露理论发展到现在,已经成为众所周知的"频繁性、

---

① See, e.g., Adams v. I-Flow Corp., 2010 WL 1339948(C.D.Cal. 2010).(法院驳回了原告关于药品和医疗设备的主张,因为原告没有指出是谁的产品引起了原告的损害。)

② 493 F.2d 1076(5th Cir. 1973).

规律性和接近性"测试。在石棉诉讼的背景之下,很多审判法院已经接受了这项测试。在 Lohrmann v. Pittsburgh Corning Corp. 案①中,法院做了如下陈述,"为了支持从大量证据中推导出合理的因果关系的结论,必须要有证据证明在某段时间内,原告实际上工作的地方经常定期地暴露于某种特定的产品之下"。这项测试符合工作场所石棉暴露诉讼的情形。② 很多审判法院也适用了此项测试,特别是在石棉诉讼中。③

在一些司法审判中,即使有频繁性、规律性和接近性的充分证据可能还不够充分。在 Borg—Warner Corp. v. Flores 案④中,原告曾是一名汽车修理工,他曾经在工作中暴露于汽车刹车系统的"一些石棉"纤维中。得克萨斯州最高法院认为,得克萨斯州因果关系的规则需要具备数量上的构成要件,而原告的证据缺乏这些要件。虽然原告的证据已经证明他的频繁地、规律地和接近性地暴露在被告的产品中,然而,原告仍然被要求提供"原告被暴露于被告特定的产品中且达到一定的剂量,并且证明这种物质的剂量

---

① 782 F. 2d 1156(4th Cir. 1986).

② But see Horton v. Harwick Chemical, 653 N. E. 2d 1196 (Ohio 1995).(法院拒绝了在石棉诉讼中因果关系的频繁性、直接性测试,而是要求原告证明被告的产品是损害产生的实质性因素。)

③ See, e. g., Gregg v. V−J Auto Parts Co. , 943 A. 2d 216(Pa. 2007)(将这项测试适用到原告提起的主张中,本案中的原告被暴露于个人汽车包含石棉的刹车零件中); Gorman−Rupp Co. v. Hall, 908 So. 2d 749(Miss. 2005).(法院适用这项测试,但认为原告的证据并不充分。)

④ 232 S. W. 3d 765(Tex. 2007).

是引起原告疾病的实质性因素"。①

然而,将"频繁性、规律性和接近性"测试适用于石棉诉讼之外的案件,产生了一些问题。在 James v. Bessemer Processing Company 案②中,新泽西州最高法院认为,这项测试适用于工作场所的化学物品暴露案件。原告的被继承人曾经在被告公司工作了 26 年,在此期间,他工作在翻修加工程序的每个环节,在此过程中,原告清理和循环使用曾经装石油和化学物品的桶。James 的遗孀基于严格产品责任理论,起诉向 Bessemer 公司提供该桶用于翻新的各家公司。由于 Bessemer 公司已经销毁了是哪个公司曾向其提供何种数量的产品的记录,本案变得尤为复杂。这个事实使得原告证明 James 曾暴露于何种产品之下变得非常困难。但有目击证人提供证人证言,证明 James 曾经暴露于何种化学物质之下,并且证明了暴露的频繁性、规律性和接近性。

James 案的审判法院宣布对于职业毒物侵权案件中的因果关系实施全面彻底的测试。法院说道,"在职业毒物侵权案件中,原告可以通过以下因素来证明医疗因果关系:(1)证明原告经常、定期、直接暴露于被告的产品中的事实证据;(2)该暴露与原告的身体现状之间的联系存在医学或科学证据支持"。而且,在缺乏 Bessemer 公司记录的情况下,法院认为陪审团可以依据证人证言与专家意见来确定

---

① See also Adams v. Cooper Indus. Inc., 2007 WL 2219212(E. D. Ky. 2007).(法院讨论了原告暴露于某种物质的数量证据的重要性,但是原告并不需要提供确切的剂量。)
② 714 A. 2d 898(N. J. 1998).

原告暴露于何种物质之下。

在 Green v. Alpharma, Inc. 案[①]中,阿肯色州最高法院认为,频繁性、规律性和接近性测试适用于任何有毒产品的暴露中。本案也包含了如下情形,一个孩子声称暴露于含有砒霜的鸡肉排泄物中,这已经被作为肥料施肥到孩子邻居家的土地上。在将此项测试扩展适用到石棉之外的案件时,法院引用了 James 案。

8.1.4 盖然性证据

然而,大多数毒物侵权案件中原告的目标,是为了证明原告暴露于有毒物质下而引起损害的概率足够高,以至于在缺乏事实因果关系证据的情况下也能获得赔偿。例如,统计数据、公布的医学数据等盖然性证据,都是毒物侵权案件中原告引用的、用来支持其因果关系主张的最为常见的证据形式。这就与传统侵权案件中过于依赖原告身体条件的直接医学证据形成鲜明对比。在传统侵权案件中,虽然法院有责任寻求各种大量的证据,然而,盖然性证据却被认为是不受欢迎和不受重视的。[②]

这种司法态度的一个例证就是橙色剂诉讼。[③] Weinstein 法官指出,传统的因果关系的观点认为,"仅仅用相关的统计数据来说明因果关系的可能性超过百分之五十,这是不充分的;一些特殊性或事实性的证据……被要求"。橙

---

① 284 S. W. 3d 29(Ark. 2008).

② See Troyen Brennan, Causal Chains and Statistical Link: The Role of Scientific Uncertainty in Hazardous－Substance Litigation, 73 Cornell L. Rev. 469(1998).

③ See In re "Agent Orange" Prod. Liab. Litig., 597 F. Supp. 740(E. D. N. Y. 1984).(公平意见支持集体诉讼的结果。)

色剂案的原告不能提供特殊性的证据,这使得法院总结道,"基于原告提交的证据,特殊原因的可能性不到百分之五十"。法院对于原告在证明因果关系上成功的可能性较低的评价,是在法院的总结中判决结果公平的一个因素。

司法抵制盖然性证据的另一个例证是,对市场份额责任理论的普遍消极反应。① 即使这仅仅限定在乙烯雌酚的环境之下,当原告不能识别出生产的产品引起其损害的某个或某几个特定的被告,法院一般情况下拒绝使用一些形式的共同责任。② 市场份额责任理论的基础是被告在乙烯雌酚市场的份额至少在理论上,反映了被告实际上生产的乙烯雌酚被原告的母亲服用的可能性。批评家之所以非常不喜欢市场份额责任理论,也不喜欢盖然性证据的使用,是因为对原告的损害承担责任的被告也许事实上并没有引起原告的损害,即使行为上有过失。

8.1.5 法律确定性与科学确定性

在民事案件中,法院和陪审团习惯于对因果关系适用优势证据标准。但是,科学证据把这一尝试变得更加复杂,因为科学确定性与法律确定性并非一致。相反,它们是两个完全不同的概念。科学家一般避免公布某种物质的暴露与疾病之间的因果关系,除非这种可能性超过百分之九十五。而证据的法定标准被设定为百分之五十一。然而,真正的问题并非是这两个数字的不同,而是在于如何将科学

---

① See, e. g., Sindell v. Abbott Laboratories, 607 P. 2d 924 (Cal. 1980).(允许原告引入被告在相关市场上的市场份额,当原告的主张被支持时,从每个被告所占有的市场份额中获得赔偿,这种判决结果反映了被告的市场份额责任。)

② 参见第四章第五节。

标准转化为法律标准。在科学确定性和法律确定性之间也不存在直接的相关性。所以,在化学物质与疾病之间存在联系的某项单独的研究,也许科学意义重大,但可能难以满足法律标准。所以,在缺乏科学一致意见的情况下,法律体系不愿意支持某个因果关系的发现。在科学确定性和法律确定性之间的关系也促进了科学证据恰当标准的讨论。

8.1.6 "孤松"命令

意识到案件中原告提出因果关系的重要性,也意识到原告在提供必要证据方面存在困难,被告的律师要求原告在诉讼的预审阶段提供他们的证据。然后,被告可以利用原告提供的信息作为进行简易裁判申请,从而请求法院驳回原告的起诉。这种要求出示证据的命令被称为"孤松"命令,这个名字取名于 Lore v. Lone Pine Corp. 案[①],在该案中,法院要求原告出示因果关系的证明材料,其中包括他们暴露于有毒物质的事实,关于证明因果关系的主治医生的报告和其他任何专家的意见。在联邦法院中,这种命令的授权被解读为 Fed. R. Civ. P. 16,它授权法院在预审阶段更为宽广的管理诉讼的权力。"孤松"命令并不需要出现在完全同名的案件中,只要案件要求提供因果关系的证据即可。如果未能符合"孤松"命令的要求,那么案件的结果就可能是驳回起诉。[②]

---

① 1986 WL 637507(N. J. Law Div. 1986).

② See Adjemian v. American Smelting & Refining Co., 2002 WL 358829(Tex. Ct. App. 2002). 要全面了解"孤松"命令在毒物侵权案件中的使用,参见 Scott P. DeVries, Alexis MacDowall, & Yelitza V. Dunham, Use of Lone Pine Order in Cost Effective Management of Mass Tort and Class Actions, 23 Tox. L. Rptr. 1003(Nov. 6, 2008).

"孤松"命令受到法院的欢迎,因为这样可以避免司法资源浪费在琐碎和无关紧要的诉讼中。然而,原告却抱怨这种命令满足了被告使案件不审判的目的,也剥夺了原告进行审判程序的权利,并且过多地将重点放在了因果关系上而非被告的过错上。[1]

8.2 科学证据

司法抵制盖然性证据的一个解释可能是证据本身具有非常规的特点。在毒物侵权案件中用以支持原告主张的科学和数据研究,往往要求具有专业的知识和专家的解释。在诉讼中提起的问题也经常需要解释,并且不同的专家有不同的甚至矛盾的解释也是屡见不鲜的。更重要的是,对法院来说,科学研究的正确性和有效性的问题也面临着很多证据挑战。几乎每个毒物侵权案件都包含着是否采纳科学证据的争议,不仅仅是对所提供的证据种类的争议,而且也对所提供的证据与原告的主张之间的关系存在争议。随着法官变得更加熟悉科学证据的问题,对证据的详细审查将成为毒物侵权案件的主题。

有时,在毒物侵权案件中,原告的主张会依据新奇的科学理论。所以,这个问题的科学调查可能就处于初级阶段。关于某种物质的暴露可能会引起原告所遭受疾病的可能性程度方面,在科学界可能还没有达成共识。事实上,出现在早期诉讼中的某个特定课题经常会鼓励——有时是由当事

---

[1] See generally Allan Kanner, Environmental and Toxic Tort Trials § 8.03(2004).

人发起——对于物质的暴露与某种疾病之间的关系的研究。这就不可避免地意味着早期的原告可能会受到不完全的补偿。随着科学证据不断发展,可能会出现更为直接的因果关系,专家之间也会达成最终的共识。在这种情形下,之后的原告可能会获得充足的赔偿。当然,也存在没有发现明确的因果关系的情形。最值得注意的是,在很多诉讼中,都已经被证明,用于早孕反应的止吐药盐酸双环胺和后代肢体畸形之间存在联系,在胸部植入硅胶可能会引发多种疾病,儿童疫苗注射中的消毒液可能会引起自闭症。这些困境也引发了在毒物侵权中如何对待新奇的科学理论的讨论。这些理论也经常严重依靠盖然性证据。

一些批评者将一些新奇的科学理论(并非全部)称为"垃圾科学",并且鼓吹在法庭中对所有的新奇科学理论设置障碍。[1]"垃圾科学"评论员呼吁对所有科学证据进行详细的审查,且将重点放在科学共识上。提倡此观点的高关注度也引发了支持者和批评者强烈的反响。[2] 对"垃圾科学"的关注有很大的影响。在最近的案件中,原告声称,在他孩子注射的疫苗中包含抗菌素,这引起了他孩子的自闭症,马里兰上诉法院在确认了被告的简易裁决申请后,认为

---

[1] See generally Peter W. Huber, Galileo's Revenge: Junk Science in the Courtroom (1991).

[2] Compare Lee Loevinger, Science and Legal Rules of Evidence: A Review of Galileo's Revenge; Junk Science in the Courtroom, 32 Jurimetrics J. 487(1992)(Supporting the views of the "junk science" commentators) with Jeff L. Lewin, Calabresi's Revenge? Junk Science in the Work of Peter Huber, 21 Hofstra L. Rev. 183(1992)(critiquing the level of scrutiny advocated by "junk science" commentators).

州的"法律体系使得审判程序具有严格的把关功能,会将严格科学与'垃圾科学'相区分"。① 然而,明确记住在法庭语言中,"不确定的科学并不等同于垃圾科学"。② 多数法院都达成共识,认为证据要符合真实性与相关性双重标准才能被采纳,而不考虑它有多新奇。

8.2.1 程序方法

法院会在两个不同的诉讼阶段对科学证据进行详细审查。第一个阶段是证据的可采纳性阶段。虽然对证据的可采纳性进行质疑,一般是在审判阶段,通过律师反对引用受质疑证据的方式来进行质证,然而,在毒物侵权案件中,对原告提供的因果关系的证据却主要是在诉讼开始之时的动议阶段进行质证。

然而,在与证据相关的事务上,法院关于科学证据可采纳的决定并非必然地起决定性的作用。通常,被告会以不存在真正的事实为理由而提起驳回起诉的简易裁决的动议。这就是充分性审查阶段。如果原告的科学证据——通常情况下是关于因果关系的盖然性证据,被认为不可采纳,案件就会被驳回。然而,如果原告的证据通过了可采纳性审查,但是还有可能会被驳回起诉,因为原告的证据虽然通

---

① Blackwell v. Wyeth, 971 A. 2d 235(Md. 2009).

② In re Ephedra Prods. Liab. Litig., 393 F. Supp. 2d 181(S. D. N. Y 2005).

过了可采纳性审查,但是还不够充分。①

8.2.2 流行病学研究

除了在一些有限的临床药品试验领域,直接的人体实验是非常罕见的,并且由于道德上的原因,也难以被一般公众所接受,因此,原告不得不在流行病学的研究上寻求支持其因果关系主张的证据。流行病学是一种方法学,由外科医生和统计学家来判断某种物质的暴露与疾病的发生之间存在联系的概率。它主要研究疾病发生的频率与分布,研究可能会影响疾病发生的因素。流行病学并不研究在个体身上发生的疾病,而是关注群体的人,并且对某个群体发生疾病的原因做出推论。所以,流行病学的研究也是盖然性证据,因为它们不能识别在个体身上发生疾病的事实原因。它们研究影响某个群体疾病发生的风险水平。②

流行病学的研究经常以对人口进行分割,从而进行人口统计学的调查为开端,目的是寻找特定疾病的发生概率。这种基础研究的结果是一个数据,代表一般人口疾病发生的"底线"水平,或必要的本底水平。有时,疾病会聚集发生在某个特定的地区(如居住在危险废物场所附近的居民)、某种特殊的职业(如在石棉工人中容易发生间皮瘤)或其他活动(如吸烟易导致肺癌)。这些基础数据为更进一步的调

---

① See, e. g., Brock v. Merrell Dow Pharmaceuticals, 874 F. 2d 307 (5th Cir. 1989).(因为因果关系证据不充分而驳回了原告关于止吐药的诉讼);Cagle v. Cooper Cos., 318 F. Supp. 2d 879(C. D. Cal. 2004).(法院认为,一般因果关系的证据被采纳,但是因为特殊因果关系的证据不充分而驳回原告关于聚酯氨泡沫膜植入胸部的主张。)

② See generally Bert Black & David E. Lilienfeld, Epidemiologic Proof in Toxic Tort Litigation, 52 Fordham L. Rev. 732(1984).

查和统计研究提供了基础数据。然而,如果其缺乏其他的事实证据,仅仅演示疾病的聚集发生并不能证明因果关系。

在寻找物质的暴露与疾病的发生之间的联系时,研究者采取了不同种类的流行病学的研究方法。在毒物侵权案件中,流行病学的研究被广泛讨论的是群组研究和病例对照研究。

1. 群组研究

群组研究是一种预期性的研究,通过使一个群体在某段时间暴露在某种特定的物质之下,然后判断他们是否会感染特定的疾病。然后将这个信息与非暴露于特定物质之下的群体收集的信息进行比较。统计数据的研究会计算出暴露的群体是否比非暴露的群体有更高的感染疾病的风险。如果暴露的群体比非暴露的群体感染疾病的相对风险更高,那么这个信息就会判断出因果关系是否存在。流行病学的研究是通过计算"归因危险性",以及对预期的因果关系的生物学上的可信性采取更加主观的分析方法而得出结论。这些标准是用来检验提出的假设,即将统计数据的联系转化成生物学上的因果关系的假设。

在流行病学的预期研究中,具有高度前瞻性的一个例证是开始于1951年的判断吸烟对健康的影响的一个研究。这项研究包含了成千上万的英国医生的参与,研究者采用问卷调查的方法查明他们的吸烟习惯。然后,研究者跟踪调查试验者很多年,通过调查引起死亡的原因,来决定吸烟者和非吸烟者在死亡率上的区别。死亡率的研究结果也说明了"随着吸烟的数量不断增长,由于肺癌而引发的死亡率也不断增长"。①

2.病例对照研究

病例对照研究在本质上是一种回顾性的研究,这项研究是以辨别感染某种疾病的群体与非感染某种疾病的群体为开端,然后调查这两个群体,最后判断感染疾病组的群体成员是否有一些与疾病相关的共同特征。这项研究的一个例证是患有间皮瘤的人与未患有这种疾病的人进行对比。这项研究反映出,患有间皮瘤的人群在石棉产业工作过一段时间,然而未患病组的人却鲜有石棉工人。然后,根据统计数据分析结果做出判断,患病组的疾病与研究确定的任何因素之间是否存在联系。

病例对照研究方法的批评者指出,在研究设计中容易受到偏见的影响,因为研究者在研究开始时,倾向于寻找特定的因果关系,并且之后的研究也是围绕着这种假设展开。在研究中,有一个更深层的问题可能是受试者在信息反馈方面存在个人的偏好,因为这项研究可能要收集数十年的信息。早期关于肺癌和吸烟之间的回顾性的研究受到批判,因为在研究对象上大多是医院的病人,并且很多病人还有潜在的、非吸烟的可能引起死亡的身体状况。②

然而,当时间紧迫时,病例对照研究优先于群组研究,因为在有意义的数据被收集全面之前,群组研究要花费数十年的时间。另一方面,病例对照研究的相对较快的速度

---

① Richard Doll & A. Bradford Hill, The Mortality of Doctors in Relation to Their Smoking Habits: A Preliminary Report, 2 Brit. Med. J. 1451 (1954).

② Allan M. Brandt, The Cigarette Century 142(2007).

使得这种研究方法更有可能被用于诉讼目的。由诉讼而产生的研究经常由于研究设计上的偏见而受到人们的批评,因为这种研究的目标是在诉讼中获得特定的结果。

3. 流行病学研究的其他弊端

除了在研究设计上容易受到偏见的影响,流行病学的研究可能由于一些原因容易产生易受质疑的结果。第一,研究者要获得充分有效的研究结果,一定要具有足够规模的研究对象。并且,为了使研究结果与背景条件相区分,试验者之间微妙的区别要被准确地考虑到。第二,由于某些疾病的潜伏期较长,研究者要跟踪调查试验者足够长的时间才能准确地反映出研究群体疾病发生的概率。第三,一些疾病的病因可能是复合因素或选择因素。第四,对研究数据的分析易受到混淆因素的影响而变得模糊。例如,吸烟再加上暴露在特定物质之下,就有可能是研究肺的状况的混淆因素。[1]

8.2.3 毒理学研究

毒理学的研究属于实验室研究,既可以在活的有机体内进行(在动物组织内),也可以在体外进行(在实验室容器内进行)。与病理学研究相比,毒理学研究具有明显的优越性。在这些可以适当操作的实验中,可控的实验方式允许研究者获得各方面的合理精确的信息,包括物质暴露的(剂量)。然而,毒理学研究比病理学研究存在更多的问题,因为任何结论都要求从实验室推导到人类身上。

---

[1] 要讨论流行病学研究的这些问题以及其他问题,参见 Jeffrey Dintzer & Jonathan Mosher, Epidemiologic Evidence in Toxic Tort Cases, 17 Natural Resources & Env't 222(2003).

1. 动物研究

相对于病例对照研究,由于研究者在将动物实验数据向人类推导的过程中做出假设,实验室研究受到广泛的批判。这个任务被认为是从物种到物种的推导。其中一个批评意见就是,人体构造与动物构造完全不同(例如在新陈代谢和其他方式上),这致使推导的数据容易产生误导。另一个批评意见是剂量—反应的数据(例如,动物对不同剂量的物质暴露做出的反应)并不能准确预测出人类对剂量的反应。更重要的是,研究者为了在相对较短的时间内获得研究结果,经常在动物试验中采取较大的化学物质剂量,当转化到人类剂量上,可能会导致物质暴露的数量远远超过人类能事实上承受的数量。研究者在向人类推导时,一般将大的剂量降低到小剂量来预估可能的后果。批评者发现,这种推导非常有问题,并且在预估小剂量的致癌性的推导方法上也存在很多争议。

一个事例就能说明这种研究方法的一些缺点。在General Electric Co. v. Joiner案[①]中,地区法院认为,原告为了证明其患有癌症是由于工作场所多氯联苯(PCBs)的暴露引起的,而提供的特定的动物研究的报告不能被采纳。最高法院认为,地区法院在排除证据上并没有滥用其自由裁量权。法院的理由如下:这项研究涉及被暴露于多氯联苯之下而患有癌症的幼鼠。在这项研究中,幼鼠的腹膜或腹部直接被注入大剂量的多氯联苯。Joiner是一个成年人,其所声称的暴露于多氯联苯的剂量远远小于在动物试验中的剂量。实验中,多氯联苯以一种高浓度的形式被注

---

① 522 U.S. 136(1997).

入到幼鼠的体内。Joiner通常所接触到的液体比多氯联苯的浓度要小得多……幼鼠所患有的癌症是肺泡癌,而Joiner所患有的癌症是小细胞癌。而且,也没有研究表明成年鼠被暴露在多氯联苯之后患有癌症的。其中一个专家表示,没有研究表明在任何其他物种中多氯联苯会致癌。

依据这些标准进行判断,原告希望法院采纳动物研究的数据来证明暴露于特定的物质会引起疾病的目的不可能获得成功,除非研究数据与原告有更紧密的联系。

尽管存在这些问题,动物研究在证明某种物质的暴露与人类的疾病之间存在联系上还是有用的。管理机构经常用动物研究的方法来判断某种物质是否对人类健康存在威胁,是否需要进行规制。另一方面,法院也有保留地促进动物研究方法的使用,也希望流行病学研究或临床研究与动物研究相互印证,共同在个人伤害案件中提供因果关系的证据。[①]

2. 短期试验

短期试验往往备受争议,在毒物侵权诉讼中,当用这些试验来证明因果关系时,往往受到强烈的质疑,以至于在诉讼实践中这些试验结论为法院所排斥。然而,这些实验可以与其他的科学实验相互配合、互相印证,共同证明因果关系。众所周知的短期试验,是指艾姆斯(Ames)试验,它是用来研究在实验室中培育出来的细菌繁殖,在有毒物质的

[①] See Longmore v. Merrell Dow Pharmaceuticals, Inc., 737 F. Supp. 1117 (D. Idaho 1990). See generally Jack L. Landau & W. Hugh O'Riordan, Of Mice and Men: The Admissibility of Animal Studies to Prove Causation in Toxic Tort Litigation, 25 Idaho L. Rev. 521(1988—89).

影响下,致使有机体突变的反应。由于细菌繁殖的速度飞快,在特定的研究期间内,已经产生很多代的细菌。虽然这些试验直接测试了诱变性,但是科学家们相信,在诱变性与致癌物质间存在有意义的联系,所以,这项试验也被用来证明致癌作用。

像动物研究一样,短期试验也遭受到很多批评意见,而且程度更深。艾姆斯试验由于从试验数据中总结出的关于化学物质与癌症之间关系的特定结论而被它的创始人猛烈批判。并且,这个试验产生了很大比例的错误信息,从而导致得出的结论并非客观准确。所有这些问题共同导致短期试验在毒物侵权案件中证明因果关系上的作用微不足道。然而,这些试验可以被用来形成其他种类的研究方法,使其在毒物侵权诉讼中发挥更大的作用。

3. 生物监测研究

生物监测研究已经持续较长的时间,但是在生物监测的方法体系和更广泛的适用范围上,公众的兴趣则是相对新的。生物监测主要监测人体中化学物质的水平。就该研究而言,研究者试图对人体能够承受但不会构成伤害的化学物质的最大浓度进行评估。疾病控制中心(CDC)通过国家生物监测项目(NBP)也在进行类似的研究,并且持续了约三十多年。国家生物监测项目主要是监测已经发生的化学物质的暴露水平,从这个意义上说,该项目属于回顾性的研究。但是,从这个项目中获得的信息却构成了未来的政策和规制决策的基础。这个项目有一些相互关联的目标,其中包括:(1)使公共健康组织和政府管理者通过识别高风险人群和提供准确的暴露信息,从而优先发展预防行动;

(2)评估已经存在的预防措施。①

各州在发展环境中化学物质暴露的数据上和在优先发展各州自己的公共健康项目上,也关注生物监测研究的价值。②

生物监测研究在设置规范参数和发展公共健康措施上,发挥很大作用。然而,在法庭上,像其他科学研究一样,生物监测研究面临着很多的批评,包括从群组研究推导到个体身上的必要性。从个体层面上讲,即使在原告体内发现化学物质,如果没有迹象表明化学物质在原告体内发生作用,要证明化学物质引起了原告的疾病仍然是很困难的。然而,这些研究可能在医学监测诉讼中会发挥更大的效用。③

4.基因研究

正在快速发展的一种新奇的科学研究方法是毒理基因组学,这也与毒物侵权中的因果关系有密切的联系。这个领域的科学家致力于在比以前的研究更早的时间识别出人体内的物理变化,所以能够在疾病症状显现之前的潜伏期,明确阐明人体内的生物变化。科学家也很乐观地认为,这些研究将会提供环境中的物质暴露与疾病的基因诱因之间

---

① See Dept't of Health & Human Services, Centers for Disease Control and Prevention, Fourth National Report on Human Exposure to Environmental Chemicals viii(2009); Ken Sexton, Larry L. Needham, & James L. Pirkle, Human Biomonitoring of Environmental Chemicals, 92 Amer. Scientist 38,42(2004).

② See Cal. Health & Safety Code § 105441(2009).(设置了加利福尼亚环境污染生物监测项目,2007年生效。)

③ 参见第九章。

关系的信息。所以,科学家能够识别出由于化学物质的暴露而引发的疾病特征,并且与遗传因素引发的同种疾病相区分。这种基因证据还远远难以满足证据标准。但是,这些研究将会以一种史无前例的方式挑战传统的司法体系。①

8.3 法庭中科学证据的可采纳性

在毒物侵权诉讼中,原告的因果关系证据面临的最大挑战是证据标准问题。这可能是诉讼中最为重要的一个方面,因为排除原告提供的专家证言对原告来说可能是致命性的打击。证据的可采纳性问题既关乎原告的证据,也关乎被告的证据。从实际来看,由于原告承担着证明责任,因此,与被告相比,证据的可采纳性问题对原告更具有决定性的作用。

8.3.1 传统的证据可采纳性标准

在美国最高法院的 Daubert v. Merrell Dow Pharmaceuticals, Inc. 案②决定之前,在联邦法院系统中,科学证据的可采纳性规则主要是依据 Frye v. United States 案③中所确立的标准。关于科学证据的可采纳性问题,Frye 案也为州的规则提供了标准。在联邦证据规则出台前半个世纪,Frye 案就已经确立。但是即使在联邦证据规则公布之

---

① See generally G. Marc Whitehead, The Use and Abuse of Genetic Testing: Toxicogenomics in the Courtroom, 17 Toxics L. Rptr. 963(Oct. 10, 2002)(讨论了被即将来临的基因信息潮所提起的证据的可采纳性问题。)
② 509 U. S. 579(1993).
③ 293 F. 1013 (App. D. C. 1923).

后,Frye规则的影响仍然主导着联邦案件。直到今天,很多州仍然继承Frye规则,并没有由于Daubert案的影响而改变他们的证据可采纳性规则。

1. Frye规则

Frye v. United Stated案①是一个刑事案件,该案涉及为了证明被告有罪而做出的血压测谎证据的可采纳性问题。法院说道:"虽然法院在接受被广泛认可的科学原则或科学发现而推导出的专家证言上,还需要很长的时间,然而此推论所来源的事实一定要在其所属的特定领域获得普遍的认可。"很明显,这说明法院意欲排除任何新奇的或正在发展中的科学理论。随着1975年《联邦证据规则》的出台,关于Frye案中"普遍接受"的要求是继续存在还是被相关的联邦规则所补充,法院有不同的意见。由于在Frye问题上,《联邦证据规则》并未规定,因此,法院就需要思考Frye规则的影响问题。目前,只有少数州(包括纽约州、加利福尼亚州和伊利诺斯州)继续继承Frye规则的影响。②

因此,在Blackwell v. Wyeth案③中,马里兰上诉法院适用了Frye规则,排除了原告提供的用以证明疫苗中的局部抗菌剂引起了他孩子的自闭症的新奇的科学证据。法院指出,在Frye规则之下,"尚未得到充分发展的科学证据会被拒绝,因为Frye标准通过'要求那些基于新的科学调查方法所取得的证据,必须获得广泛的流行,而且要获得相关

---

① 293 F. 1013 (App. D. C. 1923).

② See, e. g., Goeb v. Tharaldson, 615 N. W. 2d 800(Minn. 2000). (法院认为,Frye规则"保证了大多数有资格评价科学技术有效性的人群的决定性的声音"。)

③ 971 A. 2d 235(Md. 2009).

科学团体的普遍接受……'"①

2.联邦证据规则

在《联邦证据规则》中有好几个条款都适用于联邦法院决定是否采纳科学证据作为因果关系的证据。州的证据规则中也有类似的条款,但是规定并不完全相同。

《联邦证据规则》第402条规定,所有的相关证据都可以被采纳。然而,第403条对第402条的规定设置了限制,该条规定,"如果该证据的证明价值被不公平的侵害风险所超过,造成了事实问题的困扰,或者误导了陪审团,或者被过度延期、浪费时间,或者呈现不必要的累积性的证据,那么,这样的证据可以被排除。"被告认为,这些种类的科学证据都是推测性的,具有误导陪审团的效果,陪审团可能会将这些证据与那些更确定的证据做相同的对待,或者是因为专家的结论具有较高的可信性和说服力,或者是因为各种证据之间的区别具有复杂性和技术性,难以为外行所充分理解。

《联邦证据规则》中,有两条直接规定了专家证言。2000年修订的第702条规定:如果科学、技术或其他专业知识将会辅助实验者来理解证据或者决定案件事实的某个问题,那么由于其知识、技能、经历、训练或教育被认定为专家的证人,可以以其观点的形式来进行作证,其证言要满足:①该证言是建立在充分的事实和证据之上;②该证言是可靠的原则和方法的产物;③证人将此原则和方法客观地适用到案件中去。

第703条规定了专家意见的基础:在特定的案件中,专

---

① quoting Reed v. State,391 A.2d 364,370(Md. 1978).

家的观点和推论所依据的事实和数据,可能是那些在听证之前或听证之时被专家所理解或所知晓的事实和数据。专家对待证据问题形成的观点或推理,是在特定领域可合理作为根据的事实或数据,这些事实和数据不必要作为证据采纳。

当然,当事人提供的专家证言一定要是有资格发表观点的、被作为专家的人发表的意见。第703条明确规定,作证的医学专家不需要事实上检验原告,因为其观点可能是基于其通过检验所获得的信息之上(例如,临床试验结果、检验报告、其他人所从事的研究)。并且,如果所依据的信息是不能被采纳的传闻,这也是无关紧要的,但前提是它是"在特定领域可作为合理根据的事实或数据"。

8.3.2 Daubert v. Merrell Dow Pharmaceuticals Inc.案之规则

直到2000年的修订,《联邦证据规则》仍然没有规定Frye案的普遍接受规则是否被《联邦证据规则》所吸收。在《联邦证据规则》下,关于普遍接受的规则问题,法院的意见存在广泛的分歧。[①] 在Daubert v. Merrell Dow Pharmaceuticals Inc.案[②]中,美国最高法院阐明了Frye规则的

---

① 把Christophersen v. Alliedsignal Corp., 939 F. 2d 1106(5th Cir. 1991)(将Frye规则合并到广义的《联邦证据规则》之下); United Stated v. Smith, 869 F. 2d 348(7th Cir. 1989)(采取了完全没有改变的Frye规则);以及United Stated v. Downing, 753 F. 2d 1224(3d Cir. 1985)(拒绝了纯粹的Frye标准,发展了自己的实践探索,将普遍接受作为一个考虑因素); Ferebee v. Chevron Chemical Co., 736 F. 2d 1529(D. C. Cir. 1984)(在一个包含新奇科学证据的案子中拒绝了Frye规则的适用)进行对比。

② 509 U. S. 579(1993).

作用,而且在《联邦证据规则》下为专家证据确立了新的标准,这导致了2000年《联邦证据规则》的修订。

1. 止吐药诉讼

Daubert案涉及一起与止吐药有关的产品责任的主张,止吐药是一种在怀孕初期缓解"早孕反应"症状的药物。原告对药物的制造商提起了诉讼,声称由于其在怀孕的前三个月,子宫接触到止吐药,引起了孩子的肢体畸形。关于止吐药的效果,已经进行了三十多项研究,但是并没有研究表明,止吐药会导致人体产生畸形。在大多数案件中,被告的专家都很确信地表明,在怀孕的前三个月,母体摄入止吐药,并不能证明是产生畸形风险的因素。所以,为了支持其主张,止吐药案的原告开始使用非传统的科学证据。

止吐药案的原告也提出了各种各样的科学证据。首先,他们提供了有机体内和有机体外的实验研究,实验研究表明,止吐药与特定的缺陷之间存在某种联系。他们也提供了药理学的研究,这项研究分析了止吐药的化学结构,发现其与其他引起出生缺陷的物质之间的化学结构具有相似性。原告提供的最具有争议性的证据是对已经公布的流行病学研究的重新分析。重新分析主要是对以前的研究中认为止吐药与出生缺陷不存在联系的数据重新进行计算。原告的专家经过重新分析,认为在止吐药与出生缺陷之间确实存在某种联系。重新分析的结果还未公布也没有进行过同行评议或同业互查。原告依据同等证据的案件还有 Brock v. Merrell Dow Pharmaceuticals, Inc. 案[①]和 Rich-

---

① 874 F. 2d 307(5th Cir. 1989).(法院认为,从法律的角度讲,证据并不充分。)

ardson v. Richardson—Merrell, Inc.案①。传统上讲,在止吐药案件中,被告经常会获得无可争辩的胜利,特别是在简易裁判中。②

2. Daubert v. Merrell Dow Pharmaceuticals Inc.案

在 Daubert v. Merrell Dow Pharmaceuticals Inc.案③中,最高法院解决了在联邦法院系统中 Frye 理论和《联邦证据规则》适用分歧的问题。就这一问题,最高法院的法官们意见一致,Blackmun 法官写下如下意见,即 Frye 案中普遍接受规则的适用被《联邦证据规则》所取代。法院认为,"在此规则之下,审判程序必须保证所有被采纳的科学证据与专家证言不仅具有相关性,还必须具有可信性"。可信性分析来源于《联邦证据规则》第 702 条和其他规则,包括第 403 条、第 703 条和第 706 条。

法院将第 702 条的规则解释为,要求"在专家证言与相关科学探索之间存在有效联系,并以此作为可采纳性的前提条件"。法院特别关注了科学与法律之间的关系:"科学的"这个形容词隐含着具有科学方法与科学程序这一基础。同样的,"知识"这个词也意味着不仅仅是主观上的相信和没有证据的猜测……所提交的证人证言一定要被适当的依据所支持……简而言之,要求一项涉及"科学知识"的专家

---

① 857 F. 2d 823 (D.C.Cir. 1998).

② See generally Joseph Sanders, The Bendectin Litigation: A Study in the Life Cycle of Mass Torts, 43 Hastings L. J. 301(1992). Yet, in many cases that actually went to trial, the juries found for the plaintiffs. See generally Joseph Sanders, From Science to Evidence: The Testimony on Causation in the Bendectin Case, 46 Stan. L. Rev. 1(1993).

③ 509 U.S. 579(1993).

证言必须确立证据可信性的标准。

法院承认,"可以这样说,所有的科学都存在不确定性",因为科学知识在不断发展。但是,法律却要求确定性,至少在做出决定的当时,特定的诉讼要求需要确定的方法。所以,法院承认,提供新奇的科学证据存在困难,因为科学知识处在初级阶段或发展阶段,但法律却要求确定性的结论。

Daubert案的法院撤销了上诉法院的决定,并且要求对该案做进一步调查。首先,法院认为,依据《联邦证据规则》第104条,审判法院关于证据的可采纳性问题上,可以进行初步的调查,最一般的调查形式是通过听证动议来决定提供的专家证言是否构成科学知识,这个知识是否有助于案件事实的调查。所以,专家证言与案件事实之间的"匹配性"就成为案件的决定性因素。

法院也提供了一些"一般的观察因素",这可以归结为一个多重因素的测试。这些观察因素要求审判法院考虑:(1)科学技术或科学理论是否已经得到测试;(2)这项研究是否已经公布或经过其他形式的同业互查;(3)所使用的科学技术的出错概率;(4)这项理论在相关的科学领域是否得到普遍的认可。法院谨慎地指出,没有一项单独的因素在证据的采纳上起到必然的决定性作用。所以,如果这项证据没有在相关的科学领域受到普遍的认可,但是有其他迹象或事实支持,建立在此理论基础上的专家证言也仍然可以被采纳。同时,法院还强调,审判法院的调查一定要聚焦于科学证据的"原则与方法"。当然,对于专家的结论,法院也可以不适用这样的测试分析。

Daubert案的法院也表达了对传统的陪审团机制在审

判能力上的信心,例如,通过交叉检查来确保对科学证据做出恰当的评价。对陪审团机制的信心也与法院明确反对"垃圾科学"评论者的立场相符合。①

3. Daubert 理论的完善

美国最高法院已经在两起重大案件中重新审视了 Daubert 案的测试。第一个案件是 General Electric Co. v. Joiner 案②,本案解决了联邦上诉法院在复查审判法院的证据事项时应当使用怎样的适当的标准。Joiner 案是另外一起毒物侵权案件,涉及由于工作场所存在的多氯联苯(PCBs)而引发肺癌的人身伤害主张。地区法院依被告请求进行了简易裁判,部分理由是原告所提供的专家证言并不能证明多氯联苯的暴露与其所患有的特定的癌症之间存在联系。第十一巡回法院撤销了审判法院的判决,并向最高法院提起复审令,该案提出了一个问题,即在审查证据规则的时候,Daubert 主义是否要改变传统的滥用自由裁量权标准的使用。最高法院一致同意,滥用自由裁量权的标准依旧是案件审查的恰当标准。

在 Joiner 案件中,未达成一致意见的部分对证据的可采纳性的火焰提供了燃料。在本案中适用滥用自由裁量权的标准,最高法院支持排除专家证言。在达成此结论的过程中,法院不同意第十一巡回法院的观点,即地区法院应当将其审查范围限定在方法的可信性上。最高法院认为,"结

---

① See generally, Jean Macchiaroli Eggen, Toxic Torts, Causation, and Scientific Evidence After Daubert, 55 Pitt. L. Rev. 889(1994).(具体讨论了毒物侵权背景下的 Daubert 观点。)

② 522 U.S. 136(1997).

论与方法,不能完全互相分离"。这个表述似乎与Daubert案的一个重要的表述互相矛盾,即为了决定科学正确性与证据真实性,审判法院应当详细审查研究方法。所以,Joiner案也标志着对Daubert案中的严格语言的逆转及回归到对专家结论进行质疑的司法审查实践。最后,法院认为,科学证据不应当仅仅在武断的基础上就被采纳——特别是专家武断的言词。法院认为,有时潜在数据和专家结论之间也存在很大的"分析分歧"。

最高法院分析Daubert案的第二个具有重要意义的案件是Kumho Tire Co. v. Carmichael案[①],本案所提起的证据问题是,Daubert案的可信性测试是否必须适用于并不被认为是"科学"的专家证言。本案的证据是原告的工程专家提供的关于汽车的轮胎是否存在缺陷而导致提起诉讼的交通事故的专家证言。法官们一致认为,依据Daubert主义,审判法院的守门员的角色,不仅仅适用于科学证据,也适用于所有的专家证言。法院认为,第702条并没有区分"科学"知识与"技术"知识或其他"专业"知识。法院将原告工程师的证人证言作为"技术",而非"科学",并且认为,Daubert主义应当适用于该证据,因为它应当被适用于任何第702条所包含的证据。

Kumho Tire案的决定也产生了一些问题,这些问题是关于在Daubert案中所列举的因素的适用性是否仅仅适用于科学研究。在Kumho Tire案中,法院认为,Daubert案件中所列举的因素并不意味着构建决定证据可信性的、确定无疑的检查清单。相反,Daubert案的分析清单是灵活

---

① 526 U.S.137(1999).

的,它成为开启特定案件的争议事实大门的钥匙。就Kumho Tire 案而言,法院认为,在排除工程专家的证言上,审判法院并没有滥用自由裁量权。虽然法院没有对专家证言所使用的方法进行反对,但是,法院对专家证言进行了排除,因为在特定的案件中,方法并不能必然确定轮胎存在缺陷。由于 Daubert 案中的检查清单具有灵活性,这给审判法院带来很大的负担,特别是在科学证据上,不仅仅要决定证据的可靠性问题,还要分析在决定证据的可信性上应当使用什么因素。这个任务使得审判法院不仅仅是守门员,而且也是规则的创造者。

4. Daubert 案的影响

相较于 Frye 理论,Daubert 主义在科学证据的可采纳性问题上,代表着更为广阔与自由的方法。虽然从该观点的语言上看,这似乎是真的,但是 Daubert 案并没有向可疑的科学证据打开法院大门,因为一些法院害怕这样做。关于止吐药案件,Daubert 案也没有产生任何的影响。[①] 也许,在其他种类的案件中有关科学证据的可采纳性问题上,Daubert 案件的决定也没有产生影响。事实上,民事审判机构在 2002 年发布的研究表明,在后 Daubert 时代,适用 Daubert 规则的法院发现,更多的证据不具有可信性,从而排除了更多的证据。[②]

---

① See, e.g., DeLuca v. Merrell Dow Pharmaceuticals, Inc., 6 F. 3d 778(3d Cir. 1993).(维持原判,依据 Daubert 案的决定,地区法院认为,原告的科学证据不能被采纳。)

② Lloyd Dixon & Brian Gill, Changes in the Standards for Admitting Expert Evidence in Federal Civil Case Since the Daubert Decision (RAND Institute 2002).

也许,在 Daubert 案的影响中,最明显的改变是对《联邦证据规则》第 702 条在 2000 年的修正。第 702 条的立法语言反映了 Daubert 案重点强调事实、数据、方法的真实性与相关性。虽然第 702 条并不主张将 Daubert 案的考虑因素进行法典化和简化,但是委员会认为,"在第 702 条修正案中设立的证据标准足够宽广,并且要求在适当的时候考虑到任何或所有特定的 Daubert 的因素"。委员会也列举了五个需要考虑的例外因素。

虽然 Daubert 案的规则明确适用于联邦法院,但很多州在案件审判中也采用了 Daubert 规则。2010 年,爱荷华州最高法院在毒物侵权案件中也使用了 Daubert 规则。在 Ranes v. Adams Labs. Inc. 案①中,原告主张其大脑受到损害,因为其服用了治疗咳嗽与感冒的处方药,其中包含苯丙醇胺(PPA)。法院适用了 Daubert 规则,但排除了原告提出的证据,因为其关键部分存在着不可信问题。② 然而,其他州拒绝使用 Daubert 规则,并坚持使用 Frye 规则。③

Daubert 案的另一个成果是,它为审判法官辅助评价科学证据的可采纳性创造了很多可利用的资源。在这些资源中,主要资源是联邦司法中心的《科学证据参考指南》(简

---

① 778 N. W. 2d 677(Iowa 2010).

② See also, e. g., McDaniel v. CSX Transportation Inc., 955 S. W. 2d 257(Tenn. 1997).(田纳西州发展出一套类似于 Daubert 规则的证据规则,用于州案件的审判,这个州之前采用的是《联邦证据规则》用于州的案件审判); E. I. DuPont de Nemours & Co. v. Robinson, 923 S. W. 2d 549(Tex. 1995)(在曾经适用《联邦证据规则》的州法院中适用 Daubert 规则。)

③ See, e. g., Slay v. Keller Industries, Inc., 823 So. 2d 623(Ala. 2001); Ramirez v. Florida, 651 So. 2d 1164(Fla. 1995); Goeb v. Tharaldson, 615 N. W. 2d 800(Minn. 2000).

称《指南》),该《指南》在分析科学方法上,既提供了程序信息,也提供了实体信息。负责审查的法院也可以利用《指南》分析下一级法院做出的采纳科学证据的决定是否应当给予支持。例如,在 Wintz v. Northrop Corp. 案[①]中,法院在审查地区法院是否恰当地排除了毒理学家的专家证言时,也明确地依据了《指南》的建议。特别是《指南》指出,毒理学家应当提供专家证言,证明原告接触到特定的物质与其所声称的疾病之间存在联系——本案中,婴儿的母亲怀孕期间在工作场所中接触到溴化物,引起了基因紊乱。由于毒理学家并没有提出特定的证据,证明本案中母亲接触了溴化物,第七巡回法院认为,审判法院恰当地排除了这个证据。相比于早期的毒物侵权诉讼,类似于《指南》的这些资源,创造了更加科学的富有经验的审判法院,同时,也为原告呈现科学合理的证据设置了障碍。

5. 新奇的科学证据

在 Daubert 案件中,法院以与很多已确立的理论相同的方式来对待新奇的科学理论,并适用相同的分析因素。新奇的科学方法指的是那些可能没有接受同业互查或者获得普遍认可的方法。所以,在 Daubert 规则之下,这些新奇的科学证据很可能面临着被排除的危险。Daubert 规则给诉讼当事人传递的一个信息是科学方法太主观臆断或缺乏理论根据,因此不会被采纳,包括那些依据新奇科学方法的

---

① 110 F.3d 508(7th Cir. 1997).

理论。①

一些法院已经开始寻求某些方法,暂且认为这些新奇的科学证据和在相关的科学领域没有获得普遍认可的科学事实是可信的。在 Smith v. General Electric Co. 案②中,原告声称,已故的被继承人所患的罕见的白血病是由于其长期、低剂量地暴露在辐射发射器之下,潜移默化地服用或吸入钚元素和镉元素所致。原告所依据的科学理论是"新奇的和有争议的",因为几乎没有科学信息表明已故者所经历的这种低水平的射线辐射和其所遭受的特定的白血病种类之间存在联系。作为审判的关键问题,法院认为,原告的专家是"严肃的科学家,虽然其观点具有争议性,在很多方面都处在主流观点的边缘,但是其所依据的方法并没有与科学的调查方法相背离,不能被作为江湖骗术或主观猜测而被排除"。所以,法院认为,虽然被告的证据更具有说服力,但是原告的专家证据是可以采纳的。法院认为,"Daubert 案既没有要求也没有强制审判法院决定在几个相互矛盾的科学理论中哪个更具有证明能力"。

6.因果关系的临床医学证据

Kumho Tire 案提出的一个关键的问题是,法院如何对待广义上的"科学""技术"和"其他专业"知识。例如,检查原告病情的临床医生的证言是否与其他种类的专家证言一

---

① See, e.g., O'Conner v. Commonwealth Edison Co., 13 F. 3d 1090 (7th Cir. 1994).(法院排除了原告提出的其患有白内障是由于辐射的证据,因为这仅仅是一个主观臆断);Chikovsky v. Ortho Pharmaceutical Corp., 832 F. Supp. 341(S. D. Fla.1993).(排除了依据与原告接触的物质类似但不相同的物质研究的因果关系的专家证言。)

② 2004 WL 870832 (D. Mass. 2004).

样,要接受同样的详细审查?在毒物侵权案件中,很明显临床医生证言不同于其他种类的专家证言,因为无论是主治医生还是其他医药专家,都来源于对原告病情的第一手的检查。在 Kumho Tire 案中,所关注的以经验为基础的专家证据范围足够广泛,也包含了临床专家证言。紧接着的一个问题是在 Daubert 案的分析中,临床医生证言是否能作为"硬科学"(hard science)来对待,或者它有其独特的属性。如果是这样,应当采取什么样的判断标准呢?

在 Daubert 规则之下,关于临床医生证言的可采纳性问题,法院也采取了不同的方式来探究。在 Moore v. Ashland Chemical Inc. 案[①]中,第五巡回法院排除了原告的医学专家的证言,即原告所患有的反应性气道功能障碍综合症(RADS)是因为工作场所中接触到的甲苯。这个医生是一个肺病与环境医学专家,将其观点建立在如下分析基础之上:(1)对原告的检查和医学测试结果;(2)甲苯生产者的化学品安全说明书中警告甲苯烟气的暴露会引起肺的损伤的事实;(3)在原告接触甲苯之后不久,其综合症状马上就显现出来;(4)在甲苯与呼吸疾病之间存在联系的科学研究;(5)治疗经历。然而,法院认为,地区法院的观点是合理的,即在 Daubert 规则之下,这些分析基础并不足以证明因果关系。法院并未采纳这项研究,因为其中包含了自我怀疑和资格怀疑。法院认为,安全说明书的证明价值也受限,因为其测试的种类也不得而知,也没有信息说明导致所警告的疾病需要的暴露水平。法院也没有采纳甲苯的暴露直接导致了疾病发作的证据,因为没有其他的研究来说明这

---

① 151 F. 3d 269(5th Cir. 1998)(en banc).

两者之间的科学联系。最后,第五巡回法院指出了一些原告生活方式与个人病历的一些特定的事实,这些事实证明力超过了专家证言。例如,原告是一个烟民,在其接触甲苯之前,刚从肺炎中恢复过来,在孩提时代也曾患有哮喘病。有三个法官持不同意见,反对大多数法官不合理地解释Daubert规则,即要求所有的专家证言都要符合"硬科学"的标准。并且指出,一般的临床医生证言,不需要符合此标准。

相反,在Westberry v. Gislaved Gummi AB案[1]中,第四巡回法院更倾向于接受临床医生的方法。本案中,原告患有严重的鼻窦炎,其声称是由于接触了工业滑石粉引起的。被告对原告医生的专家证言提起质疑,原告的医生声称,原告的症状是由于吸入滑石粉引起的。被告辩称,由于原告的医生既没有流行病学的研究,也没有经过同业互查,更进行动物研究或者实验室研究来支持其结论,所以,他的观点不能通过Daubert规则的审查。并且,被告指出,医生并没有证据证明,在原告的鼻窦内发现滑石粉。相反,医生只是依据了鉴别诊断以及滑石粉暴露与症状的发作的时间相接近。

典型的鉴别诊断的技术包括物理检查、原告的病历回顾、各种临床试验回顾,也包含实验室试验,接下来就是主治医生判断最有可能引起疾病的原因。这个过程的一部分就是得出症状的可能的形成原因,排除那些可以被排除的原因。在Westberry案中,法院发现,医生不知道原告所接触的滑石粉的具体数量,也没有途径知晓足以引起原告鼻

---

[1] 178 F. 3d 257(4th Cir. 1999).

窦炎的滑石粉数量的具体水平,然而,这都无关紧要。法院发现,化学品安全说明书与本案相关,其中说明,"吸入高浓度的滑石粉会刺激黏液膜"。本案中,已经有足够的证据证明原告的工作场所有"高浓度"的滑石粉。并且,法院认为,滑石粉物质的暴露与原告症状发作的时间接近的证据,"可以提供无可争辩的因果关系的证据"。本案中,时间接近是可以被证明的。本案是认可临床医学鉴别诊断的典型案件,鉴别诊断作为分散的分析方法,若被合理运用,可以满足 Daubert 规则的标准。[①]

适用 Daubert 规则的法院变得更加有义务来承认关于因果关系的临床医学证据,但前提条件是,鉴别诊断的技术严格遵循临床医学的设置。在 In re Paoli Railroad Yard PCB litig. 案[②]中,法院认为:"一般的鉴别诊断是在医学界普遍认可的技术,已经接受过同业互查,一般情况下,不会产生错误的结论"。第三巡回法院已经将鉴别诊断分析嵌入到 Daubert 案件的分析因素中。在 Best v. Lowe's Home Centers, Inc. 案[③]中,第六巡回法院赞同 Paoli 案中法院由于医学安全性而对鉴别诊断的认可,并且采取了法院的测试,但是认为把鉴别诊断方法嵌入 Daubert 因素不具有必要性。所以,建立在鉴别诊断的因果关系的观点要求医生证明鉴别诊断的程序符合如下要求:尽可能地,客观查明病人疾病的本质……采取正当的方法来查明一个或更

[①] 要具体讨论因果关系的临床医学证据与鉴别诊断问题,参见 Jean Macchiaroli Eggen, Clinical Medical Evidence of Causation in Toxic Tort Case: Into the Crucible of Daubert, 38 Houston L. Rev. 369(2001).

[②] 35 F. 3d 717(3d Cir. 1994).

[③] 563 F. 3d 171(6th Cir. 2009).

多疾病的原因,并且"通过标准的诊断技巧,排除一些原因",最后得出最有可能引起疾病的原因的结论。①

8.4 原告的不确定问题

有关被告的不确定问题已经在其他章节讨论过。② 那种情形重点关注在乙烯雌酚(DES)诉讼案件中所固有的问题,这使原告难以识别出哪个被告的产品导致了其所声称的损害。虽然乙烯雌酚案件独特的诉讼环境为原告创造了因果关系的证明难题,但是一些法院也通过在集体责任的特殊规则下允许"不特定的被告"承担责任来解决这些问题,例如市场份额责任理论。③

不确定的问题也会发生在原告身上。在毒物侵权案件中,原告的不确定性通常以两种方式发生。首先,接触了一种特定的物质而生病的原告,事实上可能是由于其他原因而感染疾病。假定在缺乏"签名疾病"的情况下,且毒物侵权的原告不能证明因果关系,那么,引起该疾病的特定原因将不会被知晓。不确定原告的第二种情形是将来的索赔者。这种情形的产生是因为疾病发展存在潜伏期,而且,潜伏期在每个人身体的体现是不同的。并非在相同时间接触了特定物质的每一个人都会同时发病。所以,由于一个单

---

① (Quoting Paoli). Accord Ruggiero v. Warner-Lambert Co., 424 F. 3d 249(2d Cir. 2005); Glastetter v. Novartis Pharm. Corp., 252 F. 3d 986 (8th Cir. 2001).

② 参见第六章第五节。

③ See, e. g., Sindell v. Abbott Laboratories, 607 P. 2d 924 (Cal. 1980).

独的行为而导致伤害的被告的所有的责任不能同时解决,有时甚至在十年内也难以得到解决。将来索赔者的问题将在第九章和第十章予以阐述。

第一种不确定原告的情形由于其因果关系的不确定性,司法与学术界对此产生了浓厚的兴趣。一些法院与研究者也努力寻求一些方式来解决这类索赔主张,即起因于接触了被告的产品或危险物质,而被告要在单独的程序中承担责任的主张。然而,这种集体救济措施还是遇到了一些抵制。这与不确定被告的情形不同,在不确定被告的情形中,对被告施加集体责任的目的是为了体现政策目标的威慑力,转移损害与分散损失,在不确定原告的情形下,集体救济措施的使用将可能导致一些人的过度补偿,特别是那些其疾病不是由声称的物质而引起的原告。

上述的情形就发生在 Allen v. United States 案[①]中,这是法院所讨论的情形之一。在这种情形之下,法院放宽了对因果关系的要求。法院指出,暴露在美国政府的原子能测试项目所释放的电离子辐射之下,而引起原告的白血病与其他症状,与非暴露在辐射之下的一般人群所患有的疾病完全一样。然而,法院认为,有充足的数据表明,低水平暴露在辐射之下和原告所声称的疾病之间存在紧密联系。法院认为,被告的疏忽行为将原告置于风险之中以及统计数据,共同构成了辐射暴露与所声称的损害相联系的"实质的、恰当的、有说服力的、相联系的因素",通过调查应当能够发现其中合理的因果关系。法院也要求对原告个人进行各种因素的分析(包括接触了其他物质和其他个人因

---

① 588 F. Supp. 247(D. Utah 1984).

素,如所患癌症的种类),因为此决定要与已知的科学数据相符合。在此方面,证明责任就转移给被告来反驳因果关系的成立。

在不确定原告问题的解决办法中,另一个提议是集体或集团的解决办法。① 这个提议建议使用建立在类似于Allen法院所提议的因素基础上的集体性的补救措施,但是,它是按比例进行赔偿,而不是个人全部赔偿。在这些规则之下,Weinstein法官赞成在橙色剂案中使用集团补偿的方法。并且,Weinstein法官有责任检验美国政府在越南战争期间使用橙色剂作为除草剂而造成两百万人的人身伤害案件中所提出的解决办法的公平性。② 在支持1.8亿的赔偿后,Weinstein法官拒绝了个人提起的因果关系的主张,而支持集体性的解决办法。他赞成用集团诉讼的方式来解决对原告造成的所有伤害,认为被告有责任对每个原告进行按比例的赔偿。③

在毒物侵权的集团诉讼中,很多司法机关都耗费很多时间用来对不确定的原告进行恰当的赔偿。并且,解决毒物侵权的集团诉讼而使用团体程序反映了个体解决的愿望与集体解决有效性的紧张关系。④

---

① See Richard Delgado, Beyond Sindell: Relaxation of Cause – In – Fact Rules for Indeterminate Plaintiffs, 70 Calif. L. Rev. 881, 899 – 902 (1992).
② 具体讨论橙色剂集体诉讼的各个方面,参见第十章第五节。
③ See In re "Agent Orange" Prod. Liab. Litig., 597 F. Supp. 740(E. D. N. Y. 1984).
④ 这些程序将在第十章第二节和第三节予以讨论。

第9章 伤害与损害

9.1 精神损害

一般来说,主张个人伤害的原告有权利为其受到的所有伤害请求赔偿,包括过去、现在和将来的损害,这些损害源自导致诉讼产生的那些情形。[①] 所以,一个证明自己暴露于危险的垃圾场释放的化学物质之下而引起人身伤害的原告,既可以要求人身损害赔偿,也可以要求任何与之相关的精神损害赔偿。

然而,在有毒物质侵权案件中,大多数主张精神损害赔偿的原告并没有任何相伴的疾病或者其他人身损害。这些主张有时候是指"对癌症的恐惧"主张或者用一个不太恰当的词语来表述是"癌症幻想"。如果没有一些合法有效的客观证据,在法律上认可这些主张就面临着很多困难。出于对主观想象的诉讼主张或欺骗性主张及轻率的主张的担心,很多司法机关拒绝认可没有任何其他确证的精神损害赔偿。并且,法院也表达了另一个顾虑,即精神损害可能是转瞬即逝的,不应当受到赔偿。

---

① Dan B. Dobbs, The Law of Torts § 302, at 822 (West, 2000).

9.1.1 粗暴的行为

如果原告所诉称的行为是极端的、粗暴的,法院就会支持原告在缺乏人身伤害的情况下所提起的故意或鲁莽的精神伤害主张。由于具备行为粗暴的特征,陪审团就会由此推断,原告遭受到精神痛苦。《侵权法律重述:Ⅲ——人身与精神伤害的责任》草案①中规定:"一个通过极端和粗暴的行为故意或鲁莽地引起他人严重精神干扰的人要为精神干扰承担责任,并且如果精神干扰引起了身体伤害,那么也要为身体伤害承担责任。"这个规定事实上反映了关于故意精神伤害的侵权法律,有时候称之为愤怒侵权。

例如,在 Capital Holding Corp. v. Bailey 案②中,原告声称,在其提起的主张中,有一项是由于粗暴行为引起的严重的精神损害的主张。他与一个业主被告签订了合同,合同约定,他从建筑物的地下室移除管道与输送管,但是其声称,他在做这些项目时并没有被告知受到石棉的污染。他进一步陈述道,业主在雇用他之前明知会受到石棉污染,但是并没有告知他这种危险。在了解这种污染大约两年之后,原告进行了医学诊断和检验,结果显示,现在并没有生病。但是,他被告知,他有不断增长的患有石棉沉滞症和间皮瘤的风险。法院支持了粗暴行为的主张,并查明这样的记录,即原告已经被"故意和鲁莽地"暴露在石棉之下好几个月了。

在 Franklin Corp. v. Tedford③ 案中,密西西比州最

---

① Tent. Draft No. 5 2007.
② 873 S. W. 2d 187(Ky. 1994).
③ 18 So. 3d 215(Miss. 2009).

高法院关注原告主张被告实施故意(或鲁莽的)或粗暴行为的必要性。本案中的原告是作为被告的一家家具生产商的雇员,这些雇员声称他们的工作场所暴露在神经毒素丙基溴化物之下。他们诉称,工作场所不通风,空气质量也没有经过充分的测试,并且也没有提供任何的保护装置。他们还诉称,被告在明知这些化学物质的危害性之后,包括生产者对被告进行直接警告之后,这种情况还在继续。《州工人赔偿法案》允许工人由于故意侵权而起诉他们的雇主。法院支持了原告提起的故意侵权的主张,因为原告有充分的被告主观故意的证据,特别是直接针对原告要求其继续实施这样的危险行为的证据。

然而,即使在案件事实与上述支持这些主张的事实并无区别的情况下,其他法院也不支持故意精神伤害的主张。所以,在 Contreras v. Thor Norfolk Hotel 案[①]中,法院认为,本案的事实类似于 Capital Holding 案的事实,即一个工人主张精神损害赔偿,由于其并未患有疾病,并且被告的行为也并非直接针对他个人。在 Whitlock v. Pepsi Americas 案[②]中,由于原告出现在与被告的危险垃圾污染场所附近,因而主张精神损害赔偿。法院认为,不能支持原告故意精神伤害的主张,因为:(1)在污染当时精神伤害并未发生;(2)被告完全不知道他们的存在。所以,根据加利福尼亚州法律,被告的行为并不直接指向原告。法院认为,"原告没有能够有效地证明被告知道或者应当知道其行为可能会影响所在地区的人们"。

---

① 292 F. Supp. 2d 798(E. D. Va. 2003).

② 681 F. Supp. 2d 1116(N. D. Cal. 2010).

9.1.2 过失精神伤害

1.人身伤害要求

过失行为的主张存在更多的问题。从传统上讲,一个诉讼主张若是得以实行,法院要求原告就必须主张人身伤害。《侵权法律重述:Ⅱ》第436条A款为这些情形设定了普遍的标准:"如果行为人因为其过失行为给他人造成了人身伤害或精神干扰的不合理风险,从而导致了精神干扰,但没有身体伤害或其他可赔偿的伤害时,那么行为者就不必为这种精神伤害承担责任。"人身伤害可以是——但并不必要求是——由被告的行为直接引起;由于精神伤害而引起的人身伤害也足以满足该要求。尽管法院已经改变了绝对的人身伤害要求,但是,对于有毒物质的暴露或对未来疾病恐惧的情形,很多法院还是坚持传统有毒物质侵权的要求。

在 Payton v. Abbott Labs 案①中,法院就该问题进行了回应,法院认为,人身伤害规则适用于暴露在乙烯雌酚(DES)下却并未显现出疾病症状的人提起的团体诉讼案件。法院讨论了合理预见伤害的规则,此规则在传统上被认为是过失法律的要求。法院认为,在精神损害被人身伤害引起或者引起了人身伤害的恰当的案件中,这个要求可以被满足。法院适用了如下的测试:(原告)一定要声称和证明被告的行为引起了人身伤害,人身伤害又引起了精神损害……并且……原告的人身伤害或者引起了精神损害,或者是由精神损害所引起,并且……人身伤害一定要以客观的症状所显现,或者被专家证言所证实。最后,寻求赔偿的精神损害一定要被合理地预见……

---

① 437 N.E.2d 171(Mass.1982).

根据测试,原告要达到一个正常人所遭受的精神损害的程度才能提出赔偿要求。

很多法院都已经变通地适用了此项测试。在Temple-Inland Products Corp. v. Carter案①中,得克萨斯州最高法院一致确认了人身伤害规则的适用。本案的诉由是,两个电工在安装电源插座的时候,接触到了实验室的石棉。当工作接近完成之时,实验室管理员警告了工人们石棉存在的危险。十八个月之后,给工人检查身体的医生认为,当时并没有显现与石棉有关的疾病,但是由于长期接触而发生疾病的风险在不断提高。医生把此风险定义为"高风险",而不是一般的可能性。得克萨斯州最高法院拒绝了原告提起的害怕将来发生石棉疾病的诉讼主张,并且认为,在缺乏症状显现的情况下,这种诉讼主张太过主观,如果支持这样的主张,将会掀起"预防疾病"诉讼的浪潮。并且,法院认为,吸入石棉纤维不是一个能够引起过失精神伤害主张的人身伤害。

宾夕法尼亚州最高法院在一起案件中达成相似的结论,本案中的原告由于长期接触石棉,导致无症状的胸膜变厚,这是一种良性的症状,然而却可能是更严重的损害和石棉疾病的先兆。在Simmons v. Pacor, Inc.案②中,法院认为,从法律的角度讲,"无损害、无症状的胸膜变厚"并不构成法律所要求赔偿的充分的人身伤害。所以,法院将人身伤害规则适用到过失精神损害的诉讼主张中,认为这种情况并不符合构成精神损害基础的人身伤害的要求。但是,

---

① 993 S. W. 2d 88(Tex. 1999).

② 674 A. 2d 232(Pa. 1996).

法院说道,如果原告在将来发生了石棉沉滞症或间皮瘤,到时他就可以以人身伤害和精神损害起诉。

在有毒物质侵权案件中,美国最高法院也表达了对人身伤害规则的支持。Metro－North Commuter Railroad v. Buchley案①,是一个依据《联邦雇主责任法案》(FELA)而提起的涉及精神损害赔偿的石棉暴露案件,法院认为,没有人身疾病或症状的原告不能依据《联邦雇主责任法案》获得精神损害赔偿。在做出此裁判时,法院与一个更早的联邦案件——Consolidated Rail Corp. v. Gottshall案②进行了区分,在本案中,法院裁定,遭受"身体接触"的原告即使在没有人身伤害的情况下也能提起精神损害赔偿的主张。在Metro－North案中,法院认为,Gottshall案所确立的"身体接触"规则,并不包含可能会引起潜伏疾病案件的物质暴露。法院认为,在Metro－North案中,这种身体接触"并不包括可能会在以后引起疾病的简单的直接接触——即物质或相关的环境,除了引起疾病的风险,没有其他任何的损害"。然而,如何界定与适用"接触"存在很大的困难,这使得很多州都不愿采用仅仅建立在"接触"之上的规则。

2. 体内存在毒素的人身伤害

纽约一家上诉法院对"人身伤害"的含义进行了扩展,法院认为,无论传统的伤害是否显现,原告的体内存在毒素都应该包含在人身伤害范围之内。在 DiStefano v. Nabisco Inc.案③中,法院支持了原告的监护人所提出的过

---

① 521 U.S. 424(1997).

② 512 U.S. 532(1994).

③ 767 N.Y.S. 2d 891(N.Y. App. 2003).

失精神损害的主张,即使其没有为婴儿确立足够充分的人身伤害证据。原告声称,婴儿暴露在挥发性有机化合物(VOC)之下,但是,还没有疾病显现的证据。法院陈述道:要维持其暴露于有毒物质之下的精神损害赔偿的主张,原告必须证明其事实上暴露在引起疾病的药剂之下,并且其害怕感染疾病存在"合理的基础"……法院对"合理的基础"进行解释,其含义包括"临床证据证明原告体内存在毒素,或者存在其他毒素引起疾病的症状"……

同一法院在 Cleary v. Wallace Oil Co. 案[①]中确认了此原则,本案中,原告的家里受到由于被告公司不合理地抽运而造成的 900 加仑民用燃料油的污染。法院遵循了 DiStefano 案中的原则,认为原告的精神损害赔偿请求应当被驳回,因为原告没有临床证据证明。

纽约法院在案件中采用的这一方法非常有趣,因为它暗示了只要临床证据能证明原告的体内存在化学物质,且该物质是因为暴露在化学物质之下形成的,那么就满足人身伤害规则的要求。随着检测人体组织或体液中微量化学物质技术的进步,采取这个规则的法院将可能会面临更多的过失精神损害的诉讼案件。

3.人身伤害规则的放弃

加利福尼亚州最高法院,在明确表达了其政策理由之后,采取了大胆的一步,即在缺乏人身伤害的情况下,支持过失精神损害主张。在 Potter v. Firestone Tire and Rubber Company 案[②]中,该法院受理了一些土地所有者的主

---

① 865 N. Y. S. 2d 663(N. Y. App. 2008)(slip op.).
② 863 P. 2d 795(Cal. 1993).

张,他们声称,由于临近含有有毒垃圾的填埋场所,所以接触到有毒物质。然而,这些原告中没有一个人发生身体疾病或其他身体症状。但是,他们坚称,他们正遭受着不断增长却难以量化的未来发生癌症的风险。在本案中拒绝适用人身伤害要求后,法院陈述道:人身伤害要求是一个很不准确的损害补救审查规则,它要求在支持恐惧癌症的诉讼主张时,无论何时,该恐惧都必须伴随着或者导致了任何身体上的伤害,而不论这身体上的伤害是多么微小;然而,它却拒绝了那些人身伤害没有显现出来的案件,无论在该案件中,受害人这种对疾病的恐惧是多么严重和真实。

然而,Potter 案的法院却对原告的精神损害赔偿主张设定了一些重要的限制。法院认为,原告只有存在合理的和严重的精神损害,才可以进行诉讼主张。然而,合理性并非建立在暴露的事实之上。法院要求原告能够证明,其精神损害是基于这样一项知识:即发生癌症的几率要大于未发生癌症的几率。

要满足这项要求,原告就被赋予一项艰难的任务,即提供合理的医学或科学证据证明发生癌症的风险在可能性上超过了百分之五十。法院知道,在一些案件中,将风险进行量化是困难的,但是它又指出,在其他类型的包含疾病风险的案件中,原告是可以获得所要求的专家证据的。法院认为,量化的风险要求反映了将诉讼保持在可控的范围内的政策要求,也保证了提出精神损害赔偿的人是那些有合法主张的人。

在放弃了人身伤害要求的规则后,Potter 案的法院隐约意识到,风险本身与人身伤害一样,都是具体的有形的伤害。在精神损害赔偿的主张中,应当牢记该赔偿是基于对不断增长的疾病风险的恐惧而产生的,这很重要。基于恐惧而提起的诉讼主张在法律中还是存在一些惯例的,比如在潜伏疾病背景下,法律允许法院基于这些判例形成相应的理论。相反,如果仅仅是由于不断增长的风险本身而寻求赔偿的诉讼主张,由于没有相应的立法背景,因此往往会给法院造成极大的不便。①

4. 对艾滋病病毒的恐惧

在将过失精神损害的规则适用到对艾滋病病毒恐惧的案件中时,法院面临着特有的困难。在此规则的衍生规则之下,很多案件都已经得到解决。例如,如果原告能够证明人身伤害,那么他就有权利要求随之而来的精神损害赔偿。在恐惧艾滋病病毒的案件中,很多法院都将人身伤害的理念转变为要求存在事实上接触了艾滋病病毒的证据。

所以,在 Majca v. Beekil 案②中,这是两个已结案件的第一个,伊利诺斯州最高法院要求原告提供证据证明其曾经接触了病毒。本案的原告是一个文书工作者,由于她被一个外科手术刀划破而害怕感染艾滋病病毒,因此,主张精神损害赔偿。因为一个之后死于艾滋病的足科医生,在此前曾经使用过这把手术刀。原告在她被划伤时并不知道足科医生的状况,她在对伤口进行医疗处理后就丢弃了这把手术刀。所以,原告不能证明其事实上接触了艾滋病病毒。法院说,"没有事实上接触艾滋病病毒,对感染艾滋病的恐惧的主张就太过主观臆断而不能被法律所认可"。其他的审判法院也采用了同样的事实规则来区分主观臆断的主张

---

① 参见本章第二节。
② 701 N.E.2d 1084(Ill. 1998).

与那些真正恐惧艾滋病病毒的主张。①

一些法院对不知道自己是否接触了艾滋病病毒的原告,表现出特别的关注。在 Hartwig v. Oregon Trail Eye Clinic 案②中,内布拉斯加最高法院指出,事实暴露规则的目的在于,这是一种"客观地量化原告害怕患有艾滋病的合理性"的一般方式。但是,法院认为,事实暴露规则并不需要证明:(1)当原告通过"医学传播途径已经完全暴露于他人的组织、血液或体液之下",(2)它是不可能,也是不切实际地去查明是否这些组织或体液在艾滋病病毒检测中是呈阳性的。

在这种情况下,原告将被允许由于对艾滋病病毒的合理恐惧而提起诉讼。法院也适用了"焦虑之窗"来限制原告从精神损害中获得救济的时间。这个时间起始于原告暴露在病毒之时,终止于原告知道或者应当知道他并没有感染艾滋病病毒的时间。法院也建议,在此期间,原告也应当遵守其医生所建议的一系列合理的测试。法院注意到,医生们对待可能患有艾滋病的病人们的方式,就好像他们实际上真的患有艾滋病一样,建议他们就像患有艾滋病一样来从事他们的行为,直到阴性测试的特定的时间过去以后。因此,法院认为,法律忽视一个人对患有艾滋病的恐惧,这是不公平的。例如,在 Madrid v. Lincoln County Medical Center 案③中,法院认为"焦急之窗"从病毒暴露之日起六

---

① See, e.g., Brzoska v. Olson, 668 A. 2d 1335(Del. 1995); Carroll v. Sisters of Saint Francis Health Services, Inc., 868 S. W. 2d 585 (Tenn. 1993).

② 580 N. W. 2d 86(Neb. 1998).

③ 923 P. 2d 1154(N. M. 1996).

个月较为合适。在 Williamson v. Waldman 案①中,新泽西州最高法院也采用了这种方法,但是,法院认为,原告精神损害是否予以合理地决定可以"通过一个正常人的经验来确定,即一个人有一定程度的知识,并且符合当时的、准确的、一般可为公众所利用的关于艾滋病病毒的原因与传播的公开信息"。这种方法很明显意在将建立在毫无根据的猜测之上的诉讼数量降到最低,然而对于那些基于事实的、正当的恐惧上的诉讼主张予以支持。

9.2 不断增长的疾病风险

不断增长的疾病风险的诉讼主张(有时候被称为增长的风险),是由于发生疾病的风险而寻求赔偿,而不论此人生病与否。这是区别于恐惧疾病发生的诉讼主张;并且,如果可以,它仅仅是由于风险而寻求赔偿。一般而言,主张不断增加的疾病风险的典型原告,通常是接触了一种与潜伏疾病相关的已知的有毒物质,只是还没有出现该疾病的物理症状,或者出现了患有更严重的疾病的先兆状况。所以,一个饮用水源区暴露在有毒化学物质之下的个人,可以提起一项不断增加的风险的主张。同样的,一个与石棉暴露有关而导致的胸膜变厚,却没有疾病症状的石棉工人,也可以寻求不断增长的肺癌风险的赔偿请求。

在有毒物质侵权的背景下,法院面临的最大问题就是不断增长的风险诉讼主张,并且法院对此类主张也表现出很大的敌意。其中一个原因就是这类诉讼与传统的构成伤

---

① 696 A. 2d 14(N. J. 1997).

害的观念并不一致。在传统的理念支持下,法院习惯于参考已经发生的寻求伤害救济的民事案件。

通常情况下,没有产生伤害的民事案件不会被接受。不断增长的疾病风险的主张并不阻止还未发生疾病的最终诉讼的主张。这些主张所面临的问题是,它们是否构成独立的诉讼主张:由于风险是当前的,并且还在持续,所以,这难道是法律所认可的风险? 然而,理念性的问题并不是全部的问题。实践中,如果法院接受了这些诉讼主张,那么,需要考虑什么样的因素呢?

在 20 世纪八九十年代,当原告们首次就疾病风险而寻求法律认可进行努力争取时,这些建立在风险之上而寻求赔偿的主张还是非常吸引人的。但是,大多数法院却拒绝了这些主张,至少否定了那些当前还没有显现出疾病的原告的主张。取而代之,原告开始逐步将其注意力转移到医学监测主张上,这些主张是建立在被告导致的未来疾病风险之上。这些主张将在第三节予以具体讨论。在当前的法律环境下,寻求损害赔偿的不断增长的疾病风险主张面临着更大的困境,这些困境远超出人们对它的预期。

9.2.1 对传统理论的挑战

风险增长的主张也涉及一些传统的理论,要求法院以新奇的方式来适用这些理论。在侵权法中,一个基础性的理论是,原告可以由于被告的行为而产生的所有的损害而寻求救济,包括过去的、现在的和将来的损害。然而,传统的规则认为,损害应当是对人或财产造成的当前的损害,这在风险增长的主张中是缺失的。第二个理论是既判力(又称一事不再理)理论。这个理论禁止诉讼分割,要求一旦一个诉讼事由发生,原告提起诉讼,那么,原告的诉讼主张就必须包含所有由此相同事务或同系列事务引起的所有的诉讼请求。① 由相同事务引起的之后的主张将会被禁止。② 如果风险增长的主张被支持,那么既判力理论将会禁止被告行为所引起的实际损害的之后诉讼主张。如果风险增长的赔偿包括将来可能引起的所有伤害的充分的赔偿,结果可能会导致对一些人(例如,那些之后没有发生疾病的人)的过度赔偿,而对另一些人(例如,那些之后发生的疾病与遭受的损害超过之前预期的人)的赔偿不足。

在此情况下,如果允许某些形式的诉讼分割,那么又会产生另外一些问题。一方面,如果原告在早期由于发生疾病的风险而获得赔偿,在后来生病之后又提出一个主张并最终获得赔偿,那么,对原告来说,可能会获得双倍的赔偿,这显然超出了法律保护的限度范围。另一方面,如果原告现在由于风险获得赔偿,而之后却没有生病,那么,当前的救济对原告来说就是一笔意外之财。并且,更麻烦的是,对于那些具有相同情形却不幸发病的人,在原告获得判决支持之后,很有可能无法再获得金钱赔偿了。

不管采取何种方式的诉讼分割,在既判力理论与诉讼时效的起算规则之间存在很大的关联。一个诉讼主张除非被可利用的规则所认可,才能被提起。如果一个诉讼主张产生,那么诉讼时效就开始起算,并且最终会消灭。所以,在诉讼时效的起算规则的适用与在同一个审判法院的诉讼分割规则之间必须存在一些协调性。

---

① See Restatement (Second) of Judgments, § 24 (1982).
② 参见第七章第四节。

9.2.2 依据当前损害的案件

一些法院明示或者默示地要求,对风险增长的诉讼主张,原告要提供一些人身伤害的客观证据。有一个相对早期的案件,被认为是以统计数据为基础的生存几率降低的诉讼主张,该案并非是在有毒物质侵权的背景下提出来的。在 Herskovits v. Group Health Cooperative 案①中,法院认为,原告的被继承人由于被主治医生疏忽地误诊为肺癌而导致生存几率的降低,这个主张被视为可以认可的主张。原告声称,在被继承人首次出现肺部症状时去看医生,当时他并没有被诊断为肺癌。原告声称,如果当时其被正确地诊断和治疗,那么生命再延长五年就有百分之三十九的可能性。然而,在他确实被诊断为肺癌之后,他在五年后生存的几率却降低到百分之二十五。这意味着,在五年后,其生存的机会降低了百分之三十六。在他被诊断为癌症之后,大约两年就去世了。

法院裁定,原告的声称足以向陪审团证明,在不断增长的风险与被继承人的死亡之间存在相关的因果关系。对原告来说,并不需要证明,如果被继承人在第一次被恰当地诊断,那么他就一定会活下来,也不需要证明,如果在早期被恰当地诊断,其生存几率就会超过百分之五十。

在 Herskovits 案中,虽然原告将风险作为诉讼主张的首要因素,然而,本案也包含一个无可置疑的人身伤害——已故者的肺癌和他最后的死亡。同样地,在 Petriello v. Kalman 案②中,这是另一起医生治疗不当的案例,原告声

---

① 664 P. 2d 474(Wash. 1983).
② 576 A. 2d 474(Conn. 1990).

称,医生在进行常规的 D & C 之后,将其子宫穿孔,并且吸出一部分小肠,然后才大意地修复了肠道。法院支持了原告关于未来肠道障碍的风险增加百分之十六的诉讼主张。

在毒物侵权背景下,法院在 Brafford v. Susquehanna Corp. 案①中允许一个基于当前的身体伤害而提起的风险增加的诉讼主张。该案的原告宣称,由于暴露在被告矿业设备铀尾料堆释放的辐射之下,因此他们未来患有疾病的风险不断上升。法院把目前的身体伤害界定为"对细胞和亚细胞结构立即的、当前的损害,与此相应地引发了辐射暴露的数量与持续性"。对人身伤害这种广义的界定符合很多有毒物质侵权案件中原告提出的疾病风险增长的主张。然而,在实践中,大多数的原告能否证明人身伤害就是另一个问题了。

9.2.3 仅仅以风险为基础的诉讼主张

大多数法院在没有当前疾病显现的情况下,拒绝承认原告提出的疾病风险增长的诉讼主张。就像罗德岛州最高法院在 Kelley v. Cowesett Hills Associates 案②中所陈述的:"仅仅由于暴露在致癌物质下而感染癌症的可能性,虽然潜在地增加了某人患有癌症的风险,但是,这样的理由太过牵强,而不足以成为诉讼的原因。"本案中,原告也没有证明与石棉有关的身体症状的显现。在 Bonnette v. Conoco, Inc. 案③中,法院拒绝了原告由于轻微接触在被告含有石棉的土地上而提出的患有癌症的"风险轻微增长"的

---

① 586 F. Supp. 14(D. Colo. 1984).

② 768 A. 2d 425(R. I. 2001).

③ 837 So. 2d 1219(La. 2003).

主张。

一些法院已经着手就风险增长的诉讼主张进行处理,但是对原告设定了严格的要求。在 Ayers v. Township of Jackson 案①中,新泽西州最高法院处理了很多水源受到污染的人提起的诉讼主张。本案中,没有任何一个原告遭受与有毒化学物质相关的任何疾病。法院认为,对原告而言,要从风险增长的主张中获得救济,原告患病的可能性就必须要被确定。这就意味着这种风险必须能够被量化。在 Ayers 案中,原告的专家明确地表示,虽然原告存在患有癌症的不断增加的风险,但是他不能对风险的程度进行量化,因为缺乏原告接触的化学物质之间的相互影响的科学信息。所以,法院拒绝支持原告提出的风险增长的主张。

Ayers 案的法院也就既判力理论对风险增长案件的影响进行了处理。虽然这并不直接关乎本案,但是法院认为,根据新泽西州法律的规定,提起风险增长主张的原告,或者以其他早期伤害为基础的诉讼主张,将既不能被诉讼时效的规则所禁止,也不能在疾病显现之后,被诉讼排除规则禁止提起之后的诉讼。在新泽西州诉讼时效发现规则的背景下分析这个问题,法院指出,原告提出后来诉讼的原因,只有等疾病症状显现之后才能产生,并且原告也意识到可能的原因。法院也说道,出现下列情况时,对抗诉讼分割的规则不能被适用:当疾病在有毒物质暴露多年以后显现之时,这个规则不能合理地适用于有毒物质侵权的主张……在本案中,这个规则按照字面意思不能被适用……直到疾病显现,第二次提起诉讼的原因才能产生;所以,不能把该诉讼

---

① 525 A. 2d 287(N. J. 1987).

与早期的诉讼相结合。

如果原告发生了与之前的物质暴露相关的疾病,并且被允许在疾病显现之后提起诉讼,那么,早期疾病风险增长的主张的目的何在呢?这也可以解释为什么这么多的法院都拒绝认可这些主张。一些原告也仍然继续提起风险增长的主张,因为原告害怕在疾病显现之时被告无可供履行的财产,或者证据将会失去或者损毁。

9.2.4 什么构成了风险的"合理的确定性"

Ayers案的判决是法院认可未来疾病风险增长主张的典型代表,但前提条件是,原告必须证明未来疾病的风险具有"合理的确定性"。在 Hagerty v. L & L Marine Services, Inc. 案①中,法院设定了一个标准,即"有毒物质的暴露更有可能导致癌症"。② 在 Sterling v. Velsicol Chemical Corp. 案③中,法院认为,"合理的医学确定性"用语的使用是不必要的,但是却指出"确定性"的程度要大于"可能性"或"可能有"。对于具有集团风险的证据,通过采用流行病学的证据,还不足以证明所要求的量化的风险。并且,这个风险必须被具体化到原告身上。④ 当原告还没有出现疾病症状的时候,想提供一份专家证言来证明特定的原告更有可能患上癌症或其他疾病,事实上是一项非常艰巨的任务。

---

① 788 F. 2d 315(5th Cir. 1986).

② See also Potter v. Firestone Tire & Rubber Company, 863 P. 2d 795 (Cal. 1993).(法院认为,更有可能的标准是未来疾病的风险存在的最好的检验措施。)

③ 855 F. 2d 1188(6th Cir. 1988).

④ Thomas v. FAG Bearings Corp., 846 F. Supp. 1400 (W. D. Mo. 1994).

所以,即使法院有责任受理风险增长的主张,但是对原告来说,仍然存在相当多的困难。

9.3 医学监测

相对于风险增长的诉讼来说,法院更愿意接受医学监测的诉讼主张或者医学监控的主张。一般来说,提出医学监测主张的原告与那些提出风险增长主张的原告有一些共同特征,即他们都证明接触了特定的物质,但是在身体上还没有任何疾病的症状。有些法院将医学监测的主张视为诉讼主张,而其他法院却视之为救济措施,原告提出医学监测的主张是为了获得与定期医学检验和诊断试验的花费,目的是尽可能在早期发现疾病。这在本质上是预期性的。但是医学监测的主张,并非是为了从患有未来疾病的可能性中获得赔偿,也并非基于原告对疾病的恐惧中获得赔偿。从这个角度,医学监测的主张区别于风险增长的主张和精神损害的主张。然而,医学监测的主张和其他这些主张也有共同点,即这些主张的基础都是风险。[①] 事实上,美国最高法院也表达了对 Metro-North Commuter Railroad v. Buckley 案[②]的支持,这是一起在过失精神损害的背景下,依据《联邦雇主责任法案》(FELA)而提起的石棉暴露案件。法院也表达了对"不重要案件"潮流和无限制责任威胁的担心。

[①] See, e.g., La. Civ. Code Ann. art. 2315(B)(West 2010); Hinton ex rel. Hinton v. Monsanto Co., 813 So. 2d 827(Ala. 2001).

[②] 521 U.S. 424(1997).

9.3.1 要求当前人身伤害的法院

在过去十年中,医学监测的诉讼主张不断增加,很多案件是集团诉讼案件。然而,是否要求证据证明当前人身伤害来作为要求医学监测损害的基础,法院之间存在很大的分歧。在 Paz v. Brush Engineered Materials, Inc. 案①中,在回答了第五巡回法院提出的特定问题之后,密西西比州最高法院考虑了工作场所接触到铍的工人们提起的诉讼中的问题。本案中没有原告抱怨有任何的身体症状,但是他们声称,众所周知,接触铍会引起慢性铍病,这是一种对肺不好甚至可能引起死亡的潜伏疾病。法院强调,一般的过失主张要求证明身体伤害,然而,接触危险物质并非伤害。法院认为,当原告寻求医学监测的时候,并没有理由改变基础的理论原则。法院不仅担心"琐碎事件"诉讼潮,也担心医学监测会消耗被告的财力,从而导致减少了对真正生病的人的赔偿,法院通过表达这种担心来支持这个规则。

同样地,在 Wood v. Wyeth－Ayerst Labs 案②中,法院在缺乏当前的人身伤害证明的情况下,拒绝支持医学监测的主张。法院引用了法律重述中对"人身伤害"的界定,即"对人的身体的物质性损害"。③ 在法院看来,单纯增加疾病风险的药物的注射并不构成"人身伤害"。④

---

① 949 So. 2d 1(Miss. 2007).

② 82 S. W. 3d 849(Ky. 2002).

③ Restatement(Second) of Torts, §7, cmt. e(1965).

④ Accord Houston County Health Care Auth. v. Williams, 961 So. 2d 795(Ala. 2006); Henry v. Dow Chemical Co., 701 N. W. 2d 684(Mich. 2005).

9.3.2 不要求当前人身伤害的法院

相反,其他的法院将医学监测视为一项切实可行的折中措施——从短期来看,不像风险增长和精神损害主张那样昂贵,从长期来看,如果早期的诊断能够成功控制住疾病的发展,那也是潜在的有限的花费。这些法院对人身损害的概念有着不同的观点。所以,在 Gates v. Rohm and Haas Co. 案[1]中,法院认为,根据伊利诺斯州的法律,医学监测的费用构成了一项可获得补偿的损害。

在缺乏当前人身伤害的情况下,支持医学监测主张的法院倾向于在诉讼的构成要件方面达成一致。虽然他们使用的语言不尽相同,但是基本的要求却大致相同。并且,诉讼的构成要件要通过专家证言来得到证明。In re Paoli Railroad Yard PCB 诉讼案[2]中,在多氯联苯(PCB)污染的诉讼背景下,通过解释宾夕法尼亚州法,是这些法院所采取方法的代表。法院设置了如下的构成要件,要求原告必须予以证明:

(1)由于被告的过错行为,导致原告暴露在被证明是危险的物质之下;

(2)由于上述物质的暴露,原告遭受了患有上述严重潜伏疾病的不断增加的风险;

(3)这种不断增加的风险使得定期诊断检查具有合理的必要性;

(4)医学监测和检查程序的存在使得疾病早期的发现

---

[1] 618 F. Supp. 2d 362(E. D. Pa. 2007).
[2] 35 F. 3d 717(3d Cir. 1994).

与治疗具有可能性和有益性。①

原告并不需要证明当前存在疾病症状。但是,至少在一次司法实践中,原告必须直接地暴露在危险物质之下。②上述构成要件如有一项不能满足,将会导致诉讼主张被驳回。③

在决定医学监测的主张是否应当支持之时,存在的一个主要的问题是医学监测本身的必要性问题。构成医学监测的风险的水平明显地低于风险增长主张中所要求的水平。在表达医学监测试验之时,法院使用了不同的术语,但是似乎都同意,原告必须证明医学监测对于疾病的发现具有合理的必要性。④

这些法院支持医学监测的主张是有一些理由的。首先,驳回有毒物质侵权原告各种各样主张的法院,经常会表达他们的遗憾,认为法律对特定的伤害没有提供必要的救济措施。医学监测的主张可以对暴露于特定物质的原告提供一定的帮助,但是却不能维持当前的诉讼主张。其次,相

---

① Accord, e. g., Bower v. Westinghouse Electric Corp., 522 S. E. 2d 424(W. Va. 1999).

② See Theer v. Philip Carey Co., 628 A. 2d 724(N. J. 1993). (法院认为,石棉工人的妻子,通过给丈夫洗衣服,间接暴露在石棉之下,并不满足医学监测损害的要件。)

③ See In re Tobacco Litig. (Med. Monitoring Cases), 600 S. E. 2d 188 (W. Va. 2004).

④ See, e. g., In re Paoli Railroad Yard PCB litigation, 35 F. 3d (3d Cir. 1994); Ayers v. Township of Jackson, 525 A. 2d 287(N. J. 1987); Askey v. Occidental Chemical Corp., 477 N. Y. S. 2d 242(N. Y. App. Div. 1984). (法院认为,原告必须证明医学确定性的合理程度,并且,由于危险物质暴露进行医学监测的花费要能够被合理预期。)

对于风险增长的诉讼而言,法院将医学监测视为成本更小的诉讼主张,并且也不存在对最后没有生病的人的过度赔偿的问题。再次,医学监测可以阻止被告实施一些过错行为。与原告疾病显现之后才要求被告承担责任相比,医学监测要求被告在实施排放或其他引起暴露的行为之后不久,就必须承担一定的财产责任,从而能够给被告施加更大的压力。最后,当原告寻求早期的诊断与治疗之时,疾病可能会被治愈或者得到成功管控,这样就有利于公共健康利益,从整体上减少未来的诉讼成本。

9.3.3 作为当前损害的亚细胞的变化

在 Donovan v. Philip Morris USA, Inc. 案[①]中,马萨诸塞州最高法院针对联邦地区法院提出的特定的问题,就当前损害发表了一些意见。本案中,吸烟者和以前的没有患疾病的吸烟者寻求医学监测。他们声称,吸烟会引起亚细胞的改变,使得他们在将来更容易患有肺癌。所以,原告声称:原告的专家证实,香烟中的颗粒物和气体的吸入,会引起支气管与细支气管的炎症反应,从而导致细胞与部分组织炎症的累积,导致肺功能的损害……引起支气管狭窄。并且,他们也认为,吸烟会转化细胞内蛋白质综合的平衡和肺功能的退化,从而导致过度扩张与功能空间的缩小。最后,吸入声称的致癌物质可能会损害导气管细胞内的基因,削弱防止基因损害的修复功能,导致致癌基因突变的加剧,削弱保护性的修复程序。

原告进一步声称,一种新的技术,即低剂量的计算机断层摄影技术(LDCT),可以透视胸部,能够在早期阶段发现

---

① 914 N.E. 2d 891(Mass. 2009).

与诊断癌症,比以前有更高的治愈与存活可能。法院总结道,"生理改变也伴随着癌症风险的实质性增加,并且,医学监测的必要性也伴随着必要的花费,这都充分地构成了伤害与损害的构成要件"。并且,法院也认为,"对于伤害的风险而言,并没有特定的水平和数量标准的要求,只要这是实质性的,只要这种伤害与亚细胞的改变相符合"。

然而,一些法院不同意当前损害的定义包含亚细胞的变化。在 Dumontier v. Schlumberger Tech. Corp. 案[①]中,法院认为,在 Price－Anderson 法案之下考虑这个问题,这是一部设定对暴露于核辐射下的政府责任的联邦立法。法院认为,对细胞和 DNA 的损害,并不符合该法案所要求"身体伤害"的定义。法院认为:原告提供证据证明,辐射会导致"对 DNA 的损害和其他细胞合成物的损害"。但是这种损害并不能说明存在或将会存在疼痛或者对身体功能的妨碍……原告的专家也解释说,这种亚细胞的改变增加了癌症的风险。然而,这个法案只允许从疾病中获得救济——而不仅仅是疾病的风险。在此之前,我们也认为这样的风险不能获得赔偿。

本案说明了在侵权法中对传统的人身伤害定义的固守。

随着新技术的不断发展,不仅包括疾病的诊断和治疗技术,还包括对易暴露于疾病之下的人群的亚细胞改变的发现技术,更多的法院都倾向于适用 Donovan 规则。然而,在当前,对于在缺乏传统定义的人身伤害的情况下,是否支持医学监测的主张,法院依然存在很大的分歧。

---

① 543 F.3d 567(9th Cir. 2008).

9.3.4 医学监测花费

医学监测的花费该如何支付呢？在 Ayers v. Township of Jackson 案①中，新泽西州最高法院表达了这样一个意愿，即设立由法院监管的基金来管理费用的支付。这个基金将支付额限定为实际花费的数额。相比之下，总额支付也存在很多问题，因为医学监测所需要的数额难以确定。法院监管的基金也保证了对未来生病的人需要花费时基金可被利用的目标的实现。

一般来说，基金的支付仅仅限定于那些与被告的行为有关的特别监测的花费，而并不是针对那些一般人所经历的自然而然所引起的医学测试或者检查。②

9.3.5 《综合环境反应、赔偿与责任法案》中的问题

在《综合环境反应、赔偿与责任法案》之下，医学监测也变成一个有争议的问题。法案认为，私人当事人可以从一个地区的"反应的必要花费"（例如清理）中获得救济。关于必要花费是否包括暴露在某个地区的危险物质之下的个人所进行的医学监测的花费，在联邦地区法院之间存在很大的分歧。考虑这个问题的联邦巡回法院认为，医学监测的花费，至少依据普通法所界定的花费，并不包含在反应的必要花费之中。在 Daigle v. Shell Oil Co. 案③中，第十巡回法院认为，依据该法案，可利用的医学监测的花费是指那些"防止接触危险物质而产生的必要花费"，并不是为了在早期发现疾病而产生的预测性的花费。而且，法院也指出，在

---

① 525 A. 2d 287(N. J. 1987).
② See Potter v. Firestone & Rubber Co., 863 P. 2d 795(Cal. 1993).
③ 972 F. 2d 1527(10th Cir. 1992).

颁布该法案之时,立法机关也明确拒绝了任何从医学花费中获得救济的个人权利。①

在 Brewer v. Ravan 案②中,地区法院达成了相反的结论,法院发现,"监测、评价和评估一项排放"是必要的医学监测的费用。所以,法院认为,依据《综合环境反应、赔偿与责任法案》第 101(23)部分,这部分花费是在"支出"的定义范围之内,所以,这属于反应花费的组成部分。法院也对那些"排放已经对公共健康造成的影响,或者排放对公共健康造成的潜在影响进行评估"的必要的医学费用和排放对个人伤害和疾病的治疗费用进行区分,并且认为前者是可以得到补偿,而后者是不能得到补偿的。

9.4 代际侵权

有时候,有毒物质侵权诉讼被提起,是由于在原告出生之前,侵权行为就已经施加在受伤害的原告的父母身上。近些年来,在不断弱化的"乙烯雌酚孙辈"诉讼背景下,因被告预先侵权而导致责任问题开始产生,典型的乙烯雌酚的案件是被一个在怀孕期间服用乙烯雌酚的妇女的孩子所提起的。这实质上是一个出生前的侵权案件。原告声称,被告实施的毒物侵权行为,在原告出生之前,通过使其暴露在乙烯雌酚下的形式,直接侵害了原告。然而,孙辈却不能声称其直接暴露在乙烯雌酚之下,因而引起法院质疑他们获

---

① See also Syms v. Olin Corp., 408 F. 3d 95(2d Cir. 2005); Price v. U. S. Navy, 39 F. 3d 1011(9th Cir. 1994).

② 680 F. Supp. 1176(M. D. Teen. 1988).

得救济的权利。

关于如何对待预先侵权的问题,基于公共政策的原因,法院之间存在不同的意见。一些法院认为这种诉讼是可以支持的。在 Jorgensen v. Meade Johnson Laboratories 案①中,法院支持了有出生缺陷的双胞胎的父亲所提起的诉讼。双胞胎的母亲在怀有双胞胎之前服用了避孕药,原告诉称,避孕药引起了母亲染色体结构的变化,从而导致双胞胎的出生缺陷。虽然 Jorgensen 主张预先侵权,但是这是"第二代"侵权主张,而非像乙烯雌酚的孙辈受影响的情形那样的"第三代"侵权主张。这对法院来说,可能更加容易接受和支持这样的诉讼主张。

在 Renslow v. Mennonite Hospital 案②中,也存在类似的情形,只是本案的时间更为延长。法院也意识到,这是一起预先侵权的案件。本案的原告是一个妇女,她在孩子出生前的十多年,输过与自身血液不相容的 Rh 阳性血。原告声称,这次输血引起了孩子的出生损害。法院发现,这种情形中"原告对孩子负有偶然的、预期性的责任,虽然当时被告还没有怀孕,但是原告违反了对孩子的母亲进行正确治疗的义务,从而造成了对孩子可预见的伤害"。所以,法院使用了责任分析的方法来进行审判,在本案治疗错误的情形下,支持了这个预先的诉讼主张。

在有毒物质代际侵权案件中,上述的两个案件,虽然都包含了类似于乙烯雌酚孙辈的预先侵权主张,但事实上却更加类似于乙烯雌酚孙辈的案件标准。事实上,在 Ren-

---

① 483 F. 2d 237(10th Cir. 1973).

② 367 N. E. 2d 1250(Ill. 1977).

slow案中,法院在判决中认为,因为基因损害后代可以提起侵权诉讼。由于Renslow案的原告并没有主张基因损害,被告依然要承担责任,并且本案中,因代际诉讼主张所引起的问题没有直接得到解决。

乙烯雌酚案件是代际侵权案件中最为清晰的例证。在Enright v. Eli Lilly & Co.案①中,祖母在怀有她女儿的期间服用了乙烯雌酚的药物。所以,其女儿和孙女声称,由于其在子宫内接触到了乙烯雌酚,致使其难以保住孩子。这种身体问题被认为与子宫内接触到了乙烯雌酚下息息相关。在很多年后,由于母亲这种身体状况,孙女早产。并且,由于其早产,孙女也遭受到身体伤害。法院并不同意孙女提出的"在可控的范围内承担限制性责任"的主张。法院认为,如果支持这个主张,那么影响就太过深远了:"在没有人为的、法定的限制之下,原告要求我们认可这种诉讼主张的理由并不能被认可。我们都知道,乙烯雌酚的暴露所引起的连锁反应可以延续好几代"。

同样的,在Grover v. Eli Lilly & Co.案②中,法院拒绝了受乙烯雌酚影响的人的孙辈提起的诉讼主张,本案的很多事实类似于Enright案。然而,在Grover案中,法院使用了预期性的语言和责任分析法来进行判决。法院认为:"一个行为人并不对特定的原告承担责任,除非对原告的风险是在行为人的'认知范围内'"。引用《侵权法重述:Ⅱ》,法院发现,乙烯雌酚生产者所创造的风险是针对接触了药品的人群,生产者并不能合理地预计到这一代人之外

---

① 570 N.E.2d 198(N.Y.1991).
② 591 N.E.2d 696(Ohio 1992).

的伤害。① 法院讲道：对生殖器官造成伤害倾向的这一认知，足以让（被告）对生殖器官造成各种不同伤害的事实承担责任，这是一回事。然而，根据一般的认知，要求对28以后对第三方造成的伤害承担责任，这又是另一回事。……（孙辈的）伤害并不是他自己接触药品的结果，而是其母亲的子宫内接触了药品所引起的。由于时间和原因上的遥远性，我们认为，孙辈并不能独立地提起诉讼。

所以，法院将诉讼保持在可控的限制范围内。②

毫无置疑，在 Enright、Grover 和类似的案件中，法院都预见到了在 Renslow 案中所提到的代际侵权问题所存在的麻烦。至少，在声称基因损害的一个事件中，服用药物的一个妇女的孙女患有乙烯雌酚引起的"签名"癌症事件，已经被报道。③ 基因伤害的主张也存在很大的问题，因为基因突变不可能很多代都受到影响，以至于将诉讼主张的潜在期间无限期地延伸。所以，法院以禁止 Enright 和 Grover 案中人身伤害的主张同样的方式，来为这种类似的主张设置严格的限制是很可能的。

---

① See Restatement (Second) of Torts, §281m, cmt. c (1965).

② See also Sorrells v. Eli Lilly & Co., 737 F. Supp. 678 (D. D. C. 1990)(适用马里兰的法律)(拒绝了受乙烯雌酚的孙辈提起的诉讼主张。) But see McMahon v. Eli Lilly & Co., 774 F. 2d 830(7th Cir. 1985)(适用伊利诺斯州的法律)(法院认为，乙烯雌酚的生产者知道药物的危害性，足以对服用该药物的妇女的孙辈产生的伤害承担责任。)

③ See Marisa L. Mascaro, Preconception Tort Liability: Recognizing a Strict Liability Cause of Action for DES Grandchildren, 17 Am. J. L. & Med. 435,449−50(1991).

9.5 "有毒物质非法侵入"的主张

一些评论者指出,开始出现了一个"有毒物质非法侵入"诉讼的趋势,相较于传统的非法侵入侵权行为,有毒物质非法侵入与故意侵害行为有更多的共同特征。有毒物质非法侵入的基本理念是,原告体内化学物质的存在可以作为可诉的与有毒物质接触的证据,虽然原告可能不知道其体内存在有毒物质,也没有疾病的特征或症状,或者无任何疾病症状的暗示。这种主张与故意侵害主张的共同性在于主观上的故意,客观上在未经原告同意的情况下存在有害的或者侵入性的接触(原告体内的物质)。可能,故意的含义中也包含了确切地知道将会发生有毒物质必要接触。有毒物质非法侵入的主张与传统的非法侵入侵权行为主张的共同点在于,寻求救济都建立在干涉的基础上,且不需要证明损害的发生。既然这样,这种干涉将会为了原告身体完整性的利益而免受外来物质的干涉。证明接触有毒物质的必要证据将可能是生物监测证据,即证明在原告体内存在有毒物质,并且这种有毒物质的来源能够追索到被告。生物监测已经在前述第八章第二节进行了讨论。

在原告提出在其身体内存在的物质是"有害的"接触主张时,那么他提起有毒物质非法侵入诉讼的一个重要阻碍因素就是因果关系的证明。原告将被要求证明是由于有害的接触引起了损害的发生。但是正如上文所讨论的,依据

"有害的"接触的原告有更为宽松的因果关系的要求。①

依据这些理由提起诉讼主张的那些人可能有些吹毛求疵,而且,他们的主张可能会也可能不会得到法院支持。但是,类似于"有毒物质非法入侵"等的理论至少说明,对原告来说,它有必要通过一定数量的法律上的创新来使传统的理论适应新发展的证据和伤害理论。

9.6 生活质量

《侵权法重述:Ⅱ》(1979)第929节规定,对财产利益造成侵害的可以获得救济的一种损害类型是"不舒服和困扰"。法院认为,生活质量的降低是可以作为妨害损害的一部分而获得救济的。在 Ayers v. Township of Jackson 案②中,原告诉称,由于饮用水源受到污染,他们被迫切断饮用水供给,并且大约在两年的时间里没有活水供给,从而遭受了一种难以容忍的生活条件。他们的抱怨不仅包括一般生活上的不方便,而且还包括以桶装水作为他们通常的替代性的饮用水源供给所存在的具体问题。法院认为,原告生活质量降低的主张与他们的财产上的使用权与享受权受到干涉有关。

---

① See Jim Langlais & Doug Arnold, Toxic Trespass Claims: The Elephant in the Room, 23 Toxics L. Rptr. (BNA) 499(June 12, 2008)(很多的案件和当地的惯例都认可了有毒物质非法侵入的理念,预示着法院将会受理更多类似的案件); See also Steven N. Geise & Hollis R. Peterson, Toxic Trespass Claims: Beyond the Lab Results, 24 Toxics L. Rptr. (BNA) 49 (Jan. 8 2009)(讨论了有毒物质非法侵入的抗辩措施。)

② 525 A. 2d 287(N. J. 1987).

在 Sterling v. Velsicol Chemical Corp. 案[①]中,法院支持了原告提起的生活质量降低的主张。法院认为,虽然妨害是一种针对财产的行为,但是它的基础却是对原告的生活与幸福的干涉。作为妨害的一方面,这种伤害的处理就意味着原告提起的生活质量降低的主张是可以获得救济的,但原告必须要证明妨害主张所要求的各个因素。

9.7 财产价值损害赔偿

近些年来,与财产有关的"财产价值损害赔偿"(stigma damages)的案件不断增加,这些案件中,污染已经获得救济,但是财产的价值却依然受到不利的影响。在 In re Paoli Railroad Yard Litigation 案[②]中,第三巡回法院认为,在这种情况下,原告所获得的救济款项不能充分地弥补原告,因为原告的财产价值并没有恢复到其之前的市价水平。法院认为,当这种情况发生的时候,"原告应当因其剩余损失获得赔偿。如果没有这种救济途径,那么原告将永远地失去了重要的财产价值,而没有获得赔偿"。为了阐述恰当的主张,原告必须证明:(1)被告的行为给原告的财产造成了临时性的物理损害;(2)救济没有使财产价值恢复到之前的水平;(3)对土地造成的风险继续存在。同样的,在 Bradley v. Armstrong Rubber Company 案[③]中,第五巡回法院认为,在获得救济之后,原告的财产价值依然减损,就可以获

---

① 855 F. 2d 1188(6th Cir. 1988).
② 35 F. 3d 717(3d Cir. 1994).
③ 130 F. 3d 168(5th Cir. 1997).

得财产价值损害赔偿救济。

在有毒物质侵权的背景下,法院一般不会支持财产价值损害赔偿的主张,除非有证据证明对财产造成事实上的损害,或者对财产的使用产生干涉。在 Smith v. Kansas Gas Service Co. 案①中,原告的房屋位于天然气储藏区四分之一英里之内,虽然原告提供专家证据证明,由于天然气泄漏造成其房屋的价值减损百分之五,但是法院拒绝了原告提起的财产价值损害赔偿主张。因为原告并未提供证据证明其房屋受到污染或者被天然气泄漏所损害。在 Adams v. Star Enterprise 案②中,地区法院拒绝了原告提起的财产价值损害赔偿的主张,因为原告主张的基础仅仅是出于对未来污染的担忧。原告并没有声称其闻到过任何事实上的臭味,或者地下水受到污染,或者财产受到干涉。并且,正如第五巡回法院所说,引起原告声称的财产价值减损的干涉性的资源是"无形的或者没有从原告的财产中发现"。③

最近,财产价值损害赔偿的案件不断增多,很多案件都主张从中国进口的有缺陷的干式墙引起了财产损害或人身伤害。由于房屋销售者可能被要求披露所销售的房屋存在干式墙,所以在这类有毒物质侵权案件中,剩余价值可能会

---

① 169 P. 3d 1052(Kan. 2007).

② 51 F. 3d 417(4th Cir. 1995).

③ Cf. Carter v. Monsanto, 575 S. E. 2d 342(W. Va. 2002).(当原告主张对其财产进行检查与监测,以决定是否未来会受到污染之时,法院拒绝了"财产监测"作为救济措施的主张。)

成为一个问题。①

9.8 惩罚性损害赔偿

惩罚性的损害赔偿不同于损害赔偿,这被看作是一种在民事法律体系之下,类似于刑事罚金的一种惩罚措施。惩罚性损害赔偿具有双重目标,即惩罚与制止被告的不法行为,这与刑事法律体系的目标相同。惩罚性损害赔偿要求证明被告实施了极度恶劣的行为。通常,这个要求可以是被告的故意或胆大妄为的行为,也可以是被告实施的蓄意或者重大过失的行为。并且,很多州已经颁布了法律,其中规定了惩罚性损害赔偿主张需要满足的明确的或确定的证据标准。②

当惩罚性损害赔偿的数额标准设定之后,陪审团在惩罚与制止被告行为的必要性的基础上,确定对被告实施惩罚性损害赔偿的数额。被告可能为了减轻损害赔偿的责任,而提出财产价值的证据。惩罚性损害赔偿的目的并不是为了使被告公司破产,虽然很多被告公司都抱怨惩罚性损害赔偿事实上达到了这个效果,特别是在集团侵权诉讼的背景下。惩罚性损害赔偿的数额成为原告赔偿额的一部分,除非州法规定,将一部分赔偿额归于州,这将在本节第三部分进行讨论。

---

① 要了解与中国干式墙有关的问题,参见 Allan Kanner, The Evolving Crisis Over Defective Chinese Drywall: An Overview of Legal Claims and Legislative Efforts, 24 Toxics Lptr. (BNA) 1337(Nov. 19, 2009).

② See, e.g., Alaska Stat. § 09.17.020(b)(2009); Cal. Civ. Code § 3294 (West 2010); Ky. Rev. Stat. Ann. § 411.84(2)(West 2010).

9.8.1 惩罚性损害赔偿的正当程序标准

1. 正当程序和司法审查

在 Pacific Mutual Life Insurance Company v. Haslip 案①中,美国最高法院设定了正当程序标准,对本案的惩罚性损害赔偿的决定进行司法审查。本案的诉讼理由是保险代理人在收集与处理保险费的过程中实施了欺骗行为。法院认可了阿拉巴马州的惩罚性损害赔偿的司法审查程序,也支持了惩罚性损害赔偿的判决。法院认为,在本质上可接受的判决和不能接受的判决之间不存在明确的界限。相反,一般合理性的标准可以适用于本案。

为了仔细审查惩罚性损害赔偿的判决,法院也对阿拉巴马州法院的审判程序进行检验。审查程序分为两个层级,首先是审判法院审查陪审团做出的决定是否过度,其次是上诉法院启动其独立的复查程序。在 Haslip 案中,法院认为,审查程序能够确实保证惩罚性损害赔偿的决定与被告应受谴责的行为之间不会出现极度的不相称。阿拉巴马州的审查程序既要求审判法院和州最高法院,对特定的因素进行审查,以保证惩罚性损害赔偿的正当性。这些审查因素包括被告行为的可责性、行为的持续性、过去类似行为是否存在、被告从错误的行为中获利的程度、被告的资金状况、由此行为而产生的刑事制裁或者其他民事赔偿的数额。在之后的一个案件,Cooper Industries, Inc. v. Leatherman Tool Group, Inc. 案②中,最高法院认为,在正当程序标准下,上诉法院对惩罚性损害赔偿的过度性审查应当重

---

① 499 U.S. 1(1991).

② 532 U.S. 424(2001).

新进行。

Haslip案件之后,随之而来的一个问题是,双层级、多因素的司法审查程序是否是被阿拉巴马州所确立。在TXO Production Corp. v. Alliance Resources Corp. 案①中,美国最高法院认为,西弗吉尼亚州对于惩罚性损害赔偿的司法审查程序也符合正当程序标准,虽然这与在Haslip案中确立的阿拉巴马州的程序并不完全相同。法院强调了西弗吉尼亚州的司法审查程序也包含了与阿拉巴马州程序同样的考虑因素。但是在Honda Motor Co. v. Oberg案②中,法院认为,俄勒冈州的程序违反了正当程序的要求,因为它事实上排除了对惩罚性损害赔偿数额的裁决实施司法审查。

2.实质正当程序:赔偿数额

在Haslip案件中,阿拉巴马州的司法审查程序进行司法考量的关键因素是,惩罚性损害赔偿的数额与实际发生的损害,也就是说可能因被告的行为引起的损害之间,是否存在合理的关系。最高法院将这个因素作为实质性正当程序审查的核心因素。已经提起的一个重要且固有的问题是,正当程序是否要求在补偿性损害赔偿与惩罚性损害赔偿之间存在特定的比例。在Haslip案件中,惩罚性损害赔偿大约是补偿性损害赔偿的四倍。法院认为,这个比例"可能接近正当程序的底线",但是却发现这"并不缺乏客观标准"。

在此后一些案件中,最高法院针对比例的问题进行处

---

① 509 U.S. 443(1993).
② 512 U.S. 415(1994).

理。在 TXO Production Corp. v. Alliance Resources Corp. 案①中,法院考虑了补偿性损害赔偿与惩罚性损害赔偿之间的关系问题。本案包含了一个对西弗吉尼亚州的石油和天然气权利的阴谋。依据一个反诉的主张,陪审团判定被告承担惩罚性损害赔偿责任,数额是补偿性损害赔偿的526倍。最高法院"考虑到如果这项错误的计划成功实施,那么被告的行为对预定的受害人可能引起的潜在伤害的程度,而且如果将来类似的行为不被制止,那么对其他受害人可能导致的损害",认为这个数额并不违反正当程序的要求。因此,最高法院再一次拒绝了对正当程序的目标设定一个明确的界限。但是,如果没有补偿性损害赔偿,那么,惩罚性损害赔偿的判定就是不恰当的。②

在 BMW of North America, Inc. v. Gore 案③中,对于惩罚性损害赔偿的正当程序参考因素,法院确立了更加相互结合的指导原则。在 Gore 案中,原告诉称,被告没有向原告披露对新买的汽车进行重新喷漆的事实。原告主张,没有披露构成了欺骗。陪审团裁定,被告应当承担四千美元的补偿性损害赔偿和四百万的惩罚性损害赔偿。最后,阿拉巴马州的最高法院将惩罚性损害赔偿的数额减少到两百万。美国最高法院认为,惩罚性损害赔偿的数额超过必要限度。法院首次陈述道,惩罚性损害赔偿的数额应

---

① 509 U.S. 443(1993).

② See Oliver v. Raymark Industries, 799 F. 2d 95(3d Cir. 1986). (适用新泽西州的法律。) But cf. Jacque v. Steenberg Homes Inc. , 563 N. W. 2d 154(Wis. 1997). (法院认为,在故意非法侵入他人土地的诉讼中,名义上的损害能够支持一项惩罚性的损害赔偿。)

③ 517 U.S. 559(1996).

当与被告的行为相联系,本案中,被告的行为影响仅仅是在阿拉巴马州,并非是在全美境内。接下来法院也发现,在本案中,并没有加重情节和高度应受谴责的行为。并且,被告的行为所造成的损害仅仅是经济损害,并没有威胁到第三方,被告的行为也没有对人的健康和安全造成任何的歧视和轻率,被告公司也解释了相关的披露法律法规,以排除其行为的非法性。

关于在补偿性损害赔偿与惩罚性损害赔偿之间的比例问题,法院坚持其之前拒绝设定明确界限的决定。法院认为,虽然存在与低补偿性损害赔偿额相关的高惩罚性损害赔偿额的情形,但是在一些案件中,这个比例依然引起了质疑:"虽然500∶1的比例令人瞠目结舌,但是,这个数额确定地'引起了司法怀疑'"。(引自TXO案)。所以,法院认为,本案中的惩罚性损害赔偿的数额超过了其惩罚与制止被告行为的必要限度。但是,Gore案影响深远,并且该案的三个正当程序的分析原则也被称为"Gore路标":(1)被告行为的应受谴责性;(2)惩罚性损害赔偿与补偿性损害赔偿之间的合理比例;(3)在相关的刑事与民事法律规定之下,对同种行为的其他可依据的惩罚措施进行对比。

在State Farm Mutual Automobile Insurance Co. v. Campbell案[①]中,最高法院继续拒绝为两个损害赔偿的比例设置明确的界限,但是,法院认为,"在实践中,超出个位数的比例将不能满足正当程序的要求"。法院还陈述道,当补偿性损害赔偿的数额足够大,那么,较少的惩罚性损害赔偿的数额就足以满足惩罚与制止被告行为的必要性。并

---

① 538 U.S. 408(2003).

且,与 Gore 案相一致,法院也考虑被告的行为在其他州产生影响的程度,特别是考虑了被告在外州的行为是否不同于在原告案件中的行为。在考虑被告在外州实行行为所产生的众多问题中,还有一种可能性就是,被告的行为在其发生的地方可能是合法的。

State Farm v. Campbell 案对法院产生了重要的影响。例如,在 Boerner v. Brown & Williamson Tobacco Co. 案①中,第八巡回法院将惩罚性损害赔偿(是对一个烟民的不动产做出的)的数额从一千五百万减少到五百万。通过适用 Gore 案与 State Farm 案的规则,法院认为,如果补偿性损害赔偿的数额超过四百万,那么惩罚性损害赔偿与补偿性赔偿之间 1∶1 的比例就可以满足正当程序的要求。

9.8.2 同种行为的多重惩罚

很长一段时间以来,在有毒物质侵权诉讼中,关于惩罚性损害赔偿,存在一个充满质疑和难以回答的问题,即对于同一个被告的同一种行为的多重惩罚性损害赔偿的问题。石棉产业是此问题的典型例证。不同的原告针对同一个被告石棉生产者,起因于同一个行为,即在生产者首次知晓石棉的危害性之时,没有公开其危害性,也没有对包含石棉的材料的安全操作进行说明,由此,重复的惩罚性损害赔偿主张被提起。石棉生产者对这些多重惩罚措施进行抗议不仅仅事关公平问题。如果迫使被告承担一系列连续的巨额的惩罚性损害赔偿,生产者可能面临着破产的处境。

在 State Farm 案中,虽然美国最高法院也涉足这些问

---

① 394 F. 3d 594(8th Cir. 2005).

题,但是却没有对这些问题进行充分的阐述。然而,法院却说,虽然被告的惩罚性损害赔偿责任与其对其他人的行为有一定的相关性,但是这种责任应当主要建立在本案中被告对特定的原告所实施的行为上。

在 Philip Morris USA v. Williams 案①中,最高法院采取了在 Gore 和 State Farm 案中所确立的宽松的原则,并且更倾向于回答对同一种行为的多重惩罚性措施的问题。在 Williams 案中,法院也表达了对本案的惩罚性损害赔偿的关注,本案的惩罚是建立在被告的欺骗行为之上,也部分建立在对诉讼之外的人的伤害之上,例如,受被告行为影响的其他的吸烟者。陪审团也确定了惩罚性损害赔偿的金额是补偿性损害赔偿的一百倍。法院陈述道:"我们认为,合宪的正当程序禁止州对被告伤害那些诉讼之外的人的行为设立惩罚性的损害赔偿。"法院也认为,当其他人不在法庭上参与审判活动时,被告将不能进行有效的抗辩。但是这个禁止规定并不是绝对的。法院进一步阐述道,依据 Gore 案的指导原则,有时候被告对诉讼之外的人所实施的行为的证据将会被支持,特别是为了证明被告的行为具有可责性时。

适用 Williams 规则是困难的。陪审团能将被告可责性行为的分析与惩罚性损害赔偿数额的界定程序相分离吗?Williams 案仅仅是一个对上诉法院适用的规则吗?尽管在适用时存在这些困难,但是有一点很明确,即最高法院认为,在个案中惩罚性损害赔偿尽可能准确地反映该案中被告针对原告所实施的行为。

---

① 549 U.S. 346,353(2007).

然而,Williams案并没有直接回答一种行为多重惩罚的问题。在集团诉讼案件中,正如原告依次提起诉讼一样,同样的证据将会被依次提供来证明被告的行为具有可责性。从逻辑上讲,对于同种行为的重复惩罚,将会导致被告责任的小部分或大部分的重叠。一些法院也采取一些方法来避免重复惩罚的问题,但是所有的方法都面临着程序上的困难,或者产生了公平问题。在 Owens－Corning Fiberglas Corp. v. Malone 案①中,例如,得克萨斯州最高法院认为,对于涉及同一种行为,将惩罚性损害赔偿限定在首次或前几次判决,那么将会武断地只给了首批原告的诉讼以惩罚性损害赔偿金。

限制惩罚性损害赔偿的提议存在很多问题。从有效性的角度来说,很多这样的提议都要求各州法院之间达成一致,但是已经形成的共识是不可能实现的。其中的一项提议是,为每一个原告在单个案件中设定一个惩罚性损害赔偿金的上限。②另外一项提议是设定一个总额上限,但是,对法院来说,这种解决办法将与设立单个的惩罚性损害赔偿遵循同样的路径。并且,很多州都通过立法对惩罚性损害赔偿设置限制,这将在下文进行讨论。

9.8.3 惩罚性损害赔偿的立法改革

关于惩罚性损害赔偿,在州法层面进行了大量的立法活动。这些改革已经采取了一些方法与途径。首先,各州

---

① 972 S. W. 2d 35(Tex. 1998).

② See Fischer v. Johns－Manville Corp., 512 A. 2d 466(N. J. 1986).(法院认为,除非在各州之间达成一致,否则设定这样一个上限没有什么作用。)

制定了各种条款,使惩罚性损害赔偿的适用环境严格化。例如,好几个州提高了惩罚性损害赔偿主张的证据标准,要求具有"明确的和有说服力的"证据。① 而且,一些州也将"政府标准"的抗辩予以法典化,依据这些规定,在特定的案件中,被告的行为如果与政府规定的标准相符合,那么就可以对惩罚性损害赔偿的主张进行抗辩。② 新罕布什尔州对惩罚性损害赔偿进行了彻底的禁止。③

其次,各州也通过立法,限制惩罚性损害赔偿金的总额。这些限制采取了各种各样的形式来设定每一笔惩罚赔偿金的上限,对惩罚性损害赔偿与补偿性损害赔偿的最大比例进行规定,或者将惩罚性损害赔偿金的数额嵌进被告的年度总收入或资本净值中进行考虑。④

最后,一些州也颁布了"分离救济"(split-recovery)的法律规定,立法授权将一部分惩罚性损害赔偿的数额直接

---

① See, e.g., Cal. Civ. Code § 3294(West 2010); Ky. Rev. Stat. Ann. § 411.184(2)(West 2010).

② See, e.g., Ariz. Rev. Stat. Ann. § 12-701(A)(1)(West 2010).(食品与药品管理局对药品的批准。)

③ N. H. Rev. Stat. Ann. § 507;26(2010).

④ See, e.g., Ala. Code. § 6-11-21(2008)(将惩罚性损害赔偿的数额限定为补偿性损害赔偿的三倍,或更多的话,最高 500000 美元); Colo. Rev. Stat. Ann. § 13-21-102(1)(a)(West 2010)(惩罚性损害赔偿的数额与补偿性损害补偿数额相当); Kan. Stat. Ann. § 60-3701(e)(2009)(将惩罚性损害赔偿的数额限定为年度总收入或者更少,如 5000000 美元); Miss. Code Ann. § 11-1-65(3)(a)(West 2009)(在被告资产净值的基础上,对惩罚性损害赔偿的数额进行灵活的限制); Tex. Civ. Prac. & Rem. Code § 41.008(Vernon 2009)(将惩罚性损害赔偿的数额限制为经济损失的数额加上非经济损失的数额的两倍,最多 750000 或 200000 美元); Va. Code Ann § 8.01-38.1(West 2009)(将惩罚性损害赔偿限定为 350000 美元。)

纳入州的财政。除了在法律中规定将这些资金用于指定的其他用途,这些州也将从原告的惩罚性损害赔偿中取走的那一部分资金纳入州的公共基金之中。① 包含着更多特定用途的分离救济的法律法规在各州的规定不尽相同。例如,爱荷华州的法律规定,75%的惩罚性损害赔偿要纳入公民补偿信托基金中,"用于支付贫困公民进行民事诉讼或者保险资助项目"。② 密苏里州也设立了公共侵权的受害者赔偿基金,每笔惩罚性损害赔偿的50%要纳入基金之中。基金用于对那些在诉讼中不能获得充分损害赔偿的侵权受害者提供补偿。③ 在印第安纳州,每笔惩罚性损害赔偿75%的数额要纳入州的基金,用于对暴力犯罪的受害者进行补偿。④

至少有一个州通过惩罚性损害赔偿的立法改革来解决同种行为同一被告的多重惩罚问题。乔治亚州立法机关制定了一个限制性条款,在产品责任案件中,针对每个被告、每种产品,乔治亚州的法院只能进行一次惩罚性损害赔偿的判决,"而不考虑从这个行为或这种疏忽中提起的诉讼起因的数量"。每笔惩罚性损害赔偿,在扣除律师代理费和诉讼成本后,75%必须存入到州的财政中。⑤

除了州的立法改革,惩罚性损害赔偿已经作为联邦法律层面改革的目标,特别是在产品责任法和侵权法领域。

---

① See Alaska Stat. §09.17.020(j)(2009)(法律规定,50%的惩罚性损害赔偿应当纳入"州的公共基金中"。)
② Iowa Code Ann. §668 A.1(2)(b)(West 2010).
③ Mo. Ann. Stat. §537.675(West 2009).
④ Ind. Code. Ann. §34-51-3-6(c)(West 2009).
⑤ Ga. Code Ann. §51-12-5.1(West 2010).

在国会,已经提出各种各样的包含了对惩罚性损害赔偿的数额上限和其他方面的限制的提案。虽然联邦立法具有在各州之间达成一致性的优越性,但是在很多方面都还未被个人提案所说服。最近,州层面的立法活动已经使联邦的活动相形见绌。然而,我们有理由相信,国家惩罚性损害赔偿的改革将会继续促进国会出台进一步的措施。

第 10 章 大规模有毒物质侵权行为

有毒物质诉讼已经改变了既有的法律体系。Marcus 教授和 Sherman 教授已经总结出现代这种复杂诉讼的三大特征,这三大特征都是对大规模有毒物质侵权行为的特别描述。第一,他们发现法院,通常是联邦法院,已经习惯于解决包含着多方面的、存在大规模争议问题的诉讼,例如那些有关科学与技术问题的诉讼。这不可避免地导致了新的诉讼类型的创设。第二,当事人的数量成倍增加,这不仅创造了新的程序问题,而且也对案件管理提出了挑战。第三,诉讼标的额更高,特别是惩罚性损害赔偿数额的增加。[1] 大规模有毒物质侵权行为尤其能够反映这些特征。

10.1 大规模毒物侵权存在的问题

在大规模有毒物质侵权行为中,潜伏疾病的诉讼主张提出一些特别的挑战。在同样的或类似的环境下,当很多人都接触了一种或更多的有毒物质,那么接触的方式与数量在个体之间会存在差异。同样的问题在于,对于那些暴

---

[1] Richard L. Marcus & Edward F. Sherman, Complex Litigation: Cases and Materials on Advanced Civil Procedure 1—2(4th ed. 2004).

露在同一消费品或者暴露在同样受污染的土壤、空气或水之下的受到伤害的人,他们所提起的主张是否具有相关性?而且潜伏期间也因人而异。一些人很快生病,而其他人之后生病或压根就不会生病。在大规模有毒物质侵权行为中,个人主张的特殊因果关系的问题也同样存在。原告所在地区的不同,导致其选择适用不同的法律问题也被提起。当从这个角度考虑的时候,很多人提起的有毒物质的暴露案件都会变得复杂和问题重重。

在很多大规模有毒物质侵权行为中,为了实现诉讼的有效性与协调性,确立某些集体程序的诉讼形式是必要的。然而,为了实现司法体系的有效运行,在努力实现司法效率的过程中,不完全放弃个体诉讼是至关重要的。在 Malcolm v. National Gypsum Co. 案①中,法院在推翻地区法院六百多件已决的石棉案件中陈述道:"大规模诉讼的制度推力一定不能超过我们对个体诉讼的努力,我们必须要注意,每个原告或者被告的诉讼原因都不能在大规模诉讼的阴影下被忽视。"

虽然集团诉讼的制度设计倾向于成为最高效的共同诉讼程序,但是这不是唯一的。在一些大规模侵权案件中,跨地区诉讼的转移与合并已经被有效使用。本章的一开始就讲述了大规模有毒物质侵权行为背景下的诉讼程序。法院不仅仅要决定共同诉讼程序的使用是否能最好地服务于当事人,而且还要决定哪一种共同诉讼程序在特定类型的诉讼中最为合适。在大规模诉讼中,法院的特殊规则也不会在这一点上终止。法院需要不断地决定和执行聚焦于大规

---

① 995 F. 2d 346(2d Cir. 1993).

模有毒物质侵权诉讼中特定问题的案件管理程序。

在诉讼中特别是石棉诉讼中,数量庞大的当事人使得创设可行的机制来推动这些诉讼的进行成为必要,以避免重复性的努力和维持正当程序。有毒物质侵权的公法或私法的本质经常会产生这个问题,即大规模诉讼的解决是否由立法机关予以处理更为恰当,而不是通过法院。在Amchem Products, Inc. v. Windsor案①中,美国最高法院惩罚了本案的诉讼支持者,因为他们扭曲了国会的作用,试图以一种不合理的方式创造出一种准立法的诉讼主张的解决技巧。②

在大规模侵权诉讼的背景下,代理人的职业道德问题也由此被提起。虽然不同原告的诉讼主张类似,但是却可能存在利益冲突。在大规模侵权诉讼中,代理人可能更热衷于争取委托人。代理人的费用问题也经常为人们所热议。在一些州与烟草产业达成和解协议而产生的原告代理人费用问题引起了公众的关注,并且在短时间内该关注不会沉寂。

尽管存在程序障碍,但是在有毒物质侵权领域,使用或者试图使用集团诉讼技巧的现象不断增加。当事人仅仅寻求医学监测损害赔偿或者与其他救济形式相结合,这在诉讼中确实存在的。大规模有毒物质侵权行为不仅包含环境污染和声称的有毒物质产品责任问题,也包含声称的人身伤害、财产损害、经济损失和未来疾病的风险问题。婴儿的奶瓶与孩子的水杯中含有双酚物质(BPA),诊断时CT扫

---

① 521 U.S. 591(1997).
② 对Amchem案的进一步讨论,可以参见本章第二节。

描会产生辐射,处方药房各种成药,在伊拉克、阿富汗战争中暴露在军事设备下和其他有毒物质下的人群,以及在食品上采取措施(例如,烧烤的鸡肉快餐在包装中应当附有"烧烤会增加致癌风险"的警示)等,所有这些问题引起的诉讼越来越普遍。2010年墨西哥湾的溢油和持续泄漏事件发生后短短几个月时间,由商业渔民、环保团体、政府组织所提起的诉讼激增。诉讼的爆发要求法院对可利用的诉讼程序技巧进行重新界定。

10.2　集团诉讼

对于《联邦民事程序规则》(以下简称《规则》)在1966年对第23条的修改,法律咨询委员会认为,在大规模侵权案件中,集团诉讼制度设计的使用是不恰当的,委员会思考了一种完全不同的大规模侵权类型。从时间与空间上进行界定,20世纪60年代的大规模侵权案件是完全不同于过去几十年间的潜伏疾病诉讼的。然而,现在却普遍认为,集团诉讼的制度设计可以成为管理特定的大规模侵权案件的一种恰当的方式。集团诉讼不仅有助于实现效率和节约资源,而且也为那些不追求各自单独诉讼主张的人群提供了诉讼代表。在集团诉讼中,集团可以指原告集团,也可以指被告集团。由于大多数的有毒物质侵权案件中都包含着原告集团,所以这一节将着重关注原告集团。在集团诉讼中,一个人或一些人为了集团的利益而提起诉讼。这些人被称为集团代表,他们和他们的代理人决定案件的进程,而且诉讼结果会对那些选择没有从集团诉讼中退出(选择退出是可以的)的全体成员(有时候指缺席的成员)产生约束。

虽然在联邦法和州法中都存在关于集团诉讼的程序规定,但是本章主要讲述联邦法律中集团诉讼的制度设计,这在《规则》第23条中进行规定,该条可以作为理解程序要求和诉讼原理问题的一个范例。1979年提起,1984年得到解决的橙色剂案,是联邦法院受理的大规模有毒物质侵权案件中首个有详细记载的使用集团诉讼的案例。所以,在大规模有毒物质侵权案件中,橙色剂案为集团诉讼描绘了一个从摇篮到坟墓的全面图景,甚至可以窥见后世的法律规定。本案起因于在越南战争期间美国军事活动中对二、三、四号三氯苯酚酸性除草剂的使用,也就是众所周知的"橙色剂"。诉讼的进展也表明了,在大规模有毒物质侵权案件中,法院对大规模复杂的程序问题所付出的司法努力,这些努力最初是Pratt法官的努力,之后是Weinstein法官的努力。虽然,最近法律的发展对于在这些具有橙色剂案特点的大规模有毒物质侵权案件中继续使用集团诉讼程序产生了巨大的质疑,但是橙色剂案却为这种大规模的诉讼提供了至关重要的经验和教训。所以,本节会频繁引用这个案件,因为它仍然是有毒物质侵权的集团诉讼中最具广泛指导意义的案件。

由于有毒物质侵权诉讼的发展,各种各样的集团案件,通常被称为集团诉讼和解,被大规模提起。Amchem Products, Inc. v. Windsor 案[①],是法院受理的集团诉讼和解的一个例证。Amchem案在其开始的时候即为结束,因为原告将诉讼事由和达成的和解协议同时提交,解决的双方既寻求集团诉讼,也寻求和解协议的司法确认。这种行为的

---

① 521 U.S. 591(1997).

目的是为了解决暴露在石棉产品之下的人提起的所有的将来的主张,也包括石棉工人配偶提起的主张。这个和解方案包含了当前生病但是还没有提起诉讼的人,也包含了接触了石棉,但是还没有显现疾病的人。这个和解协议也确立了大量的行政机制,其中包含了对各种疾病的补偿计划。虽然最高法院认为,第三巡回法院在驳回集团诉讼的决定上是正确的,但是法院却认为在恰当的地方使用集团诉讼和解的主张是可以维持的,因为这符合《规则》第23条的规定。Amchem案和集团诉讼和解将在本章第六节第一部分进行讨论。

2003年对《规则》第23条的修正为法院在其司法管辖范围内管理集团诉讼案件提供了更为具体的指导,其中包括法律咨询与代理费用的约定问题。并且,在2005年国会颁布了《集团诉讼公平法案》,按照被告的意见,很多州的集团诉讼的案件将会被移送到联邦法院进行审理。

10.2.1 确认要求

除非一个案件被明确证明为集团诉讼案件,否则将不能在联邦法院中适用集团诉讼程序。《规则》第23条(c)款第(1)项(A)要求,在被作为集团诉讼开始提起之后"早期的可行的时间"(通常被称为"推定集团诉讼"),法院将会决定是否以集团诉讼的程序来审理案件。如果法院决定案件符合《规则》第23条(a)款与(b)款的要求,那么法院将会发布确认决定。依据《规则》第23条(c)款第(1)项(B)的要求,确认决定一定要明确说明本案是集团诉讼,并且列举集团诉讼的主张和抗辩措施。一旦法院确定了一个案件为集团诉讼的案件,法院就拥有一定的自由权限来规定程序,以解决特定集团诉讼案件中的特殊问题。当事人可以立即对确认决定向巡回法院进行口头上诉,因为依据《规则》第23条(f)款的规定,巡回法院有允许上诉的权力。

10.2.2 集团诉讼的前提条件

通过定义界定,集团诉讼对传统的正当程序产生挑战。因为缺席的集团成员在没有经过充分解决个人主张的情况下,也要受判决与和解协议的约束。所以,《规则》第23条也包含了一系列的前提条件,此规定的目的是为了保证集团诉讼判决结果的合理性。并且,一个更进一步暗含的要求是,要恰当地界定"集团"的含义。

1. 集团的界定

《规则》第23条适用的前提条件是,存在一个可利用的恰当的集团。在有毒物质侵权案件中,"集团"的定义可能会引起一些特定的问题。这是因为侵权法似乎是州法的产物,而集团性的有毒物质侵权案件经常会对全国范围产生影响。尽管存在着特定的因果关系问题,并且当事人成员的数量巨大,橙色剂案仍然被认为是集团诉讼案件。[①] Weinstein法官将"集团"界定为在1961年至1972年间,在越南境内或附近由于受到橙色剂或其他除草剂的暴露而受到伤害的美国、新西兰和澳大利亚军队的那些成员。"集团"被界定为那些声称受到伤害的人,而不是那些更大范围内受到威胁的那些人。

最近,最高法院做出明确指示,一个集团中如果既包括主张当前损害的人,又包括那些虽然当前没有受到损害但是却接触了有毒物质的人,那么确认此种集团的行为是不

---

① See In re "Agent Orange" Prod. Liab. Litig., 100 F. R. D. 718 (E. D. N. Y. 1983).

被支持的。甚至是由于集团中的一些成员发生疾病,而其他成员没有发生疾病,所以那些担心未来发生疾病风险的人提起医学监测的诉讼主张,也产生了这些问题。在Amchem Products, Inc. v. Windsor案①中,本案的诉讼背景是由于石棉暴露引起人身伤害,法院拒绝了集团诉讼的提议,部分原因是仅仅暴露在有毒物质之下的原告与当前受到伤害的原告利益上存在冲突。法院认为:从特定的方面来看,某个集团内的成员的利益未必是均衡的。最显著的表现是,对于受到当前人身伤害的人来说,最重要的目标是立即获得足额的赔偿,而对于仅仅暴露在有毒物质之下的人来说,其目标则是保证建立充足的基金来预防将来发生疾病的风险……仅仅接触了有毒物质的很多人……甚至都不知道自己接触了有毒物质,或者不知道自己当前受到伤害的程度。虽然他们能充分意识到集团诉讼的重要性,但是没有受到当前伤害的人却没有充分的信息或预见力来明智地决定是否参加或退出集团诉讼。

在法院看来,这些利益上的冲突影响了对整个集团的确认问题。这与《规则》第23条确立的集团代表的典型性与充分性直接相关,关于这一问题将在下面章节予以讨论。在Amchem案中,对"集团"的广义界定对于集团诉讼的支持者来说,也存在着重大问题。在这些问题中,法院指出,要进行集团诉讼,就有必要对集团的界定引起高度重视,因为《规则》第23条确认条款和集团和解条款之间存在相互关系。

---

① 521 U.S. 591(1997).

2. 成员数量

在联邦法院的集团诉讼中,首先要明确的问题就是集团中成员的数量。[①] 集团诉讼成员数量的界定时间却没有明确的界限。对原告来说,也没有必要认识集团诉讼的成员。事实上,不确定特定的集团成员使得集团诉讼更合法院的意,因为在这种情况下,共同诉讼就变得不太可行。[②]

3. 共同性

根据《规则》第23条(a)款第(2)项,集团诉讼的第二个前提条件就是共同性。共同性要求在诉讼中存在集团共同的法律问题或事实问题。这仅仅是一个概括性的要求,在此层面,共同问题并不优先于个人问题。这仅仅是为了满足法律规定的存在共同法律问题或事实问题的条件。

在橙色剂诉讼中,法院识别出哪些是适合集体决定的共同的法律问题或事实问题。这些问题包括,政府一方的抗辩,一般因果关系和橙色剂是否是瑕疵产品的决定。[③] 一般而言,法院认为,具有说服力的抗辩一般是建立在集团范围的基础上。

4. 典型性

《规则》第23条(a)款第(3)项规定了典型性的要求,这保证了原告代表的诉讼主张是集团成员典型的诉讼主张。集团成员主张之间存在的区别并不必然导致集团决定的无效。《规则》第23条(c)款第(4)项规定,集团诉讼要在特定

---

① See Fed. R. Civ. P. 23(a)(1).

② See Doe v. Charleston Area Medical Center, 529 F. 2d 638(4th Cir. 1975).

③ See In re "Agnet Orange" Prod. Liab. Litig., 506 F. Supp. 762(E. D. N. Y. 1980).

事项的基础上进行,或者一个集团可以被分成几个小集团,每个小集团都要符合《规则》第23条的集团诉讼的规定。在大规模有毒物质侵权案件中,在集团确认的问题上,典型性是至关重要的问题。原告集团的规模越大,利益诉求越多样化,指定真正代表多种类型的原告集团代表的任务就越困难,原告的类型是根据暴露的类型、伤害的类型及因果关系的类型所做的区分。

5. 代表的充分性

这个前提条件的设置目的是为了保证集团代表能"公平地、充分地保护集团的利益"。[①] 这个前提条件必然会产生对代表整个集团的代理人的关注。法院将会关注集团代理人是否真正有兴趣代表全体成员的利益,而且不仅仅是代表,更重要的是他们是否有足够的能力和资源来进行代表。法院需要确保集团代表能够充分完成诉讼与上诉,在此过程中,集团享有其整体利益,并且代表的利益与集团的利益不存在冲突。当诉讼期间发生事情导致诉讼环境发生变化之时,集团代表的充分性就要被重新评估。[②] 在橙色剂案中,Weinstein法官指出因果关系问题,并且命令原告的代理律师为每种伤害类型的原告选择一个代表。

Amchem案是提议和解的集团诉讼案件,因为其所具有的独一无二的特点而产生的代表性问题给最高法院带来了很大的困扰。诉讼解决委员会(CCR),是由二十个以前的石棉生产者组成,为了有助于促进诉讼的和解,该组织提议,将所有主张未来可能造成伤害的石棉接触者进行联合,

---

[①] Fed. R. Civ. P. 23(a)(4).

[②] See Gonzales v. Cassidy, 474 F. 2d 67(5th Cir. 1973).

既包括那些现在受到伤害的人,也包括那些接触了石棉,但是现在没有显现疾病的人。最高法院注意到,"和解的条款反映了必要的配置决策,这既限制了赔偿额,又限制了被告的责任"。法院总结说,这种和解构成"全体妥协,并不能保证对多元化的集团和个人利益进行公平、充分的代表"。并且,也没有保证"特定的原告在恰当理解代表责任的基础上履行其代表责任"。尽管 Amchem 案的诉讼环境有其特殊性,但是法院对代表问题的关注和详细审查,对于在大规模有毒物质侵权案件中寻求集团确认的那些人具有重要意义。

10.2.3 集团诉讼类型

《规则》第 23 条(b)款的规定描述了集团诉讼的一些类型,法院发现,这些集团诉讼的类型都符合《规则》第 23 条(a)款的前提条件。在联邦法院支持的集团诉讼案件中,诉讼一定要符合《规则》第 23 条(b)款的种类之一。在有毒物质侵权案件中,《规则》第 23 条(b)款第(1)项(B)和《规则》第 23 条(b)款第(3)项规定的集团诉讼受到最多的关注。本章讨论了四种类型的集团诉讼,重点关注上文提到的两种诉讼类型。

1. 一般条款

《规则》第 23 条(b)款规定,当存在以下情形时,一个集团诉讼可以被确认:

(1)如果允许集团中个人成员提起单独诉讼或者针对个人提起的诉讼可能会产生一种风险:(A)对于集团中的个人成员,法院可能会做出前后矛盾或者不同的判决,从而可能会给对方当事人设立相互矛盾的行为标准;(B)对于集团中的个人成员,法院的判决可能会决定诉讼当事人之外的其他成员的利益,或者实质性地削弱了或阻碍了他们保护自己利益的能力。

(2)对方当事人特定的作为或不作为将对多数人造成广泛的影响时,法院可以把集团作为一个整体,通过终局禁止令或相当于终局禁止令的声明给予救济。

(3)法院发现,集团整体共同的法律问题或者事实问题优先于任何仅仅影响个人成员的问题,并且,从判决公平性和有效性的角度来看,集团诉讼的方法优先于任何其他的方法。

在(b)款第(1)项和(b)款第(2)项中规定的集团诉讼是一种强制性集团诉讼,在此诉讼中,所有的集团成员都受到判决的约束,除非法院做出例外规定,没有人被允许排除在判决之外。第23条(b)款第(3)项的集团诉讼允许集团成员在法院确认后的特定期间选择退出集团诉讼,来提起单独的个人诉讼。

2.《规则》第23条(b)款第(1)项(A)的集团诉讼

如果集团的成员在集团诉讼之前就已经提起了个人诉讼,那么《规则》第23条(b)款第(1)项(A)规定的集团诉讼就产生了一些难题。《规则》第23条(b)款第(1)项(A)关注的是集团诉讼的对方当事人(即被告)不会由于个人诉讼的判决结果而被设立相互矛盾的行为标准。虽然为了符合大规模有毒物质侵权行为,这种结果可能出现,但是法律咨询委员会似乎考虑了不同的诉讼类型。法律咨询委员会所提供的一些案例指出:"个人针对当局提起的一些分离的诉讼一般是为了公开一些相互结合的非法问题,或者是为了阻止或限制特定的经费支出,或者是为了做出一定的评判或使评判非法化。"①《规则》第23条(b)款(1)项(A)所规定的集团诉讼并不适合财产损失的诉讼。②

在堪萨斯州海特瑞根森旅馆大厅墙壁倒塌引起的大规模人身侵权事故中,地区法院最初确认本案属于《规则》第23条(b)款(1)项(A)所规定的集团诉讼,因为法院发现这个大规模侵权案件符合法律规定的要求。但是,这个决定后来被撤销了。③ 有些人建议,如果《规则》第23条(b)款(1)项(A)的规定目的是将此规定适用于墙壁倒塌案件,那么这个规定将无疑包含了所有的多数原告提起的财产损失案件,毫无置疑,这并没有被规则制定者考虑到。④ 橙色剂案中的法院也指出:"第23条(b)款(1)项(A)的规定……并不适用于个人提起的诉讼中出现矛盾判决的风险,被告将会在这些案件中,而不是在其他案件中,只对一部分人支付赔偿,对其他人不支付赔偿。"⑤

3.《规则》第23条(b)款(1)项(B)的集团诉讼

《规则》第23条(b)款(1)项(B)规定的集团诉讼所保护的利益不同于《规则》第23条(b)款(1)项(A)所保护的利益。这种类型的集团诉讼适用于,在一些情形下,如

---

① Fed. R. Civ. P. 23, adv. comm. note.

② See La Mar v. H & B Novelty & Loan Co., 489 F. 2d 461(9th Cir. 1973).(法院认为,"在本财产损失案件中的被告可以继续实施原告所抱怨的行为,即使原告在个人诉讼案件中胜诉"。原告的胜诉"与被告对其他人所享有的权利和承担的义务并不对应"。)

③ See In re Federal Skywalk Case, 93 F. R. D. 415(W. D. Mo. 1982).

④ See Richard L. Marcus & Edward F. Sherman, Complex Litigation: Cases and Materials on Advanced Civil Procedure 301–02(4th ed. 2004).

⑤ In re "Agent Orange" Prod. Liab. Litig., 506 F. Supp. 762(E. D. N. Y. 1980).

果多数人的侵权案件以个人诉讼的方式进行,那么之后的主张者的诉讼利益就可能被损害,就难以做出对抗被告的共同的判决。这被称为"有限资金"的集团诉讼,这可能在某些情形下产生,即如果个人在集团诉讼确认前提起了诉讼,那么判决就可能支持较早提起诉讼的原告,这可能会用尽被告的资源,导致之后的原告不能获得损害赔偿。①

在大规模有毒物质侵权案件中,《规则》第23条(b)款第(1)项(B)规定的集团诉讼很受欢迎,特别是在主张惩罚性损害赔偿的案件中。然而,在实践中其实用性却受到限制,Dalkon Shield诉讼案就说明了这点。在 In re Northern District of California "Dalkon Shield" IUD Prods. Liab. Litig.案②中,法院发现地区法院在确认《规则》第23条(b)款第(1)项(B)的惩罚性损害赔偿的集团诉讼之时发生一些错误。例如,针对被告生产者,有超过一千起的诉讼已经被提起,地区法院依据《规则》第23条(b)款第(1)项(B)的规定附条件地确认了全国性的惩罚性损害赔偿集团诉讼,也依据第23条(b)款第(3)项的规定,对关于产品责任的问题确认了全州范围的集团诉讼。

如果共同诉讼被允许以个人诉讼的方式分别提起,那么之后的诉讼利益是否会被实质上削弱,关于这个问题,第九巡回法院重点关注证明文件缺失的问题。地区法院在确认集团诉讼之前,并没有充分了解基金的相关信息,包括被告生产者的保险范围等,就对"有限资金"的集团诉讼进行了确认。并且,在Dalkon Shield案件中,已经获得赔付的

---

① See Fed. R. Civ. P. 23, adv. comm. note.
② 693 F. 2d 847(9th Cir. 1982).

数据也是空白的。法院指出:"只有当惩罚性损害赔偿的主张必然地影响到之后的诉讼时,第23条(b)款第(1)项(B)的规定才是合理的。地区法院的错误在于,在没有掌握充分证据的情况下就进行集团诉讼确认,甚至都没有对关于Robin的实际资产、保险、设备经历和有毒物质的继续暴露的情况进行初步了解。"很多其他联邦法院也以同样的理由否定了第23条(b)款第(1)项(B)的集团诉讼。①

在Ortiz v. Fibreboard Corp.案②中,美国最高法院对在大规模有毒物质侵权案件中第23条(b)款第(1)项(B)集团诉讼适用的可行性产生了严重怀疑。本案集团诉讼的起因是暴露在石棉之下的原告集团与被告纤维板公司之间达成的协议,协议背景是纤维板公司与其保险公司之间的保险范围争端。正如在Amchem案中达成的协议,其目的是为了解决石棉暴露者在将来对被告提起诉讼,而达成全球性的和解协议。该集团既包括当前受到损害的人,也包括暴露在纤维板之下,但是当前没有受到损害的人。地区法院将此诉讼确认为第23条(b)款第(1)项(B)的"有限资金"集团诉讼。最高法院最终认为,集团诉讼的确认是错误的,因为这既不符合将来诉讼者集团的广义的界定范围,也违反了"有限资金"集团诉讼的使用情形。

法院指出,历史上的有限资金模型包含原告的信托资金、银行账户、保险赔款或其他有限资产,法院指出:"法律咨询委员会并没有考虑强制性的集团诉讼……这将在有限

---

① See, e.g., In re Bendectin Prods. Liab. Litig., 749 F. 2d 300(6th Cir. 1984).

② 527 U. S. 815(1999).

资金的原理上,适用于未解决的集团侵权案件"。法院也批评基层法院对当事人可利用的有限资金的描述进行不加批判的接受。当然,法院也认为,地区法院应当要求当事人提供其可利用的赔偿资金是有限的、不充足的特殊证据。所以,法院也表达了其观点,即第23条(b)款第(1)项(B)的集团诉讼不适于解决那些用历史上有限基金模型解决的案件。所以,尽管法院没有绝对排除第23条(b)款第(1)项(B)的集团诉讼在大规模侵权案件中的适用,但是却表达了对其在此背景下适用的明显的抗拒。

在 In re Simon Ⅱ Litigation 案①中,原告声称被告实行了欺诈行为,要求对被告实行惩罚性损害赔偿,因而提起烟草诉讼,第二巡回法院撤销了《规则》第23条(b)款第(1)项(B)集团诉讼在本案的适用。原告主张,应当对资金进行数额限制,从而恰当地惩罚与制止被告的行为,这一理论被法院作为"有限惩罚"理论予以参考。然而,法院却拒绝了此理论的适用。

因为地区法院没有证据查明资金限制的数额,也没有证据查明惩罚性损害赔偿的数额,这样一来,假定资金不足以支付所有的诉讼主张,所以,原告的主张没有满足在 Ortiz 案确立的有限资金适用的必要条件之一。

所以,真正的有限资金的要求继续发挥效力。

4.《规则》第23条(b)款第(2)项规定的集团诉讼

《规则》第23条(b)款第(2)项所规定的集团诉讼是为了解决终局禁止令或类似于终局禁止令的声明会影响到集团整体的案件。然而,法律咨询委员会却明确指出,这种集

---

① 407 F.3d 125(2d Cir. 2005).

团诉讼"并不扩张适用于那些仅仅包含财产损害赔偿或财产损害赔偿占主要地位的终局性救济案件"。① 然而,本条的集团诉讼却被认为违反了民事权利的要求。在大多数的有毒物质侵权案件中,很多原告不仅寻求禁令救济,也寻求财产损害赔偿,这就导致《规则》第23条(b)款第(2)项中的集团诉讼是不恰当的。

一些有毒物质侵权案件可能主要寻求禁令救济。然而,《规则》第23条(b)款第(2)项的集团诉讼的适用仍然是不恰当的。例如,一个妨害公共利益的案件经常会寻求消除妨害行为。② 当由市政当局提起维护公共利益之诉时,那么集团诉讼就变得不必要。当由遭受到特殊伤害的个人提起侵权诉讼之时,那么原告除了寻求禁令救济之外,还可能要求财产损害赔偿,这就导致《规则》第23条(b)款第(2)项集团诉讼的适用是不恰当的。③ 所以,在有毒物质侵权诉讼中,《规则》第23条(b)款第(2)项的集团诉讼的适用范围很受局限。

5.《规则》第23条(b)款第(3)项规定的集团诉讼

到目前为止,在有毒物质侵权背景下,最为普遍的联邦集团诉讼的种类是《规则》第23条(b)款第(3)项的集团诉讼。《规则》第23条(b)款第(3)项的集团诉讼在很多方面的要求都宽于《规则》第23条(b)款规定的其他集团诉讼的类型。并且本条规定更具有灵活性,其允许集团成员选择

---

① Fed. R. Cir. P. 23, adv. comm. note.
② See, e.g., Village of Wilsonville v. SCA Services, Inc. 426 N. E. 2d 824(Ill. 1981).(危险垃圾的处理。)
③ 参见第三章第三节第二部分。

退出集团诉讼,进行自己的个人诉讼。然而,《规则》第23条(b)款第(3)项集团诉讼适用要求却很严格,并且条款并非一个包罗万象的规则。

法院在确认《规则》第23条(b)款第(3)项集团诉讼的过程中,首先需要探究《规则》第23条(a)款(2)规定的集团诉讼的先决条件,此时法院必须决定,所发现的共同的法律与事实问题事实上优先于影响集团个人成员的问题。并且,法院必须发现,集团诉讼的方式优先于处理复杂诉讼的其他方式。《规则》第23条(b)款第(3)项的规定提供了如下因素,来帮助法院决定是否应当确认这种类型的集团诉讼:(1)在个人提起的单独诉讼的起诉或答辩中有关的集团成员的利益;(2)已经被集团成员提起的、关于此纠纷的诉讼的程度与本质;(3)在特定的案件审理中,集中诉讼主张的有利条件与不利条件;(4)在集团诉讼管理过程中可能面对的困难。

法律咨询委员会指出,在大规模的侵权诉讼中,"集团诉讼是不恰当的,因为存在这样的可能性,即损害赔偿、责任承担与责任抗辩等重大问题,都会以不同的方式影响着集团成员"。法律咨询委员会也担心包含着很多个人问题的集团诉讼的确认,事实上将会"演变成多重的分别审判"。

尽管存在着这些担心,法院将法律咨询委员会的观点解读为并不禁止在大规模的侵权案件中适用《规则》第23条(b)款第(3)项的集团诉讼,而是要强调集团诉讼所要求的主导性与优先性。在橙色剂案中,法院指出,只要共同的法律与事实问题构成案件的"重要方面",并且在集团基础上解决案件是合理的,那么主导性的要求就得到满足。本案中,重要的共同问题存在于特定的抗辩中,并且此抗辩适于将集团作为一个整体。法院认为,这就符合了这个要求。法院发现,关于因果关系的个人问题,不存在《规则》第23条(b)款第(3)项集团诉讼的确认障碍,因为原告的律师已经为每种伤害类型的原告选出了代表。法院进一步认为,优先性的要求得到了满足。被告也指出了原告的规模与地域跨度问题,并且认为由于原告所在的州不同,因此不同成员所适用的产品责任的法律也不同,因此不应当进行集团诉讼。法院拒绝了这个观点,认为在州法之间存在大量的一般共同性。由于橙色剂案在时间上先于审判,因此在发现事实的过程中,没有机会评价集团诉讼的成功与否。

相反,在Dalkon Shield诉讼中,确认《规则》第23条(b)款第(3)项集团诉讼的努力却失败了。第九巡回法院认为,本案中包含了太多需要个人决定的事项,如个人使用道尔顿宫内节育器的历史以及所声称的伤害。① 地区法院的Spencer Williams法官最初确认了集团诉讼,批判了第九巡回法院的决定,并且坚持认为,其"仅仅以问题为基础"的集团诉讼的确认排除了以主导性为基础的挑战,因为本案中个人问题并非是集团诉讼的确认考虑事项的一部分。②

在有毒物质侵权案件中,由于相关的因果关系问题,很多法院都不愿意确认《规则》第23条(b)款第(3)项的集团诉讼。所以,在Mertens v. Abbott Laboratories案③中,法

---

① See In re Northern Dist. of California "Dalkon Shield" IUD Prods. Liab. Litig., 693 F. 2d 847(9th Cir. 1982).

② See Hon. Spencer Williams, Mass Tort Class Actions: Going, Going, Gone? 98 F. R. D. 323(1993).

③ 99 F. R. D. 38(D. N. H. 1983).

院认为,对于子宫暴露于乙烯雌酚物质下而产生不利影响的一般因果关系,并不构成主要的共同问题,因为根据特殊因果关系的要求,每个原告都需要提供单独的证据。同样在 Yandle v. PPG Industries, Inc. 案[1]中,本案是一个石棉案件,法院否定了集团诉讼的确认,因为"本案并不存在被告单独的过失行为,并且也不存在适用于集团成员和每个被告的直接因果关系"。

在 Amchem Products, Inc. v. Windsor 案[2]中,正如在上文所讨论的,最高法院拒绝了《规则》第23条(b)款第(3)项集团诉讼的扩张确认。地区法院认为,主导性的要求已经得到满足,因为所有的集团成员都接触了石棉,并且集团成员在公平快速的判决中有共同的利益,并且他们需要通过达成早期的协议来降低风险,减少诉讼成本。最高法院却认为,"是否满足主导性的要求,需要看集团成员是否足够团结,保证服从代表所争取的判决"。最高法院认为,本案中存在受伤的成员与没有受伤的成员,这并不满足要求。法院还认为,个人问题远远超过了集团成员之间的共同问题。这些个人问题包含时间、方式、暴露的程度、受伤害的类型(或者缺少这项)、介入因素的存在(例如吸烟等)。并且法院指出,各州适用法律的不同也加剧了个人问题的区别。

在大规模侵权案件中,Amchem 案对集团诉讼的确认产生了何种程度的影响,这很难确定,但是,它似乎产生了

---

[1] 65 F. R. D. 566(E. D. Tex. 1974).
[2] 521 U. S. 591(1997).

寒蝉效应。在 Nafar v. Hollywood Tanning Sys., Inc.案①中,一个室内的制革工人主张,被告并没有对紫外线的危险进行警示说明,第三巡回法院撤销了集团诉讼的确认。虽然法院主要说明了确认命令本身的缺点,但是这却直接导致地区法院仔细考虑个人因果关系问题是否更具有主导性。然而,联邦地区法院继续确认集团诉讼,他们认为,本案的要求符合《规则》第 23 条规定的要求。② 然而,Amchem 案却为后来的案件提供一个提示,即《规则》第 23 条的适用非常严格,并且大规模的有毒物质侵权诉讼为多数诉讼集合的集团诉讼提出了挑战。

6.《规则》第 23 条(b)款第(3)项集团诉讼的公告

《规则》第 23 条(b)款第(3)项集团诉讼不可缺少的一部分是其公告,即通过正当程序给予集团成员选择退出集团诉讼、提起个人诉讼的机会。《规则》第 23 条(c)款第(2)项(B)规定,在《规则》第 23 条(b)款第(3)项的集团诉讼背景下,"最好的实用性的公告"要告知集团成员,"对所有的集团成员来说,都可以通过正当程序得到认可"。这些要求也反映了在 Mullane v. Central Hanover Bank & Trust Co.案③中所确立的正当程序的要求,《规则》第 23 条(c)款第(2)项(B)规定,集团成员可以在特定的日期前明确表明

---

① 2009 WL 2386666(3d Cir. 2009).
② See, e.g., Sher v. Raytheon Co., 261 F.R.D. 651(M.D. Fla. 2009)(在地下水污染案件中,法院确认了《规则》第 23 条(b)款第(3)项的集团诉讼); Klein v. O'Neal, Inc., 222 F.R.D. 564(N.D. Tex. 2004)(法院确认了全国范围内的药品责任案件,并且认为,州法之间存在的差异"并非集团诉讼确认不可逾越的障碍"。)
③ 339 U.S. 306(1950).

退出集团诉讼,但是如果不选择退出,就要受到集团诉讼判决的约束。

在橙色剂案中所要求的公告表明,法院在《规则》第23条(b)款第(3)项的集团诉讼中对集团成员进行公告时,必须有一定的时间长度,以保证正当程序得到满足。法院要求公告的形式与公告的等级要与原告代理人的能力相关,从而对集团成员逐个进行识别。所以,不管集团成员是已经不同程度地参与诉讼,还是被代理人代理,或者被列入越南战争"橙色剂登记表",法院都要求单独发送邮件。为了提醒集团成员,公告一定要通过广播、电视或报纸、杂志发布。并且法院要求通知必须送达州长,用以识别潜在的集团成员,这些成员以帮助越南战争老兵设立组织而为人们所知悉。[1]

10.2.4 集团诉讼的和解

《规则》第23条(e)款第(1)项规定,在没有经过法院批准的情况下,集团诉讼不能被撤销或者和解,并且撤销公告与和解公告一定要告知所有的集团成员。集团诉讼和解的批准程序首先包括初步的公平的听证程序,听证程序需要包含双方当事人或法院指定的专家证言信息。如果在初步听证程序中认定和解是恰当的,法院就会要求制定公平听证的公告,告知全体集团成员。[2] 公告应当邀请对和解协议持反对意见、并向法院提交书面反对意见的集团成员。[3]

---

[1] See In re "Agent Orange" Prod. Liab. Litig., 100 F.R.D. 718(E.D.N.Y. 1983).

[2] See Fed. R. Civ. P. 23(e)(1)(C).

[3] See Federal Judicial Center, Manual For Complex Litigation (Fourth) §21.633(2004).

《规则》第23条(e)款第(3)项允许集团成员在此阶段选择退出集团诉讼。然而,除此之外,反对者不能退出集团诉讼,但是却可以向法院提出他们认为和解不公平的理由。

在橙色剂案中,法院收到对和解协议的许多反对意见。在批准和解协议的"公平性审查"程序中,法院说道,全体集团成员达成一致意见,这实际上是不可能的,所以,这不能构成和解协议公平性决定的基础。所以,虽然法院收到了上百条有关和解协议的反对意见,然而却存在着"能占据主导地位的沉默的大多数"。尽管在此情况下,个体对和解协议的同意和执行不大可能产生多大的影响,但是和解协议的条款却约束着全体集团成员。①

法院在决定和解是否公平合理之时,采用了如下的考量因素:"(1)诉讼的复杂性、花费和可能的持续期间;(2)集团成员对和解的反应;(3)和解进展到什么阶段和以及已经查明的证据的数量;(4)确定责任的风险;(5)确定损害赔偿的风险;(6)通过审判进行集团诉讼的风险;(7)被告承受更高判决的能力;(8)按照最佳的可能补救措施,和解基金的合理性范围;(9)根据参与诉讼的风险,用于补救的和解基金的合理性范围……"②

法院具体考虑了集团成员的反对意见和橙色剂案对整个社会的影响。在决定和解协议公平性的问题上,依据和解协议提供的证据数量,最重要的问题是原告在价值层面

---

① See In re "Agent Orange" Prod. Liab. Litig 597 F. Supp. 740(E. D. N. Y. 1984)(公平意见).
② Quoting City of Detroit v. Grinnell Corp., 495 F. 2d 448(2d Cir. 1974).

胜诉的可能性。法院考虑到了原告在本案中的弱势,特别是在因果关系方面("向法院提供的证据都证明本案不存在价值判断"),被告抗辩的强度,以及设立责任和损害赔偿的风险等,最后认为这个和解协议是公平的。

《规则》第 23 条的规定也包含了与集团代理律师的任命与代理费相关的规定。《规则》第 23 条(g)款第(1)项规定,在进行集团诉讼确认时,法院一定要任命集团代理律师,要"公平充分地代表全体集团成员的利益"。集团代理律师的申请者的评判因素包括:代理律师所要从事的调查诉讼主张和识别潜在的集团成员的工作,代理律师之前所从事的复杂诉讼的经验,在诉讼期间代理律师可以利用的资源。[①] 在从多个申请者中选择代理律师时,法院一定要选择"能最好地代表集团成员利益的代理律师"。

《规则》第 23 条(h)款第(1)项也规定,要向所有的当事人与集团成员,通过公告的形式制定出代理费用与税收支出。如果必要,法院可以通过听证程序来解决与费用有关的事实问题。[②]

10.3 2005 年的《集团诉讼公平法案》

在经过多年的激烈争论之后,国会于 2005 年通过了《集团诉讼公平法案》(CAFA)。该法案的颁布影响巨大,在州法院管辖之外的大规模的集团诉讼案件将会移送到联邦法院管辖。《集团诉讼公平法案》是通过修订联邦法院异

---

① Fed. R. Civ. P. 23(g)(1)(C)(i).
② Fed. R. Civ. P. 23(h)(3).

州管辖权的规定,增加新的(d)部分条款来实现此目的的。[①] 新的条款扩展了联邦的异州管辖权,即通过在争议问题上设定最低要求和五百万的总标的额,使联邦的异州管辖权包含了大多数的集团诉讼与大规模案件。在其并列条款中,国会也放松了撤销要求,即允许任何被告没有一般限制地向联邦法院撤销集团诉讼或大规模诉讼,即使这一般限制适用于诉讼被提起的州的居民。[②]

《集团诉讼公平法案》适用于人数超过一百人,并且其总共主张的金额超过五百万的集团诉讼与大规模诉讼案件。"大规模诉讼"案件是指诉讼背景情况相同,但却没有作为集团诉讼而提起的案件。[③] 对于那些明显具有地方特点的争议案件,法案设定了两种例外管辖的情形。首先,第一种主要的例外管辖情形,要求联邦法院拒绝管辖超过2/3原告是诉讼原始州的居民,并且主要被告也是这个州的居民的案件。[④] 这主要是"本州争议案件"对该法案的排除适用。"主要被告"是指原告直接起诉的被告,这与分担诉讼或赔偿主张形成对比。[⑤] 第二种适用例外的情形是,联邦法院要拒绝管辖"为了实现司法公平、综观整体诉讼环境",约1/3~2/3的原告是诉讼原始州的居民,主要被告也是该

---

① See 28 U. S. C. A. 1332(d)(West 2010).

② See 28 U. S. C. A. 1453(West2010).

③ See Gilmore v. Bayer Corp., 2009 WL 4789406(S. D. Ill. 2009)(slip op.).(法院认为,《集团诉讼公平法案》规定的联邦管辖权适用于本案的"大规模诉讼",本案包含了大约一百起与特雷西洛(Trasylol)药物相关的、基于产品责任而提起的个人伤害案件。)

④ 28 U. S. C. A. 1332(d)(4)(West 2010).

⑤ Kitson v. Bank of Edwardsville, 2006 WL 3392752(S. D. Ill. 2006).

州的居民的案件。[①]

在 Anthony v. Small Tube Mftg. Corp. 案[②]中,本案是推定的集团诉讼,包含了上千个暴露在铍之下寻求医学监测的原告,法院却拒绝适用例外条款将案件交给州法院进行管辖。法院认为,原告不能提供证据证明超过 2/3 的原告属于宾夕法尼亚州的居民,或者"主要被告"是宾夕法尼亚州的居民。法院强调,要依据适用例外条款,原告就必须对全体集团成员的公民身份进行公布。这似乎证明,联邦法院不仅仅要求原告对集团成员的公民身份进行总括性的证明。

除此之外,《集团诉讼公平法案》也包含了对所谓的"优惠券和解"进行详细司法审查的规定。[③] 本条款要求特定的公共机关对集团诉讼的和解发布公告通知,对代理费设立规则,以应对偶然发生的优惠券和解案件。

《集团诉讼公平法案》受到商业团体的热烈拥护,他们一般认为,州法院对原告团体较为友好,而《集团诉讼公平法案》则经常根据被告的意见,将案件从州法院移送到联邦法院进行管辖。这也是本法案所允许的。《规则》第 23 条在联邦法院的严格适用,Daubert 案的要求和联邦对专家证言的证据规则,都说明在州法院可能会胜诉的一些集团诉讼案件在联邦法院可能会败诉。对于那些胜诉的集团诉讼案件,《规则》第 23 条要求法院既要对诉讼管理进行严密监测,也要对与代理律师相关的事项进行严密监测。本法

---

① Id. 1332(d)(3).
② 535 F. Supp. 2d 506(E. D. Pa. 2007).
③ 28 U. S. C. A. 1712(West 2010).

案也充满了专业术语(包括例如"主要被告""重要救济""诉讼的重要基础"),这些术语保证了很多的司法决定要阐明法案语言的含义和法案适用于个人案件的方式。

10.4 其他的集体程序

10.4.1 跨地区的诉讼转移

关于跨地区的诉讼案件(MDI),国会已经授权给全体陪审员将不同联邦地区的悬而未决的"包含一个或多个共同问题"的案件转移给任何单一的地区进行审判前的程序,但转移的前提是"将会给当事人与证人带来便利,促进诉讼的公平与效率"。① 正如此条款所陈述的,陪审员将案件进行转移仅仅是为了审判前的程序,包括和解。②

在 Weiner 法官之前,宾夕法尼亚州的东部地区跨地区的诉讼转移案件总数曾经超过 26000 个。③ 即使大多数的原告反对,诉讼转移也会被执行。对于 Weiner 法官而言,诉讼转移的基本原理是大多数的案件在本地区悬而未决,Weiner 法官将案件转移到处理此类案件更有经验的法院进行。对于接受转移案件的法官来说,他们的责任是设立程序促进诉讼的进行,并且,他们也可以寻求其他有经验的法官的帮助来促进案件的审理。

并非所有相似的有毒物质侵权案件的集合处理都适于

---

① 28 U.S.C.A.1407(a)West 2010).

② See Lexecon Inc. v. Milberg Weiss Bershad Hynes & Lerach, 523 U.S.26(1998).

③ See In re Asbestos Prods. Liab. Litig., 771 F.Supp.415(Jud.Pan. Mult.1991).

跨地区的诉讼转移程序。在 In re Ambulatory Pain Pump－Chondrolysis Prods. Liab. Litig.案①中,全体陪审员第二次拒绝了跨地区的诉讼转移程序,因为他们发现案件中存在太多的个人问题。一个重要的表现就是,案件中存在着"数量不确定的、由不同的产品生产者造成的、不同的痛块(Pain Pumps)"。一些原告也反对诉讼转移,因为他们的诉讼程序已经推进了很长时间,难以从转移程序中获益。并且,原告对接受案件转移的地区也持异议。在 In re Asbestos and Asbestos Insulation Material Prods. Liab. Litig.案②中,陪审员也反对跨地区的诉讼转移,因为案件中占据主要地位的问题是个人问题。陪审员指出,"这些案件中,关于石棉暴露的风险,唯一的共同事实问题与不同阶段本州的科学与医疗知识水平相关"。相反,对每个独立的案件而言,大多数存在的问题都具有独特性。并且在实行诉讼转移程序之时,很多的诉讼案件在悬而未决若干年以后,都可以得到妥善的解决。这种情况下,跨地区的诉讼转移程序将会阻碍而不是促进案件的解决。然而,在1991年之前,陪审员对石棉案件的跨地区转移都表现出更大程度的接受,至少部分原因可以归于,对受伤害的石棉暴露的原告进行充分赔偿的个人判决的明显失败。③

10.4.2　合并审理

在联邦法院中,案件的合并审理是由《联邦民事程序规

---

① 2010 WL 1529487 (Jud. Pan. Mult. Lit. 2010).

② 431 F. Supp. 906(Jud. Pan. Mult. Lit. 1977).

③ See In re Asbestos Prods. Liab. Litig. 771 F. Supp. 415(Jud. Pan. Mult. Lit. 1991).

则》第42条(a)款进行规定,本条规定,法院可以对至少包含一个共同法律或事实问题的案件进行合并审理。合并审理可以在审判前和审判中进行,目的是为了发现事实真相。虽然,这个制度试图被用于包含很多个人问题的案件中,但是很明显,这个制度的适用范围相对狭窄。

一般而言,审判法院被赋予较大的自由裁量权来决定案件是否适于合并审理。司法经济的需要一定要与正当程序的考虑相平衡。当陪审团存在实质性的偏见或困扰时,一定不能强制使用合并审理程序。在石棉案件中尝试使用合并审理,使得法院面临一定程度的困难。石棉案件在集中解决时,特别适合使用创新性的程序。正如一个法院所观察到的:"解决这些石棉案件,以达到最小限度的拖延,这才是法庭的主要目的……以发现事实为目的的审前合并,以促进案件的和解为主要使命,尤其是合并审理的自由使用,能够改善顽固的案件积压。"[1]然而,判例法的实践也表明,合并审理并非在任何情况下都适当,在这些情况下,多个诉讼可能会严重威胁到制度的运行。

在Johnson v. Celotex Corp.案[2]中,法院支持了地区法院对两起石棉案件的合并审理。法院使用了平衡测试,对陪审团的偏见与困扰和合并审理的优点进行衡量。这些优点包括司法经济,避免了事实问题与法律问题上的矛盾判决,减少了当事人与证人的困难。法院也陈述道,审判法院应当探索方法,可以通过向陪审团解释说明或者使用其他制度工具,使得陪审团的偏见与困扰降至最低。Johnson

---

[1] Malcolm v. National Gypsum Co., 995 F. 2d 346(2d Cir. 1993).

[2] 899 F.2d 1281(2d Cir. 1990).

案的法院在决定石棉案件中使用合并审理程序是否恰当时,也参考了其他法院的一些标准,这些标准包括:"(1)原告共同的工作场所;(2)类似的职业;(3)相似的暴露时间;(4)疾病的类型;(5)原告是活着还是亡故;(6)每个案件中的发现规则;(7)原告是否被同样的代理人代理;(8)所声称的癌症的类型……"[①]法院认为,本案符合这些标准。

在 In re Eastern & Southern Dist. Asbestos Litig. (Brooklyn Navy Yard)案[②]中,更多数量的石棉案件被合并审理。法院依据每个原告在海军码头接触到的石棉的程度不同,将此合并审理的案件分为三个审判阶段。这些案件都是由于特定地点的石棉暴露所引起,在暴露期间,这个海军码头是由美国政府所有。并且海军码头所使用的石棉的销售者在一定程度上是一致的,因为他们是政府雇用的承包人,大概也被要求应当符合一定的承包资格。并且,由于安置在海军码头的石棉产品的用途的统一性,那么据此就可以合理地推测,原告所暴露的石棉环境是相同的。

并非所有的合并审理的石棉案件都要求证明在 Brooklyn Navy Yard Litigation 案中所呈现的一致性的程度。在 Malcolm v. National Gypsum Co. 案[③]中,法院推翻了 600 个石棉案件的合并审理,这些案件中,原告在一个或超过 40 个动力室的工作场所因为工作接触到了石棉。法院使用了 Johnson 案件中的参考标准,但是却发现该案件

---

① Quoting In re All Asbestos Cases Pending in the United States Dist. Court for the Dist. Of Maryland,1983 WL 808161(D. Md. 1983).
② 1991 WL 270626(E. & S. D. N. Y. 1991).
③ 995 F. 2d 346(2d Cir. 1993).

并不满足这些标准。法院所提出的关于合并审理最重要的问题是缺乏 Brooklyn 案中所存在的"主要的工作场所"。法院决定,案件存在太多的变量,反而会导致证据的崩塌,而证据过于困难和令人迷惑,会使得陪审团难以做出决定。

10.5 审判管理

尽管法院采用集团程序是为了将很多的案件集合在一起,然而关于集团程序之后的问题仍然存在。[①] 在此领域,法官进行了特别的创新之一就是审判管理。

Cimino v. Raymark Industries, Inc. 案[②]是提供创新性审判管理的一个例证,但是,也为试图理顺大规模侵权案件的法官提供了难以预料的困难。在 Cimino 案中,得克萨斯州东部地区的 Robert Parker 法官确认了《规则》第 23 条(b)款第(3)项的集团诉讼,包含了超过三千人的石棉暴露的诉讼主张。Parker 法官将此案的审理程序分成三个阶段。第一个阶段公布了事实问题,包含产品瑕疵、警示的恰当性、当前的技术水平和惩罚性损害赔偿。这个部分也包含了补偿性损害赔偿的分配数额,惩罚性损害赔偿的数额将会多倍于补偿性损害赔偿的数额。

第二阶段要求陪审团发现关于十九处工作场所的事实,但是,当事人反而进入石棉暴露的因果关系阶段。这个

---

① 有关集团程序之后的问题在两个有毒物质侵权案件中的具体讨论,可以参见 Linds S. Mullenix, Beyond Consolidation: Postaggregative Procedure in Asbestos Mass Tort Litigation, 32 Wm. & Mary L. Rev. 475(1991).

② 751 F. Supp. 649(E. D. Tex. 1990).

阶段的主要问题包括,石棉产品在每个工作场所出现的期限,辨别石棉产品被运用的工作类型,以及工作中的石棉量是否足以产生伤害,并且在被告之间分配责任。关于第二阶段的法律规定,主要是基于法院所编制的有关各种工作场所和特殊工作的一个清单。Parker 法官说道:"应当着重考虑任何在工作场所的工作时间还没有达到一个阀值的原告,这种情况将足以使得法院对这个原告的主张进行单独的小型审判。"并且,当事人同意对不确定被告百分之十的因果关系和确定被告(Johns－Manville Corporation)百分之十三的因果关系进行评价。

最后,第三阶段通过疾病类型将集团成员划分为五类,确定损害赔偿。法院任意抽取 160 名原告,每种类型抽取 15 名到 50 名原告,交给陪审团。陪审团决定的数额将作为损害赔偿的基础,外推至剩余的集团成员。

但是,Parker 法官在规模经济与司法效率上的努力最终失败了。本案上诉到第五巡回法院,并且在对 157 个案件与被告之一——Pittsburgh Corning 的审判之后,挑战了这个审判计划,因为在选择原告过程中未能恰当解决个案因果关系问题,并且在外推适用过程中,也未能决定个案的损害赔偿。① Pittsburgh Corning 辩称,这些对于审判计划来说都是至关重要的瑕疵,并且也违反了得克萨斯州的实体性法律,即第七修正案中关于陪审团审判权力的规定和正当程序条款。法院陈述道,无论该案作为一个集团诉讼的事实,还是作为一个大规模的有毒物质侵权案件的事实,

---

① See Cimino v. Raymark Industries, Inc., 151 F. 3d 297(5th Cir. 1998).

都不能改变第七修正案对于本案的适用。并且,法院认为,关于 Pittsburgh Corning 的产品,得克萨斯州的法律规制着个案中的因果关系与损害赔偿。法院认为,第三阶段的审判计划未能在因果关系、石棉暴露和损害赔偿方面提供陪审团的审判。审判计划中的这些瑕疵既适用于样品案件,也适用于外推案件。所以,第五巡回法院推翻了这个判决。

尽管 Cimino 案的结果如此,然而,各种集体程序的使用将在未来的有毒物质侵权案件中发挥重要作用。[①] 立法关注个案正义、陪审团的审判权和正当程序。当法院面临类似挑战之时,创新性法官对大规模侵权案件集体解决的未来探索,将有希望成为有效的选择。[②]

10.6 和解

在创新的方法中,另一个被尝试的领域是和解。有毒物质侵权案件的原告经常会寻求除了传统的补偿性损害赔偿或惩罚性损害赔偿之外的救济。所以,当事人和法院努力实行创新性的和解来适应这些要求。很多有毒物质侵权

---

① See generally Glen O. Robinson & Kenneth S. Abraham, Collective Justice in Tort Law, 78 Va. L. Rev. 1481(1992).(本书建议使用的统计诉讼主张的基本框架来源于早期案件的解决或解决模式,对于个案诉讼提供了参考价值。)
② 对于挑战传统诉讼中被广泛接受的当事人控制理论,并且将这种偏见作为标准来衡量集体程序可能是错误的,具体的讨论可以参见 Deborah R. Hensler, Resolving Mass Toxic Torts: Myths and Realities, 1989 U. Ill. L. Rev. 89(1989).

的大规模性已经鼓励法院使用和解和其他的方法来迅速有效地解决很多史无前例的诉讼主张。

10.6.1 集团诉讼的和解

曾有一段时间,大规模有毒物质侵权诉讼中的原告经常使用"集团诉讼的和解程序"。在这些案件中,原告提出控诉,同时又提出和解协议——在审判前由双方当事人协商。要求确认集团诉讼也是为了和解的进行。集团诉讼和解的优势是在解决大规模的诉讼主张时,不必拖延时间发现事实,也免去了审判前的动议或者漫长的、可能要经历多级的审判。然而,这种程序的缺点是近年来原告的规模变大,并且无组织,当事人在积极解决成千上万的争议中,都维权过头。

在 Amchem Products, Inc. v. Windsor 案[1]中,正如在本章第二节所讨论的,美国最高法院直接回答了这个问题,即在《规则》第 23 条的规定之下,集团诉讼的和解是否被允许。法院总结道,"和解与集团确认相关",并且在集团诉讼的和解中,地区法院不应当用审判思维来分析个案。所以,"一个地区法院并不需要去查究,如果试图做,将会出现相当棘手的审判管理问题……因为提议的要求就是没有审判。"但是,法院需要谨慎的是,为了保护缺席的集团成员的利益而设置的第 23 条的部分条款可能需要被"高度关注"。这就可能需要恰当地识别集团所代表的利益。事实上,法院很快指出,集团诉讼的和解案件相对于将要审理的案件,并不必然更容易获得集团确认。并且,法院指出,所提议的和解是公平的决定并不必然导致这个结论,即本案

---

[1] 521 U.S. 591(1997).

应当自然而然地被赋予集团确认。相反,集团确认的决定是要通过对《规则》第23条(a)款和《规则》第23条(b)款所规定的标准进行独立分析而得出。

在Amchem案中,法院认为,第三巡回法院恰当地驳回了集团诉讼,包括暴露在石棉产品之下的人尚未提起的所有的石棉个人伤害主张,不论那些人是否当前遭受到与石棉有关的疾病。在其他相关事务中,法院认为《规则》第23条(b)款第(3)项的优先性要求并未得到满足,因为大多数的原告存在潜在的利益冲突,其所提起的很多实质性的事实问题与法律问题只能通过个案单独解决。

尽管Amchem案的结果如此,然而联邦法院却允许使用集团诉讼的和解,并且为避免拖延诉讼时间提供了一种选择。然而,当事人一定要谨慎地使用这个程序,因为它并不是回避《规则》第23条规定的一个方法。

10.6.2 医学监测

担心未来会遭受与被告行为有关的伤害的原告,可以在和解协议中寻求某种形式的医学监测或者不间断的医学关注。虽然在没有当前伤害的情况下,司法审判并不认可医学监测主张,但是当事人可以在和解协议中选择这种形式的救济方式。

In re Fernald Litig. 案[①]包含当地居民提起的诉讼主张,他们声称,由于附近美国能源部的给料物质生产中心的运行,他们暴露在含铀的危险物质之下。原告在诉讼中寻求医学监测。和解协议要求被告向原告支付7300万美元的将来医学监测费用。这笔钱将设立一个基金,由信托人

---

① 1989 WL 267038(S. D. Ohio 1989)(促进和解)。

(特别的管理者)管理,他们也被指定设立医学监测项目。这个基金恰当的用途包括医学检查、诊断试验和流行病学的研究。随后,在另外一起被弗纳尔德工厂的前雇员提起的、针对为政府提供核燃料的 NLO 公司的诉讼中,当事人在诉讼期间达成和解协议,其中包括为员工提供终生的医学监测。作为协议的一部分,独立的三人陪审团将会评估身体伤害和疾病,并且决定雇员的疾病是否足够与工作相关,从而获得赔偿。①

在 Three Mile Island 诉讼案中,本案起因于宾夕法尼亚州的哈里斯堡的一个核设施的辐射,居住在这个核燃料工厂附近一定距离的所有人作为原告团体寻求医学监测。在和解协议之下,被告出资设立了一个公共健康基金,该基金主要研究核设施的辐射对公共健康的影响和低能级辐射的总体影响,以及公共教育项目。②

2005 年,西弗吉尼亚州的一家法院在 Leach v. E. I. du Pont de Nemours & Co. 案③中批准了和解,本案设立了双重途径进行医学监测。第一步是由被告出资设立了人类健康研究,主要评估被告核燃料中的全氟辛酸钠伤害集团成员和增加他们将来发生疾病风险的程度。如果发现有伤害或者风险,和解协议就授权给此项目实施医学监测。④

---

① See Day v. NLO, 864 F. Supp. 40(S. D. Ohio 1994).(为了和解协议的公平考虑,将案件进行移送。)

② See In re Three Mile Island litig. , 557 F. Supp. 96(M. D. Pa. 1982).

③ 2002 WL 1270121(W. Va. Cir. Ct. 2002)(集团诉讼确认)。

④ See Bebe Raupe, Court Approves Class Action Settlement with Possible $340 Million DuPont Payout, 20 Toxic L. Rptr. (BNA) 246 (March10,2005).

10.6.3 破产选择

很多石棉公司在面对有毒物质侵权主张时都选择申请破产保护,并且数量逐年增长。管理石棉诉讼的破产法的使用起始于 1982 年,当时,Johns-Manville Corporation,作为主要的石棉产品生产者,依据《联邦破产法》第 11 章申请破产,申请是基于对当时和将来与石棉有关的诉讼所承担的保护责任。这个公司估计其要承担 20 亿美元的责任。这个估算额的基础,既包括现有的诉讼主张,也包括已经暴露在 Johns-Manville 石棉产品之下,却还未显现疾病症状的人的将来的诉讼主张。重组计划是在 1986 年建立,计划包括设立曼维人身伤害信托协议(Manville Personal Injury Settlement Trust),用于支付石棉人身伤害诉讼主张。所有的主张,不论是现在的还是将来的,都要求提交给信托委员会;不能在法庭上针对曼维公司提起侵权诉讼。惩罚性损害赔偿的救济要求是不能允许的。[1] 1988 年,在第二巡回法院在 Kane v. Johns-Manville Corp. 案[2]通过这个计划之后,信托基金收到 9.09 亿现金的注资,还有股票和分红。这个信托基金的总价值接近 2.5 亿元。

信托基金开始处理诉讼主张,但是在 1990 年之前,所保留的现金额近乎用竭。直至此时,信托基金已经为超过 20000 个诉讼提供赔偿救济,每一诉讼平均赔偿 42000 美元。在 1990 年,在东部新西兰地区的温斯坦法官的掌控之下,实施了重构计划,目的是使早期的原告不会用尽基金。

---

[1] See In re Johns-Manville Corp., 68 B. R. 618(Bkrtcy. S. D. N. Y. 1986).

[2] 843 F. 2d 636(2d Cir. 1988).

当确认集团之后,就按照和解协议,根据疾病严重性程度确认信托基金赔偿的优先性。1992年,第二巡回法院在 In re Joint E. & S. Dists. Asbestos Litig. 案[①]中拒绝了重构计划,部分原因是因为它对特定的子集团进行确认(例如,根据原计划享有更高优先性的原告),他们的利益就未能被集团代表充分地代表。然而后来,第二巡回法院修正了其规则,认为子集团并不必要,允许实行更进一步的协议。

这个结果是法院促进的一个和解计划。[②] 这个和解协议包含诉讼价值的计划表,是基于信托基金之前的和解协议和最近的侵权诉讼协议而确立的。这个和解计划创立了七种疾病的价值基数,赔偿将会以此为基础。然而,反对计划数额的原告也可以要求进行个人主张审查。这个计划提供了初始赔偿额,初始赔偿额基于诉讼主张价值的百分之十,数额从1200美元到20000美元不等。

除了计划价值,和解协议另一个重要的特征是包含了共同被告的主张,他们声称,他们被强迫支付给原告信托份额,即使信托基金的份额并没有发挥作用。总共5.57千万的基金被预留下来用于偿还付给共同被告。和解协议也为新曼维公司和其信托基金继续提供豁免权,免受与石棉相关的诉讼。其豁免范围是广泛的,包括现有的原告、可能在将来生病的人(被代理律师所代表)、共同被告和曼维公司的经销商和司法债权人。在曼维公司破产的最新的进展

---

① 982 F. 2d 721(2d Cir. 1992).

② In re Joint E. & S. Dists. Asbestos Litig., 878 F. Supp. 473(E. & S. D. N. Y. 1995).

中,美国最高法院在 Travelers Indemnity Co. v. Bailey 案①中,如果原告的诉讼理由是曼维公司的承包人早在 20 世纪 50 年代就明知石棉的危害,那么受到石棉人身伤害的原告禁止向曼维的承包人直接提起诉讼。

曼维信托公司的和解协议表明,通过严密的司法管理,和解协议的效果是可以达到的。和解协议范围广泛的目的是提供一个机制,来最终解决成千上万的与作为石棉生产者与销售者的曼维公司有关的诉讼主张。对于之后的其他的石棉生产者申请破产来说,这也是一个学习工具。

10.6.4 烟草案件解决方案

也许,在公法与私法领域,最为复杂的有毒物质侵权案件是烟草案件。私人诉讼与公共规制在这里相互交融,对于这一问题,许多的争议都聚焦在私人诉讼或规制行为是否是保护公共健康和烟草立法最有效的方式上。一些州的首席检察官开始对烟草产业展开行动,他们通过公共基金,为患有烟草疾病的人的医学治疗花费寻求赔偿。在 1997 年,很多州与烟草产业达成一项涉及范围较广的全球性协议。这项协议不仅能够解决现存的诉讼争议,也包含了将来诉讼的诸多限制,例如对集团诉讼和损害赔偿的限制。这项协议要求国会通过,方为有效。尽管经过数月的讨论,也修订了协议的一些条款,可是最后国会还是未能就烟草协议达成合意。在这次失败之后,1998 年,各州与烟草产业重新达成协议,这次协议关注的范围较窄,并且不需要国会的通过。所有的州,包括尚未独立解决针对烟草产业的州和尚未提起此类诉讼的州,都加入了该协议。这个协议

---

① 129 S. Ct. 2195(2009).

被称为《烟草大和解协议》(MSA),在协议条款中,有的条款规定了对州的赔偿额度,有的规定了对烟草广告的限制,限制烟草公司对体育与娱乐活动的赞助。本协议的疏漏中,一个重要的疏漏是对烟民将来诉讼的限制。

这种烟草诉讼的解决方法使用了私法工具来解决公共健康问题,本协议也包含了传统上属于公法规范解决的问题。虽然这种解决方法并未终止烟草诉讼,然而却为特定有毒物质侵权提供了一种解决的范式,尤其是这些有毒物质侵权实质上存在着法律规制的要素。[1]

10.6.5 世界贸易中心的解决方式

在2001年"9·11"恐怖袭击事件发生之后,国会随即颁布了《航空安全与系统稳定法案》(ATSSSA)[2]。本法案颁布的目的是为了保护航空公司免受受害者家属提起的经济负担诉讼。本法案的一个主要特征是建立了无过错的受害者赔偿基金,"为在恐怖事件中受到人身伤害或死亡的任何个人(或受害人的亲属)提供赔偿"。[3] 申请基金采取自愿原则,然而,如果一个有资格的个人使用基金获得赔偿,这个人就放弃了提起诉讼寻求损害赔偿的权利。之后的修正案扩展了对其他潜在团体的侵权责任限制,也限制了纽约市的责任。在2003年,国会分配了10亿资金用于"由于事故残骸而对保险公司或其他适格主体提起的诉讼"。结

---

[1] 要在大规模有毒物质侵权背景下讨论烟草大和解协议,参见 Jean Macchiaroli Eggen, The Synergy of Toxic Tort Law and Public Health: Lessons From a Century of Cigarettes, 41 Conn. L. Rev. 561,600-607(2008).

[2] Pub. L. No. 107-42,115 Stat. 230(2001)(在2001年9月22日签署)。

[3] ATSSSA § 403.

果,这些公共补救措施要扩展到首先遭受事故影响的人和其他清洁人员的身上,这些清洁人员由于工作期间暴露在事故场所而引发健康问题。

《航空安全与系统稳定法案》也设定了寻求损害赔偿的联邦诉讼事由,在纽约南部地区为"9·11"恐怖袭击事件引起的所有争议案件设定了专门的司法审判。南部地区的赫勒斯坦法官被任命为专门处理首先遭受事故影响的人与清洁人员提起的健康诉讼案件。① 原告一般主张呼吸系统的疾病,这些疾病是在营救、恢复和清扫世界贸易中心场所和事故处理场所之时引起的。赫勒斯坦法官也为这起事故的诉讼制定了很多规则,在2010年,他向法院提交了一份协议,是由保险公司草拟的,将支付5.75~6.75亿美元的赔偿的协议。法院拒绝了这份协议,部分原因是考虑到这个协议为将来的诉讼预留了太多数额的缘故。在2010年6月,当事人重新提交了一份协议,似乎得到了法院的支持。②

解决世界贸易中心清洁工人诉讼的办法是另一种公法与私法协同救济的例证。放眼未来,将会存在更多解决大规模有毒物质侵权案件的方法。

10.6.6 责任分担主张

在大规模有毒物质侵权案件中,成功地达成和解协议可能会被被告之间的责任分担问题所阻碍。在大规模的有

---

① See In re WTC Center Disaster Site, 414 F.3d 352(2d Cir. 2005)(支持为"9·11"事件设立专门的司法审判)。

② A. G. Sulzberger & Mireya Navarro, Ground Zero Deal Gives Plaintiffs $712.5 Million, N. Y. Times, June 10,2010.

毒物质侵权案件中,如果在审前程序中,只有很少的被告与原告达成和解,那么这种情况就变得尤为复杂。在这种情况下,最热议的问题就是之后的审判程序对不确定被告的责任份额减少问题的判决。这种责任的减少,被称为信用或者责任搁置,这在界定剩余责任中是非常重要的,这种剩余责任是指不确定的侵权者的责任。①

当一个侵权行为者支付的赔偿数额超过他按比例应当支付的范围之时,很多州都在侵权行为者之间设定了责任分担。② 很多州在相关司法审判中,将"按比例"解释为依据比较过失规则,侵权行为者应当承担的责任份额。③ 但是一些州仍然维持"按比例"原有的含义,即"在侵权者之间平均分担责任"。

关于确定侵权者赔偿之后的责任分担问题,各州之间存在分歧。当原告所获得的赔偿数额超过了固定侵权者的赔偿额或者任何其他救济数额,大多数的州采取"以此为限"规则。④ 在此种情况之下,假定存在共同责任,如果确定被告的责任分担少于其按照份额应当承担的责任,司法审判就不允许非固定的侵权者承担固定侵权者的责任,非

---

① 要具体讨论大规模有毒物质侵权案件中的很多复杂的和解问题与责任分摊问题,参见 Jean Macchiaroli Eggen, Understanding State Contribution Laws and Their Effect on the Settlement of Mass Tort Actions, 73 Texas L. Rev. 1701(1995).

② See Unif. Contribution Among Tortfeasors Act, 12 U. L. A. §1(b)(2010).

③ See, e. g., Peasplastic, C. A. v. Cincinnati Milacron Co., 750 F. 2d 1516(11th Cir. 1985)(适用佛罗里达州的法律)。

④ See, e. g., Cal. Civ. Proc. Code §877(a)(West 2010); Minn. Stat. Ann. §604.01(5)(West 2010).

固定的侵权者就可以终止支付超过其应承担的份额。另一方面,如果一个侵权者所承担的份额超过其应当承担的责任份额,非固定的侵权者就可以通过支付少于其应承担份额的方式享受意外收获。所以,在"以此为限"规则之下,对剩余的被告来说,几乎没有动机来激励被告去达成并遵守和解协议。

少部分州的方法是通过排除侵权者的责任份额来减少原告获得的赔偿额,减少份额的程度是依据过错的程度,并不考虑在和解协议中所支付的数额。[①] 这种份额分担的规则通过保证确定被告应当承担的责任份额保护了不确定被告的利益。如果确定的侵权者所承担的责任份额被证明超过了其应当承担的份额,那么原告就意识到可以通过接受而获得意外之财(判决将会是等于非确定侵权者的共同份额)。然而,一些法院并不受此种可能性的困扰。[②] 美国最高法院在 McDermott, Inc. v. AmClyde 案[③]中推崇了这种等价份额规则的使用。

由于在选择适用规则上存在这样那样的问题,所以一些当事人就采取了折中措施,即分配一些特定的搁置数额,有时候在审判中给固定的被告一些特定的数额。除此之外,一些州也发展了搁置金额规则,这个规则是结合了"以此为限规则"和"按比例分担规则"的特征而确立的。所以,

---

① See, e.g., Ky. Rev. Stat. Ann. §411.182(4)(West 2009).

② See Charles v. Giant Eagle Markets, 522 A. 2d 1(Pa. 1987).("原告承担了不利的和解的风险,从逻辑和公平上讲,也应当承担有利的和解中的利益"[引用了 Duncan v. Cessna Aircraft Co., 665 S. W. 2d 414 (Tex. 1984)]).

③ 511 U.S. 202(1994).(在海军部中使用等价份额规则。)

纽约也颁布了一些规则,主要规制原告在审判中获得的赔偿额被和解协议或确定被告的等价份额减少的情形,相比而言,后两者情形中,原告获得的赔偿额更多。[1] 这种相结合的方式避免了原告获得意外之财。[2]

在大规模有毒物质侵权案件中,这种责任分担的规则和搁置规则可能会产生很多问题。一些规则有利于确定的被告,然而,其他规则却有利于原告或非确定的被告。这些问题可能会引起相对较小的诉讼(即一个原告,几个被告的诉讼),但是在这种情形之下,在很多案件——也许是成百上千人聚集的案件中,却加剧了双方的矛盾。有时,有些案件到达法院之时,双方已经达成和解,然而其他案件却还处于诉讼阶段。如果被告认为,所提议的规则对他们并不有利,他们可能会拒绝和解。由于责任分担与搁置规则各州不一,一个被告可能认为本州的规则相对于法院所选择的约束所有被告的规则更加有利。所以,在大规模有毒物质侵权案件中,采用该规则反过来又会产生法律选择适用的问题。[3]

10.6.7 替代性纠纷解决机制

在大规模有毒物质侵权案件中,一些种类的替代性纠纷解决机制(ADR)有助于推动当事人之间达成和解。由于大规模有毒物质侵权案件中的实体性与程序性问题非常复杂,当事人对于他们胜诉的可能性并没有明确的把握。由于他们缺乏适当判断诉讼风险的能力,因而可能会抵制

---

[1] N. Y. Gen. Oblig. Law § 15-108(a)(McKinney 2009).
[2] See Williams v. Niske, 615 N. E. 2d 1003(N. Y. 1993).
[3] 参见本章第七节第二部分。

那些合理的和解提议。替代性纠纷解决机制能够被用来为他们提供一些缺乏的信息。在这种情况下,替代性纠纷解决机制的使用就被广泛定义,因为替代性纠纷解决机制的结果并不必然取代诉讼的结果,而是对诉讼管理进行补充与辅助。根据 Amchem Products, Inc. v. Windsor 案①,法院在大规模诉讼案中一定要慎重使用替代性纠纷解决机制来处理当事人的权利问题,特别是作为主导性的解决方案的一部分,事实上可能不允许使用替代性纠纷解决机制。在大规模有毒物质侵权案件中,由于此类诉讼复杂的本质而产生出来的问题,使得仲裁的作用空间非常有限。然而,它却可以被用来作为一种有效的机制来服务于和解后事宜,并将其融入和解协议之中。其他的一些替代性纠纷解决机制在促进当事人之间的对话与沟通方面也有其积极作用,比如加强交流、限定事实、加强和解。

1. 调解

调解可以促进协商,特别是在当事人的角色被确定以后。对于大规模有毒物质侵权案件来说,传统的调解方式可能是不太适用的,然而替代性纠纷解决机制的本质是它可以为特定的案件和其所呈现的特定问题进行个性化定制。例如,没有约束力的小发现可能会在审前阶段以各种方式推动案件的进展,这可能会促进和解或说明审判的问题,节省了时间与花费。如果调解被包含在案件中,这也可能是将科学家带入案件的一个机会。在科学案件中,一个被广泛选择的、学识渊博的调解者可能会以某种方式将双

---

① 521 U.S. 591(1997).

方当事人聚集在一起,这是正式程序中的法官所难以做到的。①

2.简易陪审团审判

1981年,简易陪审团审判(SJT)最初被俄亥俄州东部地区的兰布罗斯法官所使用,到目前为止,已经被全国的法官所采用。它最初是为了鼓励看起来有效的和解协议的达成。简易陪审团审判是为了使法院做出建议性的判决,为当事人达成和解提供一个途径。当使用简易陪审团审判时,通过采用一个简易程序可以放宽证据规则,来对证人实施审核和从事"审判"。事实上,每一方当事人都有很多时间来呈现己方的事实,整个案件的时间框架从一天到几周不等,这主要取决于案件的复杂程度。陪审团通过质询程序可以要求提供案件的具体信息,然而,这种质询的前提是存在法官和当事人被允许在判决之后质询陪审团的可能性。在简易陪审团审判期间,陪审团可能知道,也可能不知道这个判决是没有约束力的。双方当事人可以为了达成和解而使用这个信息。

从本质上讲,简易陪审团审判要求在着手实行之前,完成发现程序和其他审前程序。这个程序从某种程度上讲,需要有一些成本支出,然而这个成本就案件而言是有正当理由的,像一些复杂的有毒物质侵权案件,如果要进入审判程序,一定需要花费很长的时间。然而,在某些情况下,简易陪审团审判可能仅仅指出陪审团判决的随意性。在

---

① 要具体了解大规模有毒物质侵权案件中调解的运用,参见 D. Alan Rudlin, Entropy or Opportunity? The Case for ADR in Mass Tort Cases, 18 Toxic L. Rptr. (BNA)550(June12,2003).

Stites v. Sundstrand Heat Transfer, Inc. 案①中,本案起因于饮用水源的供给受到化学物质三氯乙烯(TCE)的污染,本案的法院选定了十二个陪审员,并且每组六人,分成两组。简易陪审团使用发现程序中获得的案件材料测试原告,并且进行封闭式的讨论。第一组的陪审团做出有利于原告的判决,总金额为280万。然而,另一组陪审团却做出了有利于被告的判决,且总金额为30万。尽管存在这样的矛盾,这个信息本身对于双方当事人来说都是有价值的。当一个案件很容易地走向另一端,和解就变得相当具有吸引力。并且,事实上,Stites 案就是在简易陪审团审判之后得到解决的。

简易陪审团审判是一种自愿选择程序。至少在缺乏法院规则的情形下,法院不能要求双方当事人递交简易陪审团审判。② 简易陪审团审判可以要求双方当事人公开诉讼策略,并且优先考虑其工作成果。但是这种程序需要双方当事人的同意,否则将难以达成和解,简易陪审团审判在达成和解的目标上是相当有效的。

3. 迷你审判

迷你审判是类似于简易陪审团审判的一种私法程序。然而,不同于简易陪审团审判的是,迷你审判中的双方当事人都向主持审判的人员提交证据。从理论上讲,这些个人将有权利进行有约束力的和解。法官或中立的调节者可以作为程序的促进者来主持迷你审判程序,然而并不能制定

---

① 660 F. Supp. 1516(W. D. Mich. 1987).

② See In re NLO, Inc. , 5 F. 3d 154(6th Cir. 1993);Strandell v. Jackson County, 838 F. 2d 884(7th Cir. 1987).

法律规则。① 从迷你审判中并不会导致建议性的判决。相反,其主要的优点在于为案件提供一个早期的评估,将双方当事人聚集在一起,在平等的基础上进行和解。

10.7 其他程序问题

10.7.1 禁反言原则

1. 基本概念

禁反言原则,或者称为争点排除规则,要求在之后的诉讼中,禁止特定事项的重新诉讼。禁反言原则的基本原理要求,"一旦某一事项被法院已完成的判决所决定,那么这个决定在之后的诉讼中同样具有约束力(所谓的之后的诉讼是指基于不同诉因,却包含之前诉讼的一方当事人的诉讼)"。② 仅仅是当事人和其利害关系人受到之前判决的约束。③ 利害关系人是指那些与当事人的关系如此紧密的个体,若用之前的诉讼判决约束他们不会违反正当程序。一般来说,利害关系人可以被分成一类或者几类。他们可以是当事人在之前诉讼的代理人,例如财产的管理者。当财产是之前诉讼的标的物时,利害关系人也可以是属于当事人财产利益的继承人,或者利害关系人也可以是有效控制之前诉讼的个体。利害关系人并不仅仅被诉讼结果的利益所确定,而是要求存在真正的利益归属。那些既不是当事

---

① See generally Green, Growth of the Mini-Trial, 9 Litig. 12(Fall 1982).

② Montana v. United States, 440 U.S. 147(1979).

③ See Restatement (Second) of Judgments §29(1980). (虽未使用"利害关系人"一词,但是采纳了这一基本理念。)

人也不是利害关系人的个体被称为之前诉讼的"陌生人";他们并不受之前诉讼结果的约束。只有之前诉讼的当事人或者利害关系人,才受到禁反言原则的约束。

传统的观点认为,相互关系的原理限制了禁反言原则的运行。相互关系的基本原理是,由于一个陌生人并不受到之前判决的约束,那么他也不能从中获利。那么,一个陌生人又如何从之前诉讼的特定事项中获得利益呢?如果这个事项在之后的诉讼中,以有利于陌生人的方式而做的决定,那么这个陌生人就可以为了保护自己或对手的利益而防止重新诉讼。这个陌生人可以采用被动防御的方式进行,例如,他可以站在防御的位置抗辩当事人在之前的诉讼中提出的主张,他也可以采取主动攻击的方式,例如,他可以声称自己的主张来对抗当事人在之前诉讼中提出的主张。相互关系的理论认为,在任何案件中,陌生人都不允许从诉讼中获利,不论是采取被动防御还是主动攻击的方式。

到目前为止,相互关系的理论已经被各州和联邦法院系统广泛的抛弃。[1] 一般来说,当一个陌生人寻求攻击性的方式,而非防守性的方式来使用禁反言规则时,司法审判更倾向于放弃相互关系的理论。当一个陌生人使用特定的防御,目的是为了防止当事人权利的滥用或者防止其提出不合理的诉求之时,采取主动攻击型的,即非相互型的禁反言规则就可以被接受。在 Parklane Hosiery Co. v. Shore

---

[1] See, e.g., Blonder—Tongue Laboratories, Inc. v. University of Illinois Foundation, 402 U. S. 313(1971); Bernhard v. Bank of America National Trust & Savings Assn., 122 P. 2d 892(Cal. 1942).

案①中,最高法院在主动使用禁反言规则上设置了一些重要的限制。在 Parklane 案中,法院认为,对于是否应当适用禁反言规则,审判法院享有很大的自由裁量权,但是需要遵守如下的指导原则:"一般规则是,当原告可以很容易地参与到之前的诉讼,或者攻击性的禁反言规则的使用对被告来说是不公平的,那么,司法审判就不应当许可攻击性的禁反言规则的使用"。② 至少,一些州已经将 Parklane 案的规则融入到本州的禁反言规则理论中。③

法院特别关注这种情形的案件,即由于相同或者相关的行为,导致很多原告起诉同一个被告的情形。④ 这个原则准确地描述了大规模有毒物质侵权的框架。在这里,一个简单的假设会阐明这个问题。假设发生了一起交通事故,五十名乘客全部受伤。一号乘客起诉公交公司和司机,但是并不能证明被告的过错。二号乘客(和其他乘客)也有权利针对同样的被告提起独立的诉讼来主张被告的过错。这是因为二号乘客是一个陌生人,并不受一号乘客诉讼结果的约束。(二号乘客并不是一号乘客的利害关系人;在起诉公交公司过错中,其共同的利益并不构成利害关系。)假设二号乘客至十五号乘客都独立进行诉讼,所有的乘客都

---

① 439 U. S. 322(1979).

② Accord Restatement (Second) of Judgments § 29(1982).(除非在首次诉讼中他缺乏充分的、公平的主张这个问题的机会,或者其他情况赋予他重新主张这个问题的机会,否则,就不允许使用攻击性的禁反言规则。)

③ See, e. g., Bichler v. Eli Lilly & Co., 436 N. E. 2d 182(N. Y. 1982).

④ See generally Brainerd Currie, Mutuality of Collateral Estoppel: Limits of the Bernhard Doctrine, 9 Stan. L. Rev. 281(1957).

不能证明公交公司有过错。然后,十六号乘客起诉并且胜诉。十七号乘客至五十号乘客是否被允许在十六号乘客有利判决的基础上,使用攻击性的禁反言规则,来防止公交公司重新主张过错的问题呢?换句话说,十七号乘客至五十号乘客是否可以基于十六号乘客的有利判决,在责任问题的简易审判中获得胜诉呢?此时,问题很明确,最大的问题是,那些早期审判过的案件却得到了完全不同的审理结果。

2.适用于有毒物质侵权案件

有毒物质侵权案件混合了上述的问题。由于诉讼时效的法律规定已经逐渐适应潜伏疾病的诉讼主张,因此诉讼时效的起算时间越来越迟。这并不会出现像交通事故中"等等看看"的场景,在这个场景中,所有的原告都在同一时间受伤,有些人选择了等待有利判决结果的出现,然后试图使用禁反言规则进行起诉。然而,在潜伏疾病的案件中,很多原告没有选择,只有等待,因为他们的疾病在之后的时间才能显现出来症状。并且,在有毒物质侵权诉讼中,诉讼提起的原因可能基于被告同样的行为,然而,原告暴露的情形却是各不相同。在 Hardy v. Johns-Manville Sales Corp. 案[①]中,法院使用了 Parklane 规则,发现允许攻击性的禁反言规则存在很多问题,并且此规则在有毒物质侵权诉讼中的实用性受到严重质疑。

Hardy 案是由各种石棉工人提起的,针对各种生产者、经销商和石棉产品的销售者提起的综合性的案件。本案中,原告提起的主张中包含严格责任、过失和违反担保。本案的审判法院采用了行业普遍采用的责任标准,签发了一

---

① 681 F.2d 334(5th Cir. 1982).

项综合命令,许可在不合理危险产品的市场销售、开发风险和一般因果关系问题中使用禁反言规则。本案的原告希望从 Borel v. Fibreboard Paper Products Corp. 案①(法院做出有利于石棉工人基于产品责任的理论从石棉公司中寻求损害赔偿的判决)所确立的原则来解决本案的问题。针对该综合命令的上诉,第五巡回法院驳回了地区法院的判决,认为禁反言规则的使用是不恰当的。

第五巡回法院对 Hardy 案中的被告进行了分别讨论,在 Hardy 案的被告中,既包括 Borel 案的被告(即"Borel 被告"),也包括非 Borel 案中的被告(即"非 Borel 被告")。法院应当进行这种区分,因为 Borel 被告作为之前诉讼中的当事人,应当受到之前诉讼结果的约束。而另一方面,非 Borel 被告是之前诉讼的"陌生人",不应受到之前诉讼结果的约束,虽然原告声称其应当作为之前诉讼的利害关系人。第五巡回法院指出,地区法院并未对这两类被告做出区分。

第五巡回法院首先指出了关于非 Borel 被告的禁反言问题。最初,法院认为,在非 Borel 被告与 Borel 被告之间并不存在利害关系。在这两个被告团体之间存在的"利益识别"并不足以构成利害关系。要存在利害关系,非 Borel 案的被告就必须控制 Borel 案的诉讼。引用了《审判重述(第二版)》(1982)第 39 条,法院指出:"控制诉讼就要求一个人为了支持当事人的诉讼主张,在法律选择与证据支持方面,必须做出有效的选择。他也必须控制案件获得重审的机会"。而事实是,非 Borel 被告,像 Borel 被告一样,仅

---

① 493 F.2d 1076(5th Cir. 1973).

仅是石棉产品的生产者,这并不足以让他们成为利害关系人。

法院却对 Borel 案的被告有不同的分析,因为他们在适当的情形下可以受到 Borel 案的审判结果的约束。然而,这些情形却并未在本案中出现。法院发现,由于 Borel 案的判决所基于的事实是模糊的,所以禁反言规则的基本要求并未满足(基本要求是,争议问题完全相同,即在之前的诉讼中对本争议进行了事实上的讨论,并且这个争议对于之前诉讼的判决结果是必要的和基本的)。① 第五巡回法院仔细审查了 Borel 案中陪审团的质疑,并且认为,争议的事实缺乏特殊性,这使得陪审团对争议问题进行准确的查明是不可能的,然而,这些争议事实却恰恰对 Hardy 案起到至关重要的作用(例如,产品上必须贴有关于产品的特定构成成分的警示标签)。由于 Hardy 案中包含了在不同阶段暴露在不同产品之下的原告,因此在使用禁反言规则之前,对争议问题进行绝对的划分就成为必要。第五巡回法院认为,Borel 案并没有决定,所有的石棉生产者知道或者应当知道他们的产品对于 Hardy 案的原告在任何时候都是危险的。

Hardy 案的法院适用了 Parklane 规则,并且认为,禁反言规则的使用对被告来说是不公平的,原因有二:第一,在很多其他已经审理的石棉案件中,至少有一半的判决中不包含 Borel 案。正如在上文的公交车交通事故的假设中,法院担心选择 Borel 案作为攻击性禁反言规则使用的

---

① See also Restatement (Second) of Judgments §29, cmt. g(1982)(其中规定,当之前的判决模糊不清之时,禁反言规则的适用并不恰当。)

基础是不公平的、武断的。第二,法院认为,被告并没有预见到他们对于原告 Borel 的责任数额总计达 68000 美元(虽然 Borel 案中主张的损害赔偿额远远超过这个数额),在 Hardy 案中将会增长到数百万美元。这种缺乏预见性也许可能意味着,被告并没有足够的动力在之前的诉讼中充分地讨论这些问题。

Hardy 案反映了对于在有毒物质侵权案件中攻击性的禁反言规则的使用,法院采取谨慎的司法态度。一些法院对于否定禁反言规则的使用而采取的理由不免牵强附会,这也说明了当面对一个陌生人原告利用禁反言规则来阻止对于关键的争议问题的重新讨论时,法院的态度是多么严格。

在当事人申请使用攻击性的禁反言规则时,很多最近的案件都表现出了同样谨慎的态度。例如,在 Kessinger v. Grefco, Inc. 案[1]中,原告通过禁反言规则阻止被告讨论硅藻土不能引起肺纤维化的问题。这个问题已经在之前的诉讼中被决定。伊利诺斯州最高法院拒绝使用禁反言规则,因为其认为,当前的原告与之前诉讼中的原告并不处于同样的情境。在 Whalen v. Ansell Perry Inc. 案[2]中,联邦地区法院拒绝在本案中使用禁反言规则,本案中的一个护士声称其对乳胶手套过敏。法院认为,在之前原告所依据的案件中的手套与本案的手套并不完全相同;所以,争议点完全相同的要求并没有得到满足。在 Smith v. Exxon

---

[1] 672 N. E. 2d 1149(Ill. 1996).
[2] 2004 WL 840286(S. D. N. Y. 2004).

Mobil Oil Corp.案①中,原告试图使用禁反言规则来阻止被告重新讨论已故者暴露在石棉之下的问题。法院拒绝了使用禁反言规则,因为被告在第一次诉讼中并没有享有充分公平地讨论这个问题的机会,其专家证人由于个人问题而没有作证。在 Mounce v. Sandoz Pharmaceuticals Corp.案②中,法院拒绝了原告在与哺乳期控制溴隐亭药物所引起的相关的健康风险问题上提出使用攻击性的禁反言规则的要求。法院认为,很多案件决定的做出,都是基于在先前更早的案件或者已经达成相反的结论,或者没有采纳原告的因果关系的证据。通过引用 Parklane 案的规则,法院认为,在这些情形下,不能适用禁反言规则。

10.7.2 法律的选择

大规模有毒物质侵权案件所适用的实体性法律几乎都是具有排外性的州法规则。当这些案件被移送到联邦法院时,就被带入到联邦法院的多元审判机制之下。依据 Erie 理论,州法既包括州的普通法,也包括州的制定法,能够适用于各种各样的诉讼之中。③ 以多元化为基础的联邦法院要承担法律选择适用的义务。④ 结果,不同的法律选择适用规则可能适用于不同州的联邦法院中。并且,当一个案件从其所提起的法院被转移到联邦地区法院,被转移的法院就要适用转移地法院所适用的法律。⑤ 这些基础的规则

---

① 64 Cal. Rptr. 3d 69(Cal. Ct. App. 2007).
② 2000 WL 33342378(Ky. Cir. Ct. 2000).
③ See Erie Railroad Co. v. Tompkins, 304 U. S. 64(1938).
④ Klaxon Co. v. Stentor Elec. Mfg. Co., 313 U. S. 487(1941).
⑤ See Ferens v. John Deere Co., 494 U. S. 516(1990); Van Dusen v. Barrack, 376 U. S. 612(1964).

就使得大规模侵权案件中的法律选择问题尤为复杂。

由于侵权法是具有高度州法利益的问题,所以,即使被广泛认可的侵权理论也要服从于特殊的解释,基于不同的州做出不同的适用。当有毒物质侵权案件被集合在一起的时候,这种州法的多元化就衍生出了另外一个复杂的混合体。因此,单个原告的诉讼主张可能要服从不同的州法规则,在这里主要是不同的侵权法规则。这就可能导致同一法庭之下相似主张之间,可能存在相互矛盾的结果。

而且,法律的选择适用产生的困境也衍生了很多事实问题。当法律的选择并不明确时,诉讼可能会拖延,因为当事人和法院都试图去解决这些问题。当需要解决很多案件时,这个问题尤为明显。如果当事人没有达成和解,那么司法管理问题就变得更加重要,因为当出现不同的州法时,法院必须要通过恰当的方式管理诉讼。法律选择问题也可能会阻碍法院进行集团诉讼的确认,因为这其中包含了统一性与特殊性的问题。①

在大规模侵权诉讼中,法院在联邦普通法取代州的侵权法规则上,已经做出很多努力。在橙色剂案中,普拉特法官最初认为,在集团成员对除草剂生产者提起的产品责任主张中,应当适用联邦普通法。第一,通过使用标准测试,法院鉴别了在军队服务人员与政府之间的关系中联邦的实体利益和在保护其战争材料提供商中政府的利益。第二,法院发现,如果适用州法,联邦的利益将会受到不利的影响,因为州法的使用会产生不统一的结果,最终可能会给当

---

① See Ellington v. Philip Morris Inc., 2003 WL 22319075(D. Nev. 2003).

事人造成不确定性。第三,法院发现如果州法被联邦普通法所取代,对州的利益并不会造成不利的影响。

第二巡回法院持相反意见,其发现在诉讼中,实体性的联邦政策并不存在风险。[①] 法院仔细检查了现有的立法先例并总结道,由于橙色剂案的诉讼主张并不由政府提起或者针对政府而提起,所以此诉讼并不会直接引起政府的权利或义务。法院认为,"就联邦的利益而言,并不存在统一的联邦利益"。除此之外,法院也指出,上文中联邦法院所引用的两种联邦利益在某种程度上相互竞争,这就打破了联邦普通法之间的协调性。[②]

关于石棉诉讼,第五巡回法院达成了相似的结论。在 Jackson v. Johns—Manville Sales Corp. 案[③]中,即使诉讼的规模巨大,第五巡回法院也重新确认了侵权诉讼中的州的利益。并且,法院也表达了对联邦普通法自由扩张的担心。所以,法院认为,在缺乏立法行为的情况下,适用联邦普通法是不恰当的。然而,在 Jackson 案中存在一些实体性的异议,这具有重大意义,这说明在石棉案件的联邦法律选择中存在司法利益。

在 Manville Trust 诉讼中,温斯坦法官最终达成了相同的结论。[④] 温斯坦法官对联邦的实体利益进行确定——

[①] See In re "Agnet Orange" Pord. Liab. Litig., 635 F. 2d 987(2d Cir. 1980).

[②] But see Boyle v. United Technologies Corp., 487 U. S. 500(1988). (在狭隘的政府承包人抗辩领域发展了联邦普通法。)

[③] 750 F. 2d 1314(5th Cir. 1985).

[④] See In re Joint E. & S. Dists. Asbestos Litig., 129 B. R. 710(E. &S. D. N. Y. 1991).

依据破产法,支持了重组计划,也最终达成了包含15万原告的大规模侵权诉讼的和解。然而,他拒绝适用联邦普通法,主要是因为美国实行联邦制。虽然各州有不同的侵权法规则,这可能会引起法律的选择适用问题,然而,国会颁布的立法,而不是司法发布的规则,却是恰当的解决途径。

然而,在早期的橙色剂诉讼案中,温斯坦法官却采取措施去创造和适应他所指出的、可以作为"全国性的一致的"法律。同样的,在大规模侵权案件中,关于联邦普通法作为解决法律选择问题的一种途径,评论界也引起了广泛而激烈的讨论。[1] 虽然,所有的争论都指出,关于法律选择问题,需要做些什么来补救,然而,到目前为止,并未出现明确的解决方法。

---

[1] See, e.g., Georgenen M. Vairo, Multi—Tort Cases: Cause For More Darkness on the Subject, or a New Role For Federa Common Law? 54 Fordham L. Rev. 167(1985). See also Linda S. Mullenix, Federalizing Choice of Law for Mass—Tort Litigation, 70 Tex. L. Rev. 1623(1992)(书中说道,"提到联邦普通法,法律界有一种长期的、聚集性的心理障碍"。)